中国训诂学报

第三辑

中国训诂学会《中国训诂学报》编辑部　编

2018年·北京

图书在版编目(CIP)数据

中国训诂学报.第3辑/中国训诂学会《中国训诂学报》编辑部编.—北京:商务印书馆,2018
ISBN 978-7-100-15637-0

Ⅰ.①中… Ⅱ.①中… Ⅲ.①训诂—丛刊 Ⅳ.①H13-55

中国版本图书馆 CIP 数据核字(2017)第 297569 号

权利保留,侵权必究。

ZHŌNGGUÓ XÙNGǓ XUÉBÀO
中 国 训 诂 学 报
(第 三 辑)
中国训诂学会《中国训诂学报》编辑部 编

商 务 印 书 馆 出 版
(北京王府井大街36号 邮政编码100710)
商 务 印 书 馆 发 行
北京市十月印刷有限公司印刷
ISBN 978-7-100-15637-0

2018年2月第1版　　　开本 787×1092　1/16
2018年2月北京第1次印刷　印张 16¾

定价:49.00元

主管：中华人民共和国教育部
主办：中国训诂学研究会
编辑：《中国训诂学报》编辑部
出版：商务印书馆
顾问：许嘉璐　赵振铎　郭锡良　赵克勤　向　熹　李建国
主编：朱小健
副主编：汪少华　王华宝　张　猛

编辑委员会（按姓氏音序排列）：

董志翘　华学诚　李春晓　卢烈红　孙玉文　汪启明　汪少华
王华宝　王云路　徐时仪　杨端志　杨　琳　俞理明　虞万里
曾　良　张　猛　张显成　赵丽明　朱瑞平　朱小健
责任编辑：徐　童

目　　录

训诂、语义与诠释 …………………………………………………… 成中英(1)

徽州契约文书俗字考六则 ……………………………………………… 储小旵(8)

阮刻《十三经注疏》新定本制作的若干问题 ………………………… 方向东(13)

从"保存国粹"到"喜治小学"——试论章太炎对马叙伦的影响 …… 李春晓(19)

《汉语大词典》词目增补类析 ……………………………… 王本灵　李　申(31)

论方以智经学训诂向语言学训诂之转向 ……………………………… 陶　玲(47)

出土两汉文献古白话词研究论纲 ……………………………………… 吕志峰(55)

《毛泽东早期文稿》中的"鲁阳"典故考辨 …………………………… 任继昉(65)

"韩卢逐块"的意义及结构源流考 ……………………………………… 史光辉(74)

《史记》修订本志疑十则 ……………………………………………… 王华宝(80)

儒藏本《群经平议》点校商补 ………………………………………… 王其和(85)

《广东新语注》匡谬 …………………………………………………… 王彦坤(96)

吐鲁番出土家书用语与文化传播 …………………………………… 夏国强(107)

《〈周氏冥通记〉研究（译注篇）》的几个问题 ……………………… 萧　红(114)

《旧唐书》所见辞书未收词语考释 ………………………………… 熊　焰(124)

文献研究的价值取向探略 …………………………………………… 徐时仪(129)

清代南部县衙档案俗语考释 ………………………………………… 杨小平(139)

定型与开源：训诂学的时代发展论析 ……………………………… 于峻嵘(146)

《通俗编》黄侃评语训诂成绩述略 ………………………………… 曾昭聪(154)

敦煌小说疑难词语解诂 ……………………………………………… 张小艳(164)

读《宋金元明清曲辞通释》札记 …………………………………… 张　铉(175)

禅籍方俗词待问录考辨 ……………………………………………… 赵家栋(181)

从训诂学的自觉看其诠释学特质 …………………………………… 周光庆(191)

中古佛经中的"仁""尊""贤" ……………………………………… 周　文(204)

从秦汉律简看沈家本的秦汉刑名训诂 ……………………………… 朱湘蓉(214)

《经典释文》音义辨析——以"分""别""离""去"四字为例…………黄坤尧(223)

《现代汉语词典》与训诂学……………………………………祝鸿熹(245)

《说文解字》说解原则管窥……………………………………张　猛(248)

训诂、语义与诠释

成中英

提要：语言可以被固定成为文字并形成文本,而语言具有整体化之功用,文本也涵有着一个整体的意涵。训诂学研究面对文本,但不应只停留在文字层面,而应当被依次纳入语义学研究与诠释学研究之内。既然文字是语言的固定化之产物,若要使文字重获生机,就必须使之回到鲜活的当下语言中,说明训诂必然涉及语义。又因为文本及语言具有整体性,对字句的理解与对文本的整体理解必然形成诠释的循环,所以训诂必然在涉及语义的前提下进而涉及诠释,并进行诠释循环的活动。在此基础上,本论文提出了训诂学研究所应遵循的三条原则:意义的分层原则,历史与现实相互支持原则,整体循环原则。我并指出,通过考察戴震之学,我们可以认识到中国传统文史论述中本来就有将训诂引申为诠释的认识。我更强调诠释学真切地体现在中国传统的训诂研究之中,并非对西学的生搬硬套。结论是:应在本体诠释学的基础上进行经典诠释。

基于我对训诂学传统的了解,我认为,应当把训诂学的传统观念纳入到语义学和诠释学的体系里。传统的训诂学(相当于英语中的 Textual Criticism),是对语言形音义三方面关系的认识,目的在确定一个字或字句的语义,因此可以纳入语义学;透过语义学,我们能更全面地掌握古代文本的意义,进而又能导向对该文本整体的诠释,进入诠释学的领域。以是故,乃有"训诂—语义—诠释"这样的三个层次。我们可以据这三个层次来探讨训诂学如何被纳入到语义学的范围内、语义学又如何被纳入到诠释学的范围内。而我认为这三个层次,都可以筑建在一般符号学的基础之上。①

首先,中国传统儒学中有解经的需要,而解经就必须要面对文字的意义,文字的意义又由其形、声、义三方面构成。对形、声、义这三方面的认识,即是传统所说的"小学",其能帮助我们认识文字。训诂学顾名思义就是要找寻文字的意义,找寻

---

① 关于符号学之为语义学基础问题,当另文讨论。此涉及 C.S.Perice 的符号哲学的提出。

古典文献中文字的语言意义。由于是面对历史文献,文献中语言的意义即具有历史性,所以也可以进一步判断:训诂学是要认识文献中原有的、古代的意义。所谓"诂",就是找寻古代的意义;"训",就是说明文字的正确或适用意义;因此,说明文本中文字的原始、古代意义,就是"训诂"。因此,训诂学就必须涉及对文字声音的认识,也就是音韵学;必须涉及对文字形状的认识,也就是古文字学;必须涉及对文字之原始意义的考证之学,即通过对不同时代文本的形音进行比较来确定意义,也就是版本学。总而言之,"训诂"就是一种寻求文本原始意义以确定现实可用意义的研究。

战国以后所见的《尔雅》,是对名物最早的训诂,整理、归纳了中国古代文字在诸多文本中形成的意义。训诂学最重要的问题,在于掌握构成文本之文字的个别意义。但按语义学,则也应考虑文本的整体意义,《尔雅》实际上就是借此来获得文字之个别意义的。假如把这种整体意义再进行涉及客体的认识,就变成了一种诠释。所以,对文字意义的追寻,涉及了文字训诂、语义说解和概念诠释这三个方面。

一方面,我们固然可以把训诂学作为一个基础概念,来将其作为语义学的基础,而又将语义学作为诠释学的基础。另一方面,我们也必须认识到:个别文字是整体文字的一部分,古代的文字与文本也是语言发展的一部分;所以,其意义仍有一个整体的背景,而并非只是包含个别的思想。语言是一个整体的存在,其中包含了被客观决定的个别之文字结构。因此,个别的文字离不开一个整体的文字体系。

在此一了解的基础上,我要强调:

一、语言与文字有所分别,不应被混为一谈。其中,文字是语言之形式的一种固定化,而语言之所以会被固定化,在于其是凝聚思想、界定意义的工具,故语言可以被固定为文字符号。在中文里,语言和文字自然也有差别,文字具有符号的表意作用,字符比音符更为丰富,已被看成符号体系,能凝聚长期有效的意义。中文内的文字是表达语言意义的工具,作为一种表达工具,其在东汉许慎(58—147)古代被规范以"六书"之说,即:指事,象形,形声,会意,转注,假借。因此,可以将文字看成是语言被符号化的结果。[①]

二、符号化的文字形成了文本,就构成了整体的意义单元,具有了整体的意义内涵。一份文本不一定能有一个贯通的意义,比如郭店楚简就多有语词不清的残

---

① 我对许慎六书的讨论最早见于1973年在台湾《清华学报》第10卷第一期第90—105页发表的《中国语言和中国哲学的密切关系》一文(英文)。

简。文字之体系可能在形式上不完整,所以需要我们透过整体的思考来厘清文本失落部分的意义,进而确定我们所能建造的全篇文本之意义。这就表示我们对语言的整体功能要有所认识。

文字是语言的固定化和客观化,是其转化为符号体系的过程。因此,当我们从事训诂的时候,就必须要考虑到:先前已有某个过程将语言转化为文字,而训诂正是要将文字转化为语言。所以,训诂应当遵循以下两个原则。

第一个原则为:要将对象化的"死"的文字之寓意找出来,变成当前语言中的意义,使之所蕴含的意义在现代语言表达出来,而现代语言又借由一个符号化的能指而得以被表达。这一文字,不一定等于原来的能指,比如"仁者人也""义者宜也",将"仁"表达为"人"、将"义"表达为"宜",这里后面的"人"和"宜",都有比较突出的具体或适用的意义,从而能将所要固定的"仁""义"之文字用现代的话表达出来。能够用适当的现代语言来说明原来的字义,既要经过一个寻找并检定的过程,又要经过一个理解的过程。所以,古代最初的语义定义,实际上就是以比较活动的语言来诠释相对固定的文字符号,给它一个意义来源。这个意义来源,即是研究者的研究所得。①

由于文字是固定的,是语言的客观化、历史化,所以,当我们给它以含义并把它变成活的语言时,这个过程也会自然地形成文字,也会成为新的探索对象。原来的解释意义,也可能成为文本的已形成之意义结构,而又需要对其再度进行说明。这就表明:训诂具有一种不断发展的能力。一旦训诂被视为语言之固定化时,就必须要再找寻有生机的语言,将其再次还原出来。

我们还需要认识到整体化的假设问题,这即是第二个原则。进行训诂研究时,要把字的意义在整体化的语境中逐个考证出来。但是,这样逐一考证出来的意义,一定要能让我们形成一个整体的意义之概念体系。原来的历史文献里,本就具有历史意义,但从概念层次来说,其又具有整体性。在个别地解释文字时,必须要考虑到整体性,要考虑到预设的文字体系——甚至是语言体系,来说明部分文献中的个别文字意义。这种意义,是透过文本的整体概念来得到表示的,并非只被某种语言之用法所决定,更决定于整体意义的展开之体系。

所以,文字必须向语言开放,语言必须向概念开放,概念又必须向诠释开放。

---

① 这并不表示"仁"与"义"的意义完全由"人"与"宜"决定,而是由此导引出"仁"与"义"的意向意义或理想意义。

诠释又必须向人与世界的本体开放。训诂学是诠释过程的一个重要起点。

在这里，要着重提到诠释的循环。诠释学认为，部分意义与全体意义相互决定、相互影响。部分的诠释可以影响全体的诠释，全体的诠释又会影响部分的诠释。所谓部分的诠释，即涉及文字、语言、概念，在这些层面，都有诠释循环的现象。以《道德经》为例，郭店楚简出土的《道德经》有A、B、C三个版本，涉及文字层次；但对它们的训诂，必须参考现有的传世本《道德经》，因为传世本涉及语言层次，不断在经受诠释，具有帮助我们凸显古本文字意义的作用，使我们得以赋予三个古本以语言意义。此外，相对于传世本而言，三个古本都只是"部分"。有学者认为，三个古本都只是依不同主题的需要而对元本进行选辑所得。所以，A本有A的内涵，B本有B的内涵，C本有C的内涵，三种内涵都构成元本内涵的一部分。现在，我们尚无法得知《道德经》元本是何面貌，但可以通过传世本来说明元本所包含的意义。基于整体原则，也能说明：挖掘出的出土文献有其重要性，也有其局限性。当然，经过研究，或许也能逐渐把文字的意义加以掌握，甚至能显示出中文的原始书写是什么，这样可以把古代文字的意义及其衍生考证出来。

基于以上，我们应该要认识到训诂学有其扩展性：其对个别文字的训诂、说明，必先假设有一个语言所指对象。事实上，不止能从语言以至于文字，也能从文字以至于语言，我们所说的"会意""指示"之"六书"，正是将文字转化成语言符号的方法、过程。这一方法、过程即：掌握文字的初步意义，然后通过讲解和对语言的意义认识来掌握原始的篇章意义。我们应该有这种整体观，而非将训诂当成完全独立的现象而抽象地谈训诂。

训诂是语义确定的一部分，语义确定是诠释的一部分，而诠释通过语义的确定乃能形成文字的含义。这是一种纵向层次上的认识。这样一来，就纠正了一种传统的概念，即认为：名物的训诂就是对个别文字意义的考证，而不涉及句子、段落、篇章的含义和用意，不需要整体性的假设，不必重视整体性假设之下的语义建设。由此理解的易学或经学也就有了局限的问题。如帛书易经中乾写为"键"，坤写为"川"，是否我们就要用我们一般理解之"键"字来说明乾呢，或用一般理解的"川"字来说明坤呢？如此理解，则乾坤的原义及其关联必然流失于无形，导致整体化的理解即诠释走形与扭曲，殊为不当。不幸夏含夷教授的英文翻译就是如此采行的，其实，如了解音韵学，键乾为母音同韵，坤川两字母音接近，故仍当以乾明键，以坤明川。键与川当为古代楚音。

具体地看，训诂学从汉代以至于清代，都是很重要的学问，借此乃能更好地保存历史的文本并彰显其意义,复能使历史的文本具有现代感。

我知道有所谓新训诂学,而我对于训诂学的思考,则可名之为"训诂诠释学"。训诂的作用,就在于能注释及建立古典文字的一种历史、表征其含义。不过,文字含义的确定,一方面依赖历史的考证,另一方面也借重其在整体文字体系中所凸显出的意义。而要掌握这里所说的意义,又必须要以现今对世界上相关事物的认识为凭依。如果考证出来的字义不成其字义或意义模糊两可,则提高层次或扩大范围,用旁通原则或引申原则以求其意,在定期义,或留存候考,而不可任意无事实根据也无原理或原则根据加以解释。违反必要理由与充足理由与最佳理由原则。①

因此,需要遵循以下的原则:①整体循环原则;②历史与现实相互支持原则;③意义的分层原则。这样一来,就能将训诂工作纳入语义认识之中,又复能将语义认识纳入诠释作用之中。可用下图加以表示:

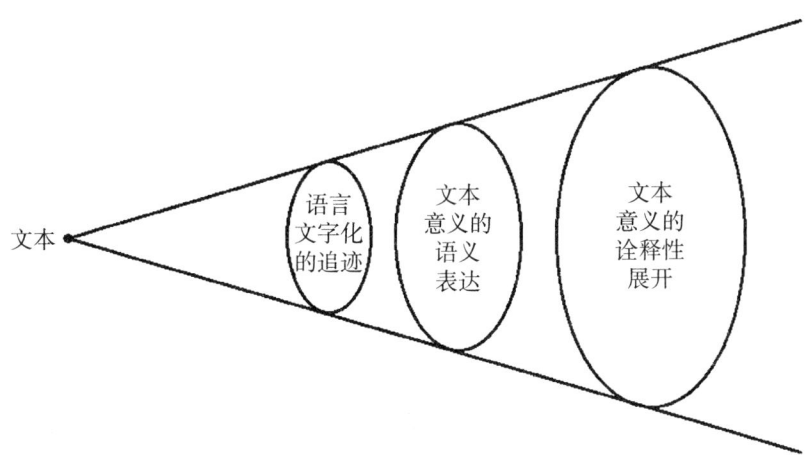

当我们将训诂进行如此这般的提升之后,它就将成为一种"注解",进而发展为一种"理解",又能经过"理解"的过程而变成"诠解"。

训诂有一部分是在比较古代先后的文本来找寻训诂的意义,比如将郭店楚简中的《性自命出》与上博简中的《性情论》进行对勘的研究。这种训诂研究,虽不是以语言的概念意义为主,但其要确认文字的所指相关性或正确性,所以也要认识其他文本的相关表达方式,以训诂并确认文本的意义。

回顾中国学术史,也能找到支持我观点的历史性证据。清代的学人善于对古本进行考据辨正,其中,皖派与吴派之学最负盛名。皖派中的江永、戴震、段玉裁,

---

① 必要非充足,充足非最佳,一个可欲的理想理由应是必要、充足与最佳,三者均相对标准而言。

尊重广博的经验，重视以文物为参考，经过考证、校勘的过程，来确定一个古本的文字训诂，达到一种实质的目的。在戴东原处，其实已有整体化的训诂思考。比如，其在《孟子字义疏证》中讨论孟子的性善论，自然先要掌握"人心""人性""善"等概念。我在 1964 到 1965 年翻译《原善》时，即注意到：戴震在对字义进行研究时注重文本的整体性，所以能形成对文本的比较完整之训诂、解义、诠释。他的方法论可以作为我的"训诂诠释学"之说明。①

至于吴派的惠栋，重视符号系统，在易学研究中推崇汉学、批评宋学，即所谓"辨正河图洛书先天太极之学"。相对于戴震而言，惠栋多做文字上的考察，以辨别文字的历史真伪为务，却缺乏义理的诠解。他的训诂研究，是一种重经验、重严谨的考证工作，所重在于文字的音、形，固然涉及语义，故而没有真正的意义的诠释。惠栋及许多与他相类的清代朴学学者，以汉学为师，却只重视汉学，而对从汉到清的学术理路变化缺乏充分的考察。按伽达默尔的说法，诠释学有其历史性；因为时间层面上的差距，清代的朴学终究不可能完全等同于汉学，所以其学人必须明辨自己学问的特殊之处，而不可单纯以汉学为最理想之形态。戴震则并未落此窠臼，而欲通过训诂实质来诠解出文本的内在意义，故和惠栋有了内在的差别。

结论：训诂必须要被摆在一个整体的语义和诠释之框架内。对经典的注释，必须要有诠释的基础，要重视理解的循环，表现在我说的"自本体的诠释"与"对本体的诠释"的相互对应、引动与激发的良性循环过程中。

有人认为"诠释"之提法太过西方化。我要强调，就其重视语言的所指、重视对概念与意义的认识而言，训诂本来就具有很高的诠释性，完全可以衍伸成为诠释，与是否属于西方无关。因为这是属于诠释与理解内在的活动方式与方法的运行。不能说只有西方有诠释，中国就没有。诠释学之为学，也不必限于西方，中国文学或史学传统讲究修辞，所谓"修辞立其诚"，这本来就是中国文化的传统，并非等同于西方，当也不必低落于西方。修辞不仅有文学求美的意思，而且有哲学求真的意思。当然我所指的中国诠释传统之学也是逐步完成的，应先从文字训诂达致语言释义，再从语言释义达致概念诠释。我和汤一介先生曾有过重点的讨论，他提出了

---

① 我有数篇有关戴震的论文及一本有关戴震《原善》的论著。1965 年我用英文翻译《原善》，1969 年在香港东方丛书出版《戴震原善研究》（*Tai Chen's Inquiry Into Goodness*）一书。后来又在夏威夷大学东西方出版社出更正版。2013 年并为李畅然的《戴震〈原善〉表微》写序，该书于 2014 年在北京大学出版社出版。

"中国解释学"的概念,也是在说明中国原就有诠释的传统。[①] 我当然是十分赞同的,只是我早就用了"诠释学"一词,是把"诠释"与"解释"区别开来。这个区别是十分重要的,表现了人文与科学的差别。这种观点,不一定要被认为是受西方影响所导致的,我认为戴震之学中已经有了对此理的较完整之陈述。

通过对"训诂－语义－诠释"的分析与了解,我们可以认识到"经典诠释"和"本体诠释"的差别之所在。经典诠释更偏向名物训诂与意义分野,而不一定形成诠释之体系。可以把"经典诠释"当作"训诂－语义"的过程,则我们尚需要整体理解所形成的语言所指之认识,即"语义－诠释"认知的过程。这就进入到了哲学与本体学的或"语义－诠释"的诠释学之中。要解决"经典诠释"的问题,还是要走向哲学诠释与"本体诠释"。这绝非门派之争,而是非完整性到完整性的一个认知。惜乎,时下国学学者尚欠缺此一认知。

(成中英:美国夏威夷大学哲学教授　上海交通大学致远讲席教授)

[①] 参考汤一介先生文章:《再论创建中国解释学问题》。该文发表于《中国社会科学》2000 年 01 期第 83—90 页。

徽州契约文书俗字考六则

储小旵

提要：徽州契约文书是继敦煌文书之后，研究汉语俗字的第一手宝贵文献资料。考辨徽州契约文书中六则俗字，可补大型字书之缺失，亦可提高契约文书整理与研究的质量。

关键词：徽州契约文书　俗字　考辨

近年来，安徽徽州地区发现了宋至民国时期记录中国农村田地、山林等各种交易的民间契约文书。这些手抄的契约文书具有数量巨大[①]、种类多、跨越历史时间长、真实、具体等特点，显得格外珍贵。由于抄写契约的农民本身文化水平往往不高，再加上受到当地方言影响，因此契约文书中含有大量民间俗写字体，其中不少为包括《汉语大字典》(以下简称《字典》)[②]、《中华字海》(以下简称《字海》)[③]在内的大型字书失载。本文考释契约文书中六则俗字，以补《字典》《字海》等大型字书之缺失，同时也可提高契约文书整与理研究的质量。敬请方家批评指正。

【䊮】(雜)

《嘉靖十一年(1532)祁门李三乞卖山白契》："其山四至内山骨，并竹、䊮木，通山贰拾四分中合得壹分，尽行立契出卖与同都胡渊名下为业。"(《徽明》2:70[④])《嘉靖十三年(1534)祁门李浃卖山赤契》："于内长养松竹等䊮木，不计根数。"(《徽明》

---

* 基金项目：本文受到国家社科基金项目(11BYY060)、中国博士后科学基金第六批特别资助项目(2013T60579)、全国高校古委会古籍整理研究项目(教古字[2011]063号)的资助。

① 宋元以来契约文书的具体数量目前难以准确计算，据刘伯山先生统计，仅"已发现的徽州文书的数量当不下于40万份""尚待发现的文书数量尚有10万份左右"(参见刘伯山《徽州传统文化遗存的开发路径与价值评估》，《探索与争鸣》，2010年第12期)，再加上贵州、浙江、福建等地契约文书，数量甚为可观。据笔者初步统计，目前已公布出版的宋元以来契约文书影印件超过45000件。

② 汉语大字典编纂委员会：《汉语大字典》(第二版，九卷本)，四川辞书出版社、崇文书局，2010年。

③ 冷玉龙、韦一心：《中华字海》，中华书局、中国友谊出版公司，1994年。

④ "《徽明》2:70"指王钰欣、周绍泉主编《徽州千年契约文书》宋元明编第2册第70页，花山文艺出版社，1991年。下仿此。

2:88)

按:"桒"即"雜"的简省"隹"旁俗字。又如《明万历二十四年(1596)十月良文立卖山契》:"至内山并大小杉松㮈木本位分藉(籍),尽数立契出卖与族侄本靖名下凑便为业。"(《徽一》10:19①)《万历三十六年(1608)歙县吴廷浩卖山赤契》:"今将前项四至内山松、亲木、柴薪,凭中出卖与本畣吴之宿名下为业。"(《徽明》3:383)《明隆庆六年(1572)六月二十一日休宁余克衡卖山林地及屋基契约》:"四至内本身该山税壹亩柒分正,并在山松竹亲木及生荃荡壹所。"(《徽师》80②)《民国十七年(1928)十月休宁金益甫立杜卖断田契》:"该田余地塝堘、桒木、车基碣骨、轮车水路阄(沟)、水渠水溪俱全。"(《徽黄》2:97③)例不胜举。"雜"在契约文书中俗写字形多变,兹举数例。"雜"的左边简写作"扌",如《清后期江氏祖宗谱》:"又上上两次火扌柴洋贰圆。"(《徽三》6:384④)又简省右部作"朿",如《清乾嘉年间收支账单》:"支钱七洋九百十一,朿用人工。"(《徽一》2:16)"桒"的上部构件又形变作"文"形,如《明万历十九年(1591)五月金本登立卖山契》:"其山并苗木及亲木等项尽数立契。"(《徽一》10:14)或形变作"丸"形,如《民国十三年(1924)七月休宁吴兆高等立杜卖断田赤契附民国十三年(1924)十月买契》:"其田水路溪水圳沟水俱全,以及余灰屋地坦塝堘桒木尽是一并在内。"(《徽黄》2:71)《字典》依据《宋元以来俗字谱》收"雜"的俗字"桒"(1292a),既无语例,也失收"雜"诸多异写字形。

了解"雜"的俗写有助于提高其他地方契约文书整理的质量。福建师范大学历史系录《宣德六年(1431)侯官县朱定卖山契》:"侯官县二十五都住人朱定,承祖原买得王均显、吴添等亲木山数段,坐产本都,地名安仁溪、里马兜等处,于洪武十年有祖朱汝舟等,将祖原买山段拨出数段卖与本乡民人方铭去讫。"⑤按:"亲木"不通,当为"桒木"之误读,上文已有详证。再者,同契也出现了"杂木"二字:"更有原祖遗下杂木山柒号,未曾出卖。"亦可证明"亲木"即"桒(雜)木"之误读无疑。

---

① "《徽一》10:19"指刘伯山主编《徽州文书》第1辑第10册第19页,广西师范大学出版社,2005年。下仿此。

② "《徽师》80"指周向华编《安徽师范大学馆藏徽州文书》第80页,安徽人民出版社,2009年。下仿此。

③ "《徽黄》2:97"指黄山学院编《中国徽州文书》民国编第2册第97页,清华大学出版社,2010年。下仿此。

④ "《徽三》6:384"指刘伯山主编《徽州文书》第3辑第6册第384页,广西师范大学出版社,2009年。下仿此。

⑤ 福建师范大学历史系编:《明清福建经济契约文书选辑》,人民出版社,1997年,第309页。

【▣】(票)

《清光绪三十三年(1907)十一月万庚金立借条》:"立借▣人万庚金,因为赎碓正用,向胡庆贵兄名下借到英洋叁元正……恐后无凭,立此借▣存照。"(《徽一》1:402)

按:上揭契约题名中的"借条"应为"借票"之误读。"▣"上部乃"西"的草书,契约文书中经见,如《民国二十年(1931)十二月休宁刘宾秋立杜卖田契》:"当缴税▣壹张。"(《徽黄》2:109)《民国二十五年(1936)十二月婺源汪老乌立收代纳票》:"民国念(廿)伍年腊月日,立收代纳▣人:老乌(押)。"(《徽黄》10:164)浙江石仓契约亦有其例,如《嘉庆十九年(1814)二月十九日李福荣立送户票》:"立送户票人李福荣,今将李永兴户送与松邑阙天贵、天培入户完粮,不得丢漏,立送户▣是实。"(《石一》6:40①)《道光十二年(1832)十二月二十四日张辛才立过户票》:"立过户▣张辛才,将自立户下粮叁亩五分正入与阙德璁户内完纳,日后不得丢漏。"(《石一》6:63)《道光十四年(1834)二月二十一日刘立清立送票》:"立送▣人刘立清,今将廿都大阴庄刘新兴户下粮壹亩正,推入廿一都茶排庄阙翰成户下入册办粮,不得丢漏分毫。"(《石一》7:215)皆其例。此外,与"票"字上部构件相同的"要"字,其上部构件在契约文书中俗写与"票"相类似,如《明嘉靖四十四年(1565)正月程时化等立合文约》:"议后各▣遵文,毋得设法私自盗葬。"(《徽一》6:234)《明崇祯七年(1634)六月洪兴杭等立承佃田约》:"务▣遍山满密,毋许变卖他人。"(《徽一》10:420)《清康熙三十九年(1700)七月凌桥兄弟立承佃山约》:"务▣丛密成林,四围毋得抛荒。"(《徽一》6:455)皆其例,均可资比勘。故上揭契约名称《清光绪三十三年(1907)十一月万庚金立借条》当校正为《清光绪三十三年(1907)十一月万庚金立借票》。

【▣】【▣】(興)

《安徽师范大学馆藏徽州文书》中有《明永乐十二年(1414)十月七日谢福恩、谢福巧兄弟出卖山地契约(赤)》(《徽师》20)、《明弘治九年(1496)三月初八日(十九都)洪永具卖山契约(赤契)》(《徽师》65)二件契约。

按:前契立契人姓名"谢福恩"中的"恩"、后契立契人姓名"洪永具"中的"具"均为"興"字之误录。"恩"字影印件作"▣";"具"字影印件作"▣"。"▣""▣"均为"興"的草书简省,徽州契约文书中经见,如《洪武二十三年(1390)祁门谢得兴过继

---

① "《石一》6:40"指曹树基、潘星辉、阙龙兴编《石仓契约》第1辑第6册第40页,浙江大学出版社,2011年。下仿此。

文书》中"興"作"🈳"(《徽明》1:31);《洪武二十七年(1394)祁门谢再兴卖山地赤契》中"興"作"🈳"(《徽明》1:34);《明天启元年(1621)二月二十八日胡通兴卖水田契约(赤)》"興"作"🈳"(《徽师》113),例不胜举。民间通俗文学刻本经见,如《列女传》中"興"作"🈳";《取经诗话》中"興"作"🈳"[①],亦可参。故原契名《明永乐十二年(1414)十月七日谢福恩、谢福巧兄弟出卖山地契约(赤)》当校正作《明永乐十二年(1414)十月七日谢福兴、谢福巧兄弟出卖山地契约(赤)》;《明弘治九年(1496)三月初八日(十九都)洪永具卖山契约(赤契)》当校正作《明弘治九年(1496)三月初八日(十九都)洪永兴卖山契约(赤契)》。

【陀】(陀)

《民国三十三年(1944)十一月歙县江济佗立杜卖大小买地官草契纸》(《徽黄》4:156)

按:上揭契名立契人姓名有误。"江济佗"之"佗"影印件作"陀"。契约文书中"阝"旁草书常作"亻",如"限"手书作"𠅃",《民国二十四年(1935)十月歙县张黑铁立当小买熟地契附民国二十九年(1940)二月加当批》:"凭中议定出当于拾贰年为𠅃。"(《徽黄》8:88)《民国二十八年(1939)一月歙县郑仙洪立出典大小买田赤契附民国二十八(1939)年七月典契》:"期以六年为𠅃,期内不得取赎。"(《徽黄》7:114)"陈"手书作"倲",如《民国二十一年(1932)十二月休宁汪陈氏等立杜卖断骨屋基地契》:"立杜卖断骨屋基地契人:汪倲氏(押)。"(《徽黄》6:166)"降"手书作"㐄",如《明中后期王季兴等立卖山场等契》:"北感坑大㐄,直下大坑。"(《徽一》6:316)或作"隹",如《清乾隆十年(1745)十一月王有功等立承佃山约》:"南至白石弯,随垄直上至隹。"(《徽一》7:69)皆可资比勘。盖因"阝"的手书"亻"与"亻"形似而导致编者误判。又同书收有《民国三十三年(1944)九月歙县江济陀立卖大小买熟地契》(《徽黄》4:155),该契立契人姓名正作"江济陀",其"陀"字影印件正作"陀",亦可证明"佗"为陀"之误读无疑。故《民国三十三年(1944)十一月歙县江济佗立杜卖大小买地官草契纸》当校正为《民国三十三年(1944)十一月歙县江济陀立杜卖大小买地官草契纸》。

【湊】(湊)

《民国二十五年(1936)三月休宁李作楫立湊断骨卖苗木山契》(《徽黄》5:266)

---

① 刘复、李家瑞编:《宋元以来俗字谱》,文字改革出版社,1957年,第67页。

按：上揭契名中"溱"当为"湊"的误录。"湊"字影印件作"溱"，此应为"湊"的字形讹变。又如《清道光十九年(1839)三月汪兴财等立卖浮木力分契》："本身三股之一尽数溱便山主。"(《徽一》8：392)可证。佛经中亦有其例，可洪《音义》第13册《别译阿含经》第5卷音义："溱，仓奏反……正作'湊'也。"①"湊"的右部构件正与上揭契约中的"溱"同，亦可证。从契约内容看，"湊断"即湊合、方便出卖之意。徽州契约文书中湊卖契经见，如《清同治十二年(1873)十一月邱冬至会三房经手光镰等立湊契》(《徽一》6：164)、《清同治十二年(1873)十二月邱宗信等立湊契》(《徽一》6：165)、《清顺治六年(1649)九月王俊灿等立湊便基地契》(《徽一》6：340)，例不胜举。故上揭契约名称《民国二十五年(1936)三月休宁李作楫立溱断骨卖苗木山契》当校订作《民国二十五年(1936)三月休宁李作楫立湊断骨卖苗木山契》。

【泾】(德)

《民国二十八年(1939)休宁程瀲胜立杜卖山税契》(《徽黄》5：284)

按：上揭契名立契人姓名中"瀲"字误。"瀲"字影印件作"泾"，此应为"德"的草书。"德"字草书唐高闲《正嘉座主帖》作"｜彡"；隋智永《千字文》作"泾"；元鲜于枢《醉时歌》作"泾"②，均与上揭契约中的"泾"字形相同或相近，可为其证。徽州契约文书中亦有大量"德"的草书字形，如《民国四年(1915)十月余许氏立推单》："其税……自八都三图余泾余户丁士逵名下，推入五都四图邵毓圣户丁集文名下输纳丙辰年编粮，恳不到局面会。"(《徽一》1：236)《清嘉庆年间程联梯等控程嘉培案文书之二》："为此伏叩……赐吊契验核，责令改正……顶泾上呈。"(《徽一》3：30)《民国五年(1916)五月歙县吴济民立杜卖大小买田契》："凭中立契出卖与东关四图胡泾顺嫂名下为业。"(《徽黄》1：61)《民国十一年(1922)十一月休宁吴明高立出租屋批》："依书中人：汪生泾(押)。"(《徽黄》9：135)例不胜举。故"瀲"乃"德"之误读无疑。上揭契约名称《民国二十八年(1939)休宁程瀲胜立杜卖山税契》当校订作《民国二十八年(1939)休宁程德胜立杜卖山税契》。

(储小旵：安庆师范大学文学院，246133，安庆)

---

① 中华大藏经编辑局：《中华大藏经》第59册，中华书局，1996年，第1015页中。
② 李志贤、蔡锦宝、张景春编，范韧安校：《中国草书大字典》，上海书画出版社，1994年，第457—458页。

阮刻《十三经注疏》新定本制作的若干问题

方向东

提要： 阮刻本《十三经注疏》自南昌府学刊刻以来，历经翻刻，鲁鱼亥豕在所难免。笔者近些年在对几个版本逐字校勘的基础上，发现诸多问题。本文拟就阮刻本的版本、校勘记、经、注、疏等方面的问题进行论述，并就新定本制作提出具体意见，就方家指正。

关键词： 阮刻本《十三经注疏》 校勘 新定本制作

自从2005年冬季将阮刻本《十三经注疏》南昌府本与中华书局影印本对勘开始，已经与脉望仙馆石印本、点石斋石印本、锦章书局石印本校勘，并与湖南尊经阁本、江西书局本（江西书局本由南昌府本重修而成）等参校，发现世界书局本与中华书局影印本存在诸多问题。中华书局1980年10月出版的影印阮刻《十三经注疏》（简称"中华本"），是根据原世界书局缩印本影印的，迄今印刷55500套，加上浙江古籍出版社影印的3650套和上海古籍出版社影印的4300套，共计发行63450套，流传面广，影响很大。据"影印说明"说，该书"影印前曾与清江西书局重修阮本及点石斋石印本核对，改正文字讹脱及剪贴错误三百余处"。根据我们校勘，并未发现这些改正错误之处，反而增加了一些版印模糊造成的错误。

从版本角度看，南昌府本属初刻，错误较多，脉望仙馆本根据南昌府本翻刻，改正了一些错误，但承袭了很多错误未能改正。点石斋石印本，根据我们校勘调查，应是根据同治十二年江西书局本校印，错误很少，质量超过世界书局本。世界书局本乃由粹芬阁主人沈知方提供的阮刻初印本，具体情况不详，总体而言，文字错误较多，甚至有前面的本子不误，世界书局本增误的情况，如：士冠礼第一校勘记：则在后乃言之，《要义》同，毛本乃作皆。（中华本949页上栏倒第2行）案：毛本乃作皆，南昌府本、脉望仙馆本、锦章书局本原作"毛本皆作乃"，误。点石斋本、世界本已订正。就增误的情况看，以《仪礼注疏》为例，与前面的版本相比，增加的错误有75处，锦章书局本与世界书局本共同增加的错误仅有1处，点石斋本与世界书局本共同增加的错误仅有 4 处,而世界书局本增加的错误有 70 处。从对南昌府本文字错误订正的情况看,南昌府本以后的版本共订正 42 处,脉望仙馆本与世界书局本皆订正的有 4 处,脉望仙馆本、点石斋本与世界书局本皆订正的有 2 处,脉望仙馆本、点石斋本、锦章书局本与世界书局本皆订正的有 4 处,点石斋本与世界书局本皆订正的有 26 处,锦章书局本与世界书局本皆订正的有 1 处,世界书局本单独订正的有 6 处。这充分说明,世界书局本在订正前面版本的错误上优于其他版本,但增加的错误又较多,可谓功过参半。正如校书如扫落叶,旋扫旋生。所以,有必要对阮刻本《十三经注疏》进行全面校勘,制作新定本。

由版本问题带来的是标点本的问题,1999 年由李学勤先生主编、北大出版社出版的《十三经注疏》标点本,新增的排版错误、标点错误,已经受到学界的批评;上海古籍出版社选取各经好的版本为底本,排版错误较少,但标点错误也很多,兹就《毛诗正义》举例说明:

《终风》:

寤言不寐,愿言则嚏。嚏,跲也。笺云:言,我。愿,思也。(中华本 299 页中栏第 1 行)

案:"笺云"以下,北大标点本和上海古籍本皆作一句读,误。《尔雅·释诂下》可证。

《硕人》:

疏:孙炎曰:"同出,俱已嫁也。"私,无正亲之言。然则谓吾姨者,我谓之私。邢侯、谭公皆庄姜姊妹之夫,互言之耳。《春秋》谭子奔莒,则谭子爵言公者,盖依臣子之称,便文耳。(中华本 322 页上栏倒 8 行)

案:上段文字,北大标点本和上海古籍本引号皆至文末,以为孙炎语,未是。

《清人》:

疏:《方言》云:"矛,吴、扬、江淮、南楚、五湖之间谓之鉇,鉇音虵。或谓之铤,铤音蝉。或谓之钊,钊音错江反。其柄谓之矜。"矜,郭音巨巾反。(中华本 338 页中栏倒 12 行)

案:《方言》的文字,北大标点本标至"或谓之钊"下,注音文字加用括号。上海古籍本标至"谓之鉇"下,皆不确。《方言》的文字至"其柄谓之矜"为止。注音的文字原为注文小字,乃清代钱绎《方言笺疏》所列的音义内容。

《南山》:

疏:《公羊》"拉干而杀之",《史记》称"使公子彭生抱鲁桓公上车,折其胁,公死于车",折与拉音义同。彼皆言拉杀,此言搚杀者,《说文》云:"搚,捉也。"何休云:"干,胁。拉,折声。"正谓手捉其胁而折,拉然为声,此指言杀状,故言搚也。(中华本3252页上栏倒21行)

案:何休语,北大标点本和上海古籍本皆作一句读,误。拉,阮刻本《公羊传注疏》作"擸",何休云:"擸,折声也。"陆德明《释文》云:"擸干,路合反,本又作'拹',亦作'拉',皆同,折声也。干音古旦反,胁也。"可证。

《蟋蟀》:

此实晋也,而谓之唐者,太师察其诗之音旨,本其国之风俗,见其所忧之事深,所思之事远,俭约而能用礼,有唐尧之遗风,故名之曰"唐"也。(中华本361页上栏倒6行)

案:"见其所忧之事深,所思之事远,俭约而能用礼"三句,北大标点本和上海古籍本皆标点为"见其所忧之事,深所思之事,远俭约而能用礼",盖因下文"故季札见歌《唐》,曰:'思深哉,其有陶唐氏之遗风乎!不然,何其忧之远也?'"思与深、忧与远连文而误。序文明言"忧深思远",可证。

疏:今我君僖公不于此时自乐,日月其将过去,农事又起,不得闲暇而为之,君何不及时自乐乎?(中华本361页中栏第19行)

案:后二句,北大标点本标点为:"不得闲暇。而为之君,何不及时自乐乎?"上海古籍本标点为:"不得闲暇,而为之君何不及时自乐乎?"皆不确。上文云"言九月之时,蟋蟀之虫在于室堂之上矣。是岁晚之候,岁遂其将欲晚矣。此时农功已毕,人君可以自乐"。"为之",指自乐。下文正义云"是十二月以后,不暇复为乐也",亦可证"不得闲暇而为之"当作一句读。

《终南》:

《玉藻》云:"君衣狐白裘,锦衣以裼之。"注云:"君衣狐白毛之裘,则以素锦为衣覆之,使可裼也。袒而有衣曰裼。必覆之者,裘褻也。"(中华本372页下栏倒21行)

案:"裘褻也",北大标点本和上海古籍本皆标点为"裘,褻也",误。二字乃主谓关系而非解释关系。北大标点本《礼记正义》不误。

《豳谱》:

疏:知周公之作《七月》,其意必如此者,以序云:"周公遭变,故陈先公风化之所由,致王业之艰难。"言遭变,是遭流言乃作也。(中华本387页下栏第2行)

案:"周公遭变,故陈先公风化之所由",北大标点本和上海古籍本皆"故"

字属上读,不确,正义此云"言遭变",下文云"序云'周公遭变'即作,不应坐度二年,方始为诗",《七月》序郑笺明言"周公遭变者,管、蔡流言,辟居东都"。可知不当属上读。

《七月》:

疏:因言养蚕之时,女有伤悲之志,更本之言春日稉稉然而舒缓,采蘩以生蚕者,祁祁然而众多。于是之时,女子之心感蚕事之劳苦,又感时物之变化,皆伤悲思男,有欲嫁之志。(中华本390页上栏第3行)

案:"更本之言春日稉稉然而舒缓,采蘩以生蚕者",北大标点本和上海古籍本皆标点为"更本之言春日稉稉。然而舒缓采蘩以生蚕者",误。"舒缓"是毛传对经文"迟迟"的解释,下文正义云"稉稉者,日长而暄之意,故为舒缓",又云"人遇春暄则四体舒泰,春觉昼景之稍长,谓日行稉缓,故以稉稉言之",可证。

《狼跋》:

疏:《士冠礼》云:"玄端黑屦,青絇繶纯。爵弁纁,黑絇繶纯。纯博寸。"注云:"絇之言拘,以为行戒,状如刀衣鼻,在屦头。繶,缝中纠也。"(中华本400页中栏倒15行)

案:北大标点本(537页)和上海古籍本(764页)"鼻"下逗号标在"衣"字下,误。

《无羊》:

《释文》:呞,本又作"齝",亦作"齛",丑之反,一音初之反。郭注《尔雅》云"食已,复出嚼之也。今江东呼齛为齝。音漏泄"也。(中华本438页中栏第23行)

案:北大标点本(693页)和上海古籍本(993页)在"漏"字下皆加逗号,误。"漏泄"乃郭璞为"齝"注音,非义为泄。北大标点本下引号在"也"字下,上海古籍本在"齝"字下,亦皆误。

《十月之交》:

疏:《推度灾》曰:"及其食也,君弱臣强,故天垂象以见征。辛者,正秋之王气;卯者,正春之臣位。日为君,辰为臣,八月之日交,卯食辛矣。辛之为君,幼弱而不明;卯之为臣,秉权而为政,故辛之言新,阴气盛而阳微生,其君幼弱而任卯臣也。"(中华本445页下栏倒14行)

案:"生",北大标点本(721页)据阮元校勘记改为"主",阮校无版本依据。上海古籍本(1036页)未改,皆属下读,误。

《小旻》：

> 谋犹回遹，何日斯沮？回，邪。遹，辟。沮，坏也。笺云：犹，道。沮，止也。（中华本448页中栏倒18行）

案：笺文，北大标点本（737页）和上海古籍本（1056页）皆未断句加标点，误。下笺文云"今王谋为政之道，回辟不循旻天之德，已甚矣。心犹不悛，何日此恶将止？"以道释犹，以止释沮，可证。

《小宛》：

> 疏：郭璞曰："蒲卢即细腰蜂也，俗呼为蠮螉。桑虫，俗谓之桑蝚，亦呼为戎女。"郑《中庸》注以蒲卢为土蜂。（中华本452页上栏第10行）

案：郑《中庸》注文，非郭璞语，乃邢昺疏文，北大标点本（745页）和上海古籍本（1070页）皆置于引号内，误。

> 疏：《乐记》注云："以体曰妪，以气曰煦。"谓负而以体暖之，以气煦之，而令变为己子也。（中华本452页上栏第15行）

案："谓负而以体暖之，以气煦之，而令变为己子也"三句，北大标点本（745页）和上海古籍本（1071页）皆以为是《乐记》注文，置于引号内，非。标点误为：谓负而以体，暖之以气，煦之而令变为己子也。

《信南山》：

> 疏：《郊特牲》曰："取膟膋燔燎升首，报阳也。"又曰："萧合黍稷，臭阳达于墙屋。故既奠，然后爇萧，合馨香。"注云："萧，香蒿染以脂，合黍稷烧之。"（中华本471页下栏第26行）

案："萧"下"香"字，北大标点本（831页）和上海古籍本（1191页）皆属"萧"读，误，今本《礼记正义》"香"作"芗"，芗蒿为名，可证。

《泮水》：

> 顺彼长道，屈此群丑。屈，收。丑，众也。笺云：顺，从。长，远。屈，治。丑，恶也。（中华本611页中栏第26行）

案：北大标点本（1399页）和上海古籍本（2046页）笺文标点为："笺云：顺从长远，屈治丑恶也。"皆误。下文正义曰：顺者，随从之义；长者，遥远之言；故顺为从，长为远也。"屈，治"，《释诂》文。可证。

《閟宫》：

> 疏：《王制》又云："诸侯礿犆，禘一犆一祫。尝祫，烝祫。"（中华本616页中栏倒13行）

案:北大标点本(1416 页)标点为:《王制》又云:"诸侯礿犆,禘一、犆一、祫尝祫、烝祫。"上海古籍本(2090 页)标点为:《王制》又云:"诸侯礿,犆;禘,一犆一祫;尝,祫;烝,祫。"标点皆不确。《礼记·王制》正义云:"禘一犆一祫者,言诸侯当在夏祭一禘之时,不为禘祭,惟犆一祫而已,阙时祭也。不云一禘而云禘一者,禘在礿前,与礿在犆前,其义同,皆见先时祭也。尝祫烝祫者,谓诸侯先作时祭烝尝,然后为大祭之祫,故云尝祫烝祫。"可证。

本文仅就《仪礼注疏》的文字错误率统计和《毛诗正义》标点存在的问题揭示《十三经注疏》整理本目前存在的现状,各经呈现出不同的情况,有待全面校勘和标点后才能揭示总体问题。

(方向东:南京师范大学文学院,210097,南京)

从"保存国粹"到"喜治小学"

——试论章太炎对马叙伦的影响*

李春晓

提要: 20世纪之初,既敢于在民族民主革命中掀天揭地,又能够在语言文字研究上继往开来的中华英杰,首推章太炎。马叙伦与章太炎的交往对其自身学术造诣的影响不容忽视。马叙伦在著作中常言他与章太炎谊在师友之间,论文主要从"保存国粹"的革命思想和"喜治小学"的学术理念两方面来分析章太炎对他的影响。鲁迅曾称太炎先生为"有学问的革命家",我们可以说,马叙伦也是一名"有学问的革命家"和"博学的战斗者"。

关键词: 马叙伦 章太炎 革命思想 学术理念

马叙伦(1885—1970)字彝初,更字夷初,号石翁、寒香,晚年号石屋老人,浙江杭县(今余杭)人。新中国成立前曾担任过上海劳动大学、北京医学专门学校(今北京医学院)、北京大学、北京师范大学、清华大学等高校的教授,任过浙江第一师范学校校长、浙江省教育厅厅长、北洋政府和国民党政府教育部次长等。1946年在上海发起组织中国民主促进会,致力于爱国民主运动。新中国成立以后,曾任中央人民政府委员会委员,政务院文化教育委员会副主任,教育部和高等教育部部长,中国科学院学部委员,中国文字改革委员会主任,全国人大常委会委员,全国政协副主席,中国民主促进会中央主席,中国民主同盟中央副主席。事迹见《中国现代语言学家》(第二册)、《中国现代语言学家传略》、《中国当代社会科学家》(第六辑)、《中国现代教育家》(第三卷)、《中国现代社会科学家传略》(第二辑)等,亦可参见网上"马叙伦纪念馆"和马叙伦自传《我在六十岁以前》。王欣夫曾如是评价到[①]:

> 马叙伦撰《说文解字六书疏证》,煌煌巨制,当与段玉裁、桂馥、朱骏声、王

---

* 基金资助:教育部人文社科研究规划基金项目(10YJA740047)、福建省社会科学规划项目(2010B089)"《说文解字六书疏证》研究"、福建师范大学优秀青年骨干教师培养基金(FJSDJK2012013)。

① 王欣夫:《王欣夫说文献学》,上海古籍出版社,2000年,第304页。

筠诸家比并。他精熟许氏之学,执此工具来校理古籍,于本字和假字,疏通证明,都能怡然理顺。所著《老子校诂》四卷,《庄子义证》三十三卷和《读吕氏春秋记》《读汉书记》等书,都可见他校雠工夫的湛深。

马叙伦不但积极投身民主革命活动,而且在说文学、诸子哲学等方面为后人留下了相当重要的论著。20世纪之初,既敢于在民族民主革命中掀天揭地,又能够在语言文字研究上继往开来的中华英杰,首推章太炎。① 章太炎(1869—1936)初名学乘,字枚叔,后更名绛,号太炎,后又改名炳麟,字太炎,浙江余杭人,是民主革命的先行者,是传统小学大师,现代语言文字学的奠基人②。

被誉为"浙江大儒""史学巨子"的史学家陈黻宸(1859—1917,幼名芝生,一名崇礼,后名黻宸,字介石,晚年改名苇,室号饮水斋、烛见知斋)对马叙伦的一路成长影响至深,待另文撰述。马叙伦与章太炎的交往对其自身学术造诣的影响不容忽视。据马叙伦在《我在六十岁以前》的回忆,1895年,马叙伦随他父亲的好友汤颐琐(俞樾的学生③)回苏州,跟着汤先生学习。《说文解字六书疏证·凡例》:"引诸家说皆直书姓名,唯于俞先生樾、宋先生文蔚称先生者,尊师传记渊源也。"马叙伦在著作多处称引俞樾之说,而且盛赞俞樾《古书疑义举例》"发蒙百代,梯梁来学",同时著有《古书疑义举例校录》④。有学者⑤提到马叙伦受学于皖派学者俞樾,与章太炎同门。有学者将马叙伦误作章太炎弟子⑥,准确地讲,应该是马叙伦的老师与章太炎是一种同门关系,照辈份来讲,章太炎当是马叙伦的"师叔"。

章太炎曾受学于俞樾,对于"小学"很有研究;又受章学诚、全祖望的影响颇深,故究心明、清间掌故,颇促成其排满之念。旋研究华严宗,每以瑜伽华严释老、庄,自谓别有所得。所著《小学答问》(1907)、《新方言》(1907)、《文始》(1908)及《国故论衡·上编》(1910),在现代学术界颇具影响力。身居日本期间,又时时涉猎西籍,喜以新知附益旧学,日益闳肆。章太炎治小学,以音韵为骨干,谓文字先有声然后

---

① 吴金华:《章太炎〈新方言〉研究·序》,参孙华《章太炎〈新方言〉研究》,华东师范大学出版社,2006年,第1页。
② 张标:《20世纪〈说文〉学流别考论》,中华书局,2003年,第15页。
③ 据马氏在《我在六十岁以前》(生活·读书·新知三联书店,1983年,第8页)的回忆,马氏父亲的另一盟友宋澄之先生在"养正书塾"教书,也是俞氏门生。
④ 中华书局将俞樾《古书疑义举例补》、刘师培《古书疑义举例补》、杨树达《古书疑义举例续补》、马叙伦《古书疑义举例校录》、姚维锐《古书疑义举例增补》合编为《古书疑义举例五种》。
⑤ 详参张标《20世纪〈说文〉学流别考论》,中华书局,2003年,第87页;张其昀《说文学源流考略》,贵州人民出版社,1998年,第419页。
⑥ 王汎森:《中国近代思想与学术的系谱》,河北教育出版社,2001年,第285页。

有形,字之创造及其孳乳,皆以音衍。不少见解多乾嘉诸老所未发明,他的学术,便不仅限于朴学了。章氏自述治学进化之迹①:"少时治经,谨守朴学""继阅佛藏,涉猎《华严》《法华》《涅槃》诸经""讲说许书,一旦解寤,昿然见语言文字本原,于是初为《文始》。……由是所见与笺疏琐碎者殊矣。""为诸生说《庄子》,旦夕比度,遂有所得,端居深观而释《齐物》,乃与《瑜伽》《华严》相会。""自揣平生学术,始则转俗成真,终乃回真向俗。……秦汉以来,依违于彼是之间,局促于一曲之内,盖未尝睹是也。"(《菿汉微言》卷末)章太炎是清代朴学的"殿军"②,他对20世纪的学术界影响深远,这是有目共睹的。

1911年,马叙伦东渡日本拜见章太炎,回来之后,与章太炎在上海共同创办《大共和日报》③,章太炎任社长,马叙伦任总编辑。1913年,在讨袁斗争中,章太炎被监押在外城龙泉寺外,坚持奉"全生为上,迫生为下,迫生不如死"的理念,以绝食反抗,马叙伦巧妙地劝食,挽救章太炎的生命。1915年辞去北大教授一职时,与章太炎依依不舍,他的《高阳台》是为章太炎而作:

> 烛影摇红,帘波卷翠,小庭斜掩黄昏。独竹雕阑,记曾私语销魂。杨花爱扑行人面,尽霏霏不管人嗔。更蛾眉暗上窗纱,只是窥人。
>
> 从前不解生愁处,任灞桥初别,略损啼痕,争道如今,离思乱似春云。银笺欲寄如何寄?纵回文写尽伤春,奈人遥又过天涯,断了鸿鳞。

这段经历告诉我们,马、章二人在学术上有半师半友之谊,在反袁问题又有患难之交。马叙伦在著作中常言他与章太炎谊在师友之间④。今笔者主要从革命思想和学术理念两方面来分析章太炎对他的影响。

一 "保存国粹"的革命思想

西方近代学术知识输入后,崇尚新学之风日盛,中国传统学术面临着生存问题。既然旧学面临生死存亡之危机,自有学者思谋保存与发扬之道。以章太炎和刘师培为代表的国粹派对当时学界状况做了这样的概述:"今后生小子,入学肄业,辄束书不观,日惟骛于功令利禄之途,卤莽灭裂,浅尝辄止,致士风日趋于浅陋,毋

---

① 梁启超:《清代学术概论》,东方出版社,1996年,第87页。
② 杨东莼:《中国学术史讲话》,江苏教育出版社,2005年,第217页。
③ 据马氏在《我在六十岁以前》(生活·读书·新知三联书店,1983年,第39页)讲述,"我那时就由应德闳先生给章先生和程德全拉拢了,为的是要北伐"。
④ 比如《我在六十岁以前》(第26—27页)马氏描述如下:"我和章先生,论亲他是长辈,论年我是后辈,……在上海为国事运动的时候,我们是时常碰头的,所以我们是谊在师友之间。"

有好古博学,通今知时,而务为特立有用之学者。"①国粹派提出了"保存国粹"的主张。

1905年,《国粹学报》发刊词说:

> 学术所以观会通也。前哲有言,执古之道,以御今之有;睹往轨知来辙……无如近世以来,学鲜实用。自考据之风炽,学者祖述许郑,以汉学相高,就其善者,确能推阐遗经,诀发间奥。及陋者为之,则捃摭细微,剿袭成说,丛胜无用。而一二宋儒学者,又复空言心性,禅寂清谈;固陋寡闻,闭聪塞明。学术湮没,谁之咎欤?海通以来,泰西学术,输入中邦,震旦文明,不绝一线。无识陋儒,或扬西抑中,视旧籍如莒土。夫天下之理,穷则必通。士生今日,不能借西学证明中学而徒炫暂种之长,是犹有良田而不知辟,徒咎年凶,有甘泉而不知疏,徒虞水竭。有是理哉?……〔因办本报〕,以求学术会通之旨,使东土光明,广照大千,神州旧学,不远而复,是则下士区区保种、爱国、存学之志也。

《国粹学报》的发刊词,正是遵循章太炎的思想,虽然创刊时他还在上海提篮桥监狱。《国粹学报》由国学保存会发行,代理发行处遍布各地。最初有32个城市46个代销处,最后有24个城市41个代销处。该刊现在各大学校很容易找到,意味着当年发行数量的可观。在第5期有一重印广告,说第1期"印3000册已罄",正在加印。最初主要刊登黄节、邓实、刘师培(第一、二年用"刘光汉")的文章,后来撰稿人增多。章太炎、陈介石和马叙伦在上面都留下不少篇章。他们在当时乃至今日都很有影响力。马叙伦曾回忆到②:

> 这个刊物(按:即《国粹学报》)有文艺复兴的意义,而提倡民族主义的革命很卖力,居然风行一时。

郑师渠先生就曾界定"晚清国粹派"如下③:

> 国粹派是革命派队伍中的一个派别。他们多是一些具有传统学术根柢的资产阶级小资产阶级知识分子,不仅主张从中国的历史与文化中汲取精灵,以增强排满革命宣传的魅力;而且强调在效法西方改革中国政治的同时,必须立足于复兴中国固有文化。所以他们一身二任:既是激烈的排满革命派,又是热衷于重新整理和研究传统学术、推动其近代化著名的国学大家。他们追求中国社会的民主化,但更关切传统文化的命运,孜孜以复兴中国文化自任。

---

① 《拟设国粹学堂启》,《国粹学报》,1907年第26期。
② 马叙伦:《我在六十岁以前》,第21页。
③ 郑师渠:《晚清国粹派——文化思想研究》,北京师范大学出版社,1997年,第8—9页。

这说明了国粹学派除了"排满革命",还强调以"复兴中国固有文化"为使命,也一身而二任。1905年,《国粹学报》第一年(上)第3期马叙伦发表《啸天庐古政通志》,除了《自序》之外,还包括《氏族志序》《疆域志序》《图谱志序》《学术志序》《教育志序》《兵志序》《刑志序》。《国粹学报》第5期的《啸天庐古政通志》续篇下包括《职官志序》《食货志序》《庠序志序》《艺术志序》《物异志序》《四裔志序》。《国粹学报》第一年(上)第7期的续篇下包括《天文志序》《博物志序》《礼志序》《乐志序》《征榷志序》。《申意》部分强调"国有学而不能明,而转掇拾乎异域之学,使代统而为尸。此其罪等于卖国,耻古政学之失坠,学者溯典而忘祖",基于此出发点,马氏撰述《古政通志》。

《国粹学报》第一年(上)第9期发表《啸天庐政学通义》次一(右论邦国通义)、次二(右论国本在种姓及驭夷狄)、次三(右论君群之义及立君)、次四(右论君恣己为政有罪废黜)、次五(右论立法及司法之重)、次六(右论民得议政之权及议院)、次七(右论行政官及行政与司法之别)、次八(右论刑始及轻重)。《国粹学报》第一年(上)第12期发表续篇,下包括次九(右论古代九主之制)、次十(右论诸夏上世贤政治制)、次十一(右论地方自治与政府)、次十二(右论建都不在阻险而在重法令以立警察)。

1906年,马叙伦在《国粹学报》第二年(上)"政篇"第13期发表《孔子政治学拾微》。在文章结尾处指出:"是故春秋之义明于天下,则为天下之王者,其缺一于五科之中,必为天下所不归往,而又谁与王?故能致天下太平。"《国粹学报》第二年(上)第15期、第17期、第18期、第21期以及《国粹学报》第三年(上)"政篇"第26期有"续篇"。

1907年,马叙伦在《国粹学报》第25期"丛谈"发表《啸天庐搜幽访奇录》(续十九期)。在《国粹学报》第29期发表《书体考始》[①],第30期有续篇,书中对古代字书所述及的各种文字形体进行考辨。《国粹学报》第33期"社说"马叙伦发表《论性》。第34、35期,(1908年)39期、41期、43期有续篇。

1906年,章太炎在《东京留学生欢迎会演说辞》中就谈到[②]:

> 为什提倡国粹?不是要人尊信孔教,只是要人爱惜我们汉种的历史。这

---

① 马文收在《20世纪书法研究丛书系列——考识辨异篇》(上海书画出版社,2000年,第1—12页),引文即参考此书。《中国文字之原流与研究方法之新倾向》的"字形之变迁"亦讨论汉字字形的书体变化,内容相近。

② 章太炎:《东京留学生欢迎会演说辞》,参汤志钧编《章太炎年谱长编》,中华书局,1979年,第213页。

个历史,是就广义说的,其中可以分为三项:一是语言文字,二是典章制度,三是人物事迹。近来有一种欧化主义的人,总说中国人比西洋人所差甚远。所以自甘暴弃,说中国必定灭亡,黄种必定剿绝。因为他们不晓得中国的长处,见得别无可爱,就把爱国爱种之心,一日衰薄一日。若他晓得,我想就是全无心肝的人,那爱国爱种的心,必定风发泉涌,不可遏抑的……照前所说,若要增进爱国的热肠,一切功业学问上的人物,须选择几个出来,时常放在心里。这是最紧要的。就是没有相干的人,古事古迹,都可以动人爱国的心思。当初顾亭林要想排斥满洲,却无兵力,就到各处去访那古碑古碣,传示后人,也是此意。

章太炎演说总是大声疾呼革命,激发了国人的爱国热情,大家必定深受他的影响,而马叙伦也是乐在其中。

马叙伦和刘师培、邓实、黄节诸人都称章太炎为老师。《国粹学报》的宗旨深受章太炎的影响,其栏目和文章,就引述章太炎对留日学生说的:"爱惜我们汉种的历史。这个历史,是就广义说的,其中可以分为三项:一是语言文字,二是典章制度,三是人物事迹。"创刊号的《略例》提到,本报共分七门,具体包括社说、政论、史篇、学篇、文篇、丛谈、撰录,另有"附录",它们基本在章太炎所说的范围之内。章太炎说:"国学保存会,搜集明清间禁书数十种作《国粹学报》,以辨夷夏之义。"[①]他们搜集的禁书,以国学保存会名义出版,宗旨自然也与《国粹学报》相同。

1905—1907年间,《国粹丛书》陆续出版。《国粹保存会国粹丛书广告》阐述丛书的宗旨:

> 近顷东文翻译之书盛行,短书小册,充塞于市。其书每多东涂西抹,至无可观。学者购一书,不能得一书之益。其一时风潮所煽,致使吾国古籍,虽极重要、极通行者,任购一种,反不可得。近日西方学者,方谓二十世纪之世,当以研求东洋二古学为急务(一中国学,一印度学),至设东方博学会,以搜求汉文典籍。本会有鉴于此,以研究国学保存国粹为宗旨,志在搜罗遗籍,或版已久佚者,或未曾刊行者,皆择其至精至要,无愧国粹,切于时用者,审定印行。汇为《国粹丛书》一大部,分作三集。今先将征采所得者,陆续付印行世。有宝国学,好古敏求之君子,当亦乐乎此也。

[①] 章太炎1935年作《黄晦闻(黄节)墓志铭》,说黄节"与同学邓实等筹集'国学保存会',搜集明清间禁书数十种作《国粹学报》,以辨夷夏之义",参汤志钧编《章太炎年谱长编》,中华书局,1979年,第962页。

1920年,《新教育》3卷4期马叙伦发表《北京大学研究所整理国学计划》(亦可参阅《北京大学日刊》第720—721号,1920年10月19—20日,未署名)。马氏明确提出北京大学在整理国学方面有着形势所赋予的不可推卸的责任:

> 近来欧美学者,已稍稍移其注意于吾国固有之学术。顾转虑吾国固有之学术,无以供给于欧美学者之前。何则?吾国固有之学术,率有浑沌紊乱之景象,使持之以供欧美学者之研究,必易招误解,而益启其轻视之念。故非国人自为阐扬,必无真相以供欧美学者之研究。故阐扬吾国固有之学术,本校尤引为今日重大之责任。
>
> ……今日当科学昌明之际,使取乾嘉诸老之成法,而益以科学之方法,更得科学之补助,……急图整理;则吾国固有之学术,必能由阐扬而更所发明;树世界学术之伟绩,扬吾国文化之精神。本校自期焉!

马叙伦以为整理吾国固有之学术,宜从整理学术和整理材料两方面入手,而且"整理学术之材料,实为整理学术之先驱"、"刊书亦所以为整理学术之大助也"、搜求古器物"有助于整理国学者"。章太炎的"国粹"思想亦可以在此寻找影子,马叙伦研究的出发点也正是缘于如《国粹学报》所言"保种、爱国、存学"的理想。

日本记者问章太炎先生所讲何种学,他的回答是:"中国之小学及历史,此二者,中国独有之学,非共同之学。"①章太炎曾明确说过,国学与他国之学有交叉领域,可以交流融合,惟独小学和历史不可以混同西学,因为它们是中国文化特色之所在,如果连这二者也失去了,中国也就丢掉了自己的特色。② 马叙伦的研究重点放在"小学"方面,这是因为撷粹存真,解决时局之需③,为整理国学的计划在添砖加瓦。

二 "喜治小学"的学术理念

马叙伦与章太炎谊在师友,多有交往,互相切磋,益于学问。马叙伦在《天马山房文存》的《显考行述》中曾记述他父亲多年"沉浸经籍,喜治小学,手录群书,训诂

---

① 黄侃:《太炎先生行事记·章太炎先生答问》,原载《神州丛报》1卷1期(1913年8月),后载《制言》第31期(1936年)。参汤志钧编《章太炎年谱长编》,第295页。
② 详参李运富《章太炎黄侃先生的文字学研究》,《古汉语研究》,2004年第2期,第39页。
③ 详参拙作《明道救世,撷粹存真——试析马叙伦〈说文解字六书疏证〉的基本风格》,《中文(自学指导)》,2005年第6期。

积累寸,大抵如任氏《钩沉》之例,欲有所纂未暇为也"。应该说,他的治学最终转向①传统语言文字学恐怕与父亲的言传身教很有关系,父亲"未暇为",由他来代为完成遗愿。马叙伦的学术路径乃由史学、经学而文字学,1913年,他在答毛子水的信中说:"仆自少慕为马、班、韩、柳之文,又妄谓能理《春秋》大义,近乃悔悟,始治小学,于《说文解字》粗通义例而已。"②1914年,致劳乃宣的信函云:"伦总角之岁,从瑞安陈师介石受文史,从溧阳宋师澄之受经义,而喜文史易成,遂疏经义。其后复染南海康氏之说,稍治公羊家言,亦逞胸臆而已。近七八年,始瘄学术之原,必穷诸经,窃见清代经师,都自小学入道,乃粗治许淓长之书,明其义例,而一揽群经,尚同聋瞽。"③马叙伦以"始瘄学术之原"形容转向文字学研究的心情,他所发表的《中小学教师应当注意中国文字的研究》(《国文月刊》1947年第51期,第52期)、《研究中国古代史的必须了解中国文字》(《中国建设》1947年4卷4期)均强调中国文字研究相当重要,这是中小学基础教育和中国古代史研究的根本。

而马叙伦也"喜治小学",这样的学术理念与章太炎的影响密切相关。

1. 钻研经籍"非自《说文》《尔雅》入手不可"

章太炎说过钻研经籍,则"非自《说文》《尔雅》入手不可"。研究文字学,《说文》占有重要地位。章太炎《自定年谱》云:十七岁初读《说文解字》,《自述治学》谓:"知不明训诂,不能治《史》《汉》,乃取《说文解字》段氏注读之,适《尔雅》郝氏义疏初刊成,求得之。二书既遍,已十八岁。"而"读《经义述闻》,始知运用《尔雅》《说文》以说经"。④

章太炎《小学略说》中说小学是"国故之本,王教之端",许慎在《说文·序》中说文字是"经艺之本,王政之始",他们虽然处于不同时代,但是对文字之学的重要性的认识并无根本区别。1911年马叙伦随汤尔和到日本拜见章太炎。也正是这一年,马叙伦开始由经史转向专治小学,开始从事《说文》的注疏工作,是否受章太炎的影响,值得探讨和考证,他还在这段时间前后写过《尔雅讲义》,虽没有最后成书,但是他的学术理念与章太炎有默契之处,这是显而易见的。辛亥年间,马叙伦曾在给章太炎的信函中讨论他对《尔雅》部分训释词条的看法⑤:

伦于《尔雅》,欲有所纂,悾悾不能绝俗,比于《释诂》,才解数条。内有自申

---

① 马叙伦的治学转变详参林辉锋《从史学到文字学:马叙伦早年学术兴趣转变的内在思路》,《中山大学学报》(社科版),2007年第5期。
② 马叙伦:《天马山房文存内篇》,收于《天马山房丛著》(1933年铅印本,下同),第12页。
③ 马叙伦:《天马山房文存内篇》,第16—17页。
④ 宋永培:《论章太炎黄侃学术研究的根本观念》,《学术研究》,2003年第10期,第125页。
⑤ 马叙伦:《天马山房文存内篇》,第5—7页。

之义,或覆前人之论,未宜为准,敢质然否?……凡兹数义,先祈董正,又陈兰甫谓《尔雅》训诂同一条者,其字多双声,伦谓亦叠韵焉,以兹互求,名义可得太半矣。

马叙伦手稿《尔雅讲义》藏于国家图书馆,内未注明写作时间,据此推断应该是在辛亥之时或更早的时间。此稿应属草稿,有些杂乱,有不少涂写更改的痕迹。"兹以郭注为本,兼采古义,及后儒(主要是郝氏懿行《尔雅义疏》、邵氏晋涵《尔雅正义》等)之说。(旁注:局于所见诸书,续有所得,当为补说。)与诸子共习之。""间附己意必加'愚按'二字以别之。"即如此处所言"内有自申之义,或覆前人之论"。所见仅"始也""君也""至也""往也""赐也""善也""绪也"诸条。

章太炎将《说文》当作语言文字学的基础,研究《说文》不再停留在对材料的考证和注释上面,不再像清儒注经似地研究《说文》,以"求本字"和"寻语根"作为研求的两大原则,研究汉字形体结构的历史演化和同源关系。马叙伦强调语原之说,求本字的做法亦与章氏提倡相合。马叙伦著作中称引章太炎的《文始》《新方言》加以申说者屡见,这也说明章太炎对马叙伦这一代学人所产生的积极的学术影响。

2."实事求是之学不能以空言淆乱"

学术研究应实事求是,不蹈空论华辞;应把握系统,探本求源;应在前人条例的基础上更有发明,以成新的条例与理论。章太炎反复申说国学"此皆实事求是之学,不能以空言淆乱者"。所谓"空言",是与"征实"相违背的。据章太炎分析,蹈空言浮辞一是受西学的影响,二是浅陋浮躁而好高名。[①]

清末民国初的庄学研究除了传统的训诂校释的著作外,西方文化的传入,对传统的庄学研究也有所推动,学者们逐渐以西方哲学为参照来解庄,他们吸收新学,摆脱了对庄子思想的点线式的、直观的了解,而开始追求形式上的体系化和内容上的理性分析。章太炎著有《齐物论释》,他在佛学方面颇有造诣,继承清儒而有新的创获,他以佛理及西学阐发诸子而开民国诸子研究风尚之先[②]。章太炎引起当时学界的密切关注,在这样的大背景下,这也影响到马叙伦的治《庄》思想[③],他最初

---

① 宋永培:《论章太炎黄侃学术研究的根本观念》,《学术研究》,2003年第10期,第125页。
② 王伯祥、周振甫:《中国学术思想演进史(民国丛书·第二编第2册)》,上海书店,1990年,第136页。
③ 拙作《马叙伦是否抄袭胡适〈中国哲学史大纲〉?——从傅斯年评马氏〈庄子札记〉说起》(《福建论坛·人文社会科学版》,2007年专刊)提到,马叙伦所称"如原子说发于章太炎先生《齐物论释》。伦实太炎不与胡先生相涉",这是傅斯年难以推翻的事实,章太炎《齐物论释》(参《章太炎全集(第6卷)》,上海人民出版社,1986年,第21页)说及"原子":诸寻实质,若立四大种子,阿耨(即极微义)、钵罗摩怒(即量义,亦通言极微)、电子、原子是也。

援佛释庄,写过《庄子札记》,后来集中精力完成《庄子义证》。马叙伦的《老子校诂》重在考据,不重义理,他更多延续了清代汉学的实证风格:"强调科学的考据,甚至在治学方法上自觉不自觉地回到乾嘉去。这不是学术的倒退,恰恰相反,这是有渊源的出新。"①

马叙伦利用甲骨金文材料注疏《说文》,信而有征,不蹈空言,《老子校诂》亦是不逞臆说,关于校勘问题的某些创见可从帛书找到实证,足以说明它确有经得起时间考验的学术质量,马叙伦所使用的"清代汉学家的方法"不仅在近代学术史上具有不可磨灭的积极意义,而且直到现代也还在显示出旺盛的生命力。② 他的实事求是的精神铸就他在"老学"方面均能有所建树。他的《说文解字六书疏证》能在历史长河站得住脚,与他的"征实"有关,"益以科学之方法,更得科学之补助",不乏"科学的精神"(另有专文探讨)。

3."吾爱吾师,吾更爱真理"

中国学者在20世纪之前将文字和语言分开研究,往往不注重语言的研究,即使有扬雄《方言》、服虔《通俗文》的一类书,也还是缺少语言学思想的指导。马叙伦在《关于中国文字研究的三项询问》(《读书与出版》1947年第2年10期)中就对章太炎充分肯定:"搞中国语言,能够疏通古今,从文字声音上分析证明的,要推章炳麟的《新方言》开始。""章炳麟的《文始》有他独到的地方,他于'六书'却没有真确的了解;不过在声音训诂方面,对读者有许多帮助。"马叙伦从事实出发的分析显示出他的学术眼光。对他人成果"是其是非其非",尊重事实,尊重真理,就是一种科学的治学态度。

章炳麟对于字形方面以为《说文》篆文不可改,彝器伪物不可信,马叙伦《读金器刻词自序》曾写到他草创《说文解字六书疏证》之时,"稍稍引援金甲文字,并及吴大澄、罗振玉之说,以质于章太炎先生。先生戒以彝器伪物不可信……然余是时已小悟六书中指事之义例,且见吴、罗之说……故于先生之戒不能从也"。当然他也曾提及章太炎后来也关注古文字材料了③。因为我们知道,到章太炎的晚年,看法虽然有了变化,承认"钟鼎可信为古器者十有六七",但仍然认为"其释文则未有可

---

① 刘梦溪:《中国现代学术经典·总序》,参刘梦溪主编、章太炎著、陈平原(编校)《中国现代学术经典·章太炎卷》,河北教育出版社,1996年,第13页。
② 详参拙作《马叙伦〈老子校诂〉刍议》,《古汉语研究》,2009年第2期。
③ 《中国文字之原流与研究方法之新倾向》说到"章氏晚年也谈金文了"。(参《马叙伦学术论文集》,第155页)

信者",同时坚持甲骨为伪物不可信(《答金祖同论甲骨文书》)。

马叙伦既肯定章太炎的成绩,又指出他的不足之处。显然,他不盲从,不迷信,而是坚持从事实出发,"吾爱吾师,吾更爱真理"的智慧不言而喻。

其实章太炎对甲骨金文的种种质疑,一定程度上也是出于对拥有甲骨、金器的官僚贵族文人在品行和学问上的不满,如欧阳修《集古录》成,宋人踵起者多,要皆以意测度,难免妄断,又说甲骨文作伪有须臾之便,得者非贞信之人,这里他指的就是罗振玉。"章黄是有名的大脾气,动不动就骂人的,对这些他们看不惯的人说几句偏激的话抬抬杠、泄泄气而已,不一定就是真的要彻底否定甲骨金文。"李运富的分析很有道理:"当然章先生质疑甲骨金文主要的原因还是担心有假和识字无据,用假的或不可靠的文字来篡乱正统的文字,这是他难以接受的。"[①]

在疏证工作中,马叙伦也反复提及引用甲骨金文材料时应该注意分辨真伪,否则利用错误的材料只能得出不可靠的结论。章太炎的告诫在马叙伦身上也是起作用的,审慎地对待甲骨金文就是正确的研究原则。因噎而废食不足取,但也不可轻易从事。

4. "有学问的革命家"与"博学的战斗者"

鲁迅曾称太炎先生为"有学问的革命家",我们可以说,马叙伦也是一名"有学问的革命家"和"博学的战斗者",他顶住各方的压力,为崇高的革命目标而四处奔波,为保存中国优秀传统学术而从事着有人以为已经不合时宜的学究式的考证和注疏工作。他为民主和科学而奋斗的精神伴随他的一生。

章太炎谙熟朴学家考证方法,对文字、音韵、训诂之学有很深的造诣,为众人景仰:"以音韵训诂为基,以周、秦诸子为极,外亦兼讲释典。盖学问以语言为本质,故音韵训诂,其管钥也;以真理为归宿,故周、秦诸子,其堂奥也。"[②]胡适在为上海《申报》五十周年纪念专刊所撰长文《五十年来中国之文学》中说章太炎是"清代学术史的押阵大将"。

马叙伦学术研究的历史功绩如何?他对清学乃至汉以来的"《说文》"学进行很好的总结,是他将传世文献和出土文献很好地结合起来,把《说文》和古文字紧密地联系一起,《古文字诂林》在每个字头下面的考释内容中,在"许慎"之后,基本上录有《说文解字六书疏证》的相关成果(除非马氏本身没有疏证的条目或者疏证条目

---

① 李运富:《章太炎黄侃先生的文字学研究》,《古汉语研究》,2004年第2期,第39页。
② 章太炎:《致国粹学报社书》,《国粹学报》,1909年第59期。

没有新发现之外),这在文字学史和辞书史上已经给予他相当的评价,马叙伦在"《说文》学"研究领域里有总结之功,在古文字研究方面有"一家之言"显而易见[①];他的《老子校诂》搜求从古至今的本子,广为校雠,不少结论得到出土的帛书和楚简的印证,这也说明他经得起时间的考验[②]。在整理国故的运动中,马叙伦"《说文》学"和"老学"研究功不可没。

许嘉璐先生说过,对于19世纪末20世纪初出生的一代前辈到二三十年代所取得的伟大成就,如果不好好回答他们取得成就的奥秘所在,就不可以算上真正的学术史。抛开社会的、历史的、学术的原因,那一代人中华传统文化底子之厚是一个重要的原因。旧式教育为这一代人提供了至少两样东西[③]:

一样是传统道德中积极的一面,即修身——齐家——治国——平天下的抱负,先天下之忧而忧、后天下之乐而乐的胸襟,天下兴亡匹夫有责的责任感,不义而富且贵于我如浮云的清高。另一样是博大精深的中华文化的熏陶和由此产生的对中华古国的热爱与忠诚。

19世纪末20世纪初的知识分子积极投身于新文化运动和爱国民主运动,又是学者又是革命者,"双肩挑"似乎是那个时代的普遍现象。这一点我们可以在马叙伦身上找到非常有力的证据。也就是说,如果研究马叙伦的学术贡献,我们就不可以不去发现他术有专攻,学有所成的深层次的多方面的原因。

(李春晓:福建师范大学文学院,350007,福州)

---

① 详参拙作《从〈古文字诂林〉管窥马叙伦〈说文解字六书疏证〉的学术贡献》,《中国文字研究(第七辑)》,广西教育出版社,2006年。

② 详可参拙文《马叙伦〈老子校诂〉刍议》(《古汉语研究》,2009年第2期)、《浅析马叙伦〈老子校诂〉的训诂特色》(《福建师范大学学报(哲社版)》,2009年第6期)、《〈老子覈诂〉和〈老子校诂〉互补关系论》(《中国训诂学报(第一辑)》,商务印书馆,2009年)。

③ 许嘉璐:《未辍集——许嘉璐古代汉语论文选》自序,中国社会科学出版社,2000年。

《汉语大词典》词目增补类析

王本灵　李　申

提要：《汉语大词典》本着"古今兼收，源流并重"的编纂方针，广泛收录古今汉语文献中出现的一般语词，从整体上历史地反映了词汇发展的面貌与词义演变的轨迹。但由于文献众多、词目浩繁、时间紧迫等原因，该书也漏收了大量当收未收条目。文章结合文献资料，具体指出《大词典》在羡余词语、"反词同指"词语、缩略语、配套词、同素逆序词、异形词、别名异称等七个方面还存在漏收情况，以供《大词典》修订时参考。

关键词：《汉语大词典》　词目　增补　类析

《汉语大词典》（以下简称《大词典》）是一部大型的、历史性的汉语语文辞典，该书的编纂方针是"古今兼收，源流并重"，广泛收录古今汉语文献中出现的一般语词，共收词目37万余条，从整体上历史地反映了词汇发展的面貌与词义演变的轨迹。但古今文献卷帙浩繁，词语众多，编纂者在收列条目时难免会有所漏略。至今已有不少成果指出漏收的众多词条。例如王宣武《汉语大词典拾补》"收词拾补"[1]P293-303、王锳《〈汉语大词典〉商补》"立目商补"[2]P1-26即各为之补充一百余条。汉语大词典编纂处《汉语大词典订补》也补收了大量的"新增条目"[3]P1-1377。本文则拟从词汇研究的角度，着重分析指出《大词典》词语失收的重要原因之一是对汉语词汇的特点尤其是一些特殊现象关注不够，故在许多方面造成系统性缺失，因此在二版编订过程中应尽量予以弥补和避免新增条目此类问题发生。下分七类举例分析说明。

一　羡余词语

语言文字包含的信息超出了实际需要的信息，语言学把语言的这种性质叫作羡余性。羡余性是语言的本质特征之一。就汉语来说，它不仅存在于上古以来的

---

* 本文为国家社会科学基金后期资助项目"《汉语大词典》研究"（11FYY016）成果之一。

每一个发展阶段,而且汉语的各个要素都存在这种现象。但比较言之,词汇羡余更为普遍。[4]例如"这般样",其构造就有一定的特殊性。它是由"这般"和"这样"同义叠加并省掉一个相同的语素"这"构成的,而意义与后二者相同,"样"为羡余语素。《大词典》收录了不少这样的词语,除"这般样"以外,还有"耳边厢""两边厢""这壁厢""稳情取""这等样""一般样""欲待""料莫""尚兀自""担惊忍怕""娘母子""措置""弯跧",等等。但仍有不少未收录在内,尤其是近代汉语阶段的很多羡余性词语。例如:

须索要 元杨景贤《西游记》第二本第五出:"今日奉圣旨,率领百官前往,须索要走一遭。"元无名氏《两军师隔江斗智》第二折:"(甘宁云)小姐,到那里须索要小心些。(梅香云)俺小姐不要你分付,他好不精细哩。"清青心才人《双合欢》第九回:"今乃二十一,晚上他约来相会,须索要伺候他,经不得妈妈屋中有事耽搁哩。""须索"就是"须要","索"有"要"义。"索要"乃同义连文。"要"为羡余语素。

一直迳 《金瓶梅词话》第二回:"走出街上闲游,一直迳踅入王婆茶坊里来,便去里边水帘下坐了。"又第五十四回:"等了半日不见来,耐心不过,就一直迳奔到金莲房里来,喜得没有人看见。"又第五十五回:"三人下马访问,一直迳到县牌坊西门庆家府里投下。""迳"有"直"义,"一直迳"等于"一直"再加上一个"直"。

爹老子 《金瓶梅词话》第四十二回:"见他爹老子收了一盘子杂合的肉菜、一瓯子酒和些元宵,拿到房里,就问他娘一丈青讨。""爹"即"老子",两词叠加,后者为羡余成分。该词在现代作品中仍有用例,如周立波《盖满爹》:"尤其是楠森,要跟爹老子算账,说小时候打过他,这是么子话?"

依旧原 《水浒全传》第二十四回:"那妇人道:'干娘自便,相待大官人,奴却不当。'依旧原不动身。"清坐花散人《风流悟》第三回:"却说张静芳,打听得桃花社里,依旧原选了王畹香等三人,他快活得了不得,即忙备了四个盒子,去望闺秀状元情仙。""原"有"依旧、仍然"义,为羡余成分。

停嗔息怒 《武王伐纣平话》卷上:"小臣之言逆王直谏,大王停嗔息怒,且免西伯之罪。"元纪君祥《赵氏孤儿》第一折:"告大人停嗔息怒,听小人从头分诉。""停嗔"与"息怒"叠加,习用为四字语。

较好些 元郑光祖《倩女离魂》第三折:"梅香,你姐姐较好些么?"《醒世姻缘传》第三十回:"晁夫人问说:'亲家这些时较好些么?'"又同书第四十八回:"我白日后响的教道了这半月,实指望他较好些了,谁知他还这们强。""较些"即好些,"好"为羡余语素。

其他还有"可煞是"(周密《南楼令》词)、"自家身己"(《朱子语类》卷八)、"追朋趁友"(《怨家债主》第二折)、"拘管收拾"(《诈妮子调风月》第二折)、"目今现"(《五代秘史》第二十四回)、将就脓(《金瓶梅词话》第四十一回)、"怪嗔道"(同上第十七回)、"霎眼挫"(同上第五十四回),等等。

这些词语有的索解匪易,有的易生误会,因《大词典》和一般语文辞书均未收录,使读者无从查检,束手无策。《大词典》在修订时应当尽量收入。

二 "反词同指"词语

汉语中有一些词语,从字面上看意义是相反相对的,但它们在句中表达的意义却是相同的。例如:《左传·宣公十二年》:"楚子又使求成于晋,晋人许之,盟有日矣。"又《僖公三十三年》:"武夫力而拘诸原,妇人暂而免诸国,堕军实而长寇仇,亡无日矣!"两句中的"有日"与"无日"都表示事情的发生不要很长时间了。又例如:《庄子·说剑》:"宰人上食,王三环之。"《吕氏春秋·报更》:"有饿人卧不能起者,宣孟止车,为之下食,蠲而餔之。"两句中的"上食"与"下食"同指送上食物。此种现象可统称为"反词同指"现象。[5]此种现象上古已见,中古以后日渐普遍,现代仍余绪未断。可以说这从一个方面反映出汉语的特点,显示了汉语表达的丰富和词语的变化。

《大词典》分别收录了以上"有日/无日""上食/下食"两组词语和其他一些同类型词语,如"寒炉/暖炉"(同指天气寒冷取暖用的火炉)、"抽头/抽脚"(同指抽身,脱身),等等。但也漏收了一些,有的一组都没收,有的一组漏收了某一个,有的虽然一组词都收了,但缺少"同指"的义项。下面略举数例:

上老实/下老实 明陆人龙《型世言》第六回:"两个吃酒谈笑,道:'好官,替我上老实处这一番,这时候不知在监里仔么样苦哩。'"又同书第五回:"一日在棋盘街,见一个汉子打小厮,下老实打。""上老实"与"下老实"义均为"着实用力地"。学者或不明于此,以致说解错误。二词《大词典》均未收录。

寒帽/暖帽,热帽/凉帽 清蔡奭《官话汇解便览》上卷:"寒帽,暖帽;热帽,凉帽。"引例的两组词,其被释词与训释词所指皆同一物。《大词典》只收了其中的"暖帽"和"凉帽",而未收录相应的"寒帽"和"热帽"。

减年/增年 一张《不眠之夜》:"后来诗人云:'身老怯增年','人道增年是减年'。"[6]就有限的生命而言,增一年就是减一年,故云"增年"是"减年"。宋苏辙《辛丑除日寄子瞻》诗有"人心畏增年"句,其实所"畏"的也是"减年"。《大词典》收录

"增年"而漏收"减年"。

三　缩略语

《大词典》将"缩略语"解释为："为便利使用,由较长的语词缩短省略而成的语词。"缩略语是汉语词汇的有机组成部分,也是一种古今常见的构词现象。"羡余词语"是在原词上增加一些成分,"缩略语"与之相反,是原词语省掉一些成分。《大词典》亦收录了相当数量的缩略语,如：桑枌(桑梓和枌榆)、珠柙(珠襦玉柙)、事畜(仰事俯畜)、化鱼(化鱼为龙)、顶门针(顶门上一针)、三八节(三八国际劳动妇女节)、博山(博山炉)、三青团(三民主义青年团)、汽机(蒸汽机或汽轮机)、秦房(秦阿房宫)、潜艇(潜水艇)、殿本(清代武英殿官刻本)、高知(高级知识分子)、释迦(释迦牟尼)、科诨(插科打诨)、山相(山中宰相),等等。但也有很多未收录在内。例如：

山棁　山节藻棁的简称。古代天子的庙饰。参《大词典》三卷 790 页"山节藻棁"条。宋陆佃《陶山集·庙制议》："芝栭,山棁也,方小木为之。"《礼记注疏》卷四十三："山节薄栌刻之为山棁,侏儒柱画之为藻文。"

八怪　有二义：①扬州八怪的省称。清刘鹗《老残游记续》第二回："扬州本是名士的聚处,像那'八怪'的人物,现在总还有罢？"②指丑八怪。《醒世姻缘传》第七十二回："周龙皋又甚是好性,前边那位娘子丑的似八怪似的,周大叔看着眼里拨不出来,要得你这们个人儿,只好手心里擎着,还怕吊出来哩。"义项①省略"扬州",义项②省掉了"丑"。

班郢　古代巧匠公输班和郢的合称。比喻技艺超群的能手。唐柳宗元《王氏伯仲唱和诗序》："操斧于班郢之门,斯强颜耳。"《归有光集·与陆武康》："公家所谓班郢之门,不宜敢当重委,且平生不能为八代间语,非时所好也。"

淡交　君子之交淡如水的略语。谓贤者之交谊,平淡如水,不尚虚华。唐白居易《赠皇甫宾客》诗："始信淡交宜久远,与君转老转相亲。"宋范仲淹《淡交若水赋》："伊淡交之相爱,谕柔水于前闻。"

梦婆　春梦婆之略。义参《大词典》五卷 651 页"春梦婆"条。清王浚卿《冷眼观》第十回："白衣苍狗寻常事,都付人间一梦婆。"清施士洁《艺农、幼青……并谢诸君子》诗："年年生日说东坡,磨蝎身宫奈何。路鬼揶揄惭作郡,梦婆富贵笑登科。"

弓影　杯弓蛇影之略。唐王焘《外台秘要方》卷五："此病别有祈祷厌禳而瘥者,自是人心妄识,畏爱生病,亦犹弓影成蛊耳。"《明史纪事本末》卷五十六："特以上下相蒙,弓影之疑蓄于中;恩信不着,投杼之说动于外也。"

秋播 秋季播种。《御制诗集》四集卷三十五《麦色》:"春连冬雪膏为渥,秋播夏收丰祝登。"

龟沙 地名,龟兹、流沙的合称。泛指边远之地。唐武元衡《兵行褒斜谷作》诗:"古地接龟沙,边风送征雁。"《文选·王僧达〈祭颜光禄文〉》:"才通汉魏,誉浃龟沙。"李善注:"《汉书》曰:龟兹国王治延城,去长安七千四百八十里。《尚书》曰:被于流沙。《汉书》,李陵歌曰:经万里,度沙漠。《说文》曰:北方流沙。"

渠观 石渠、东观的合称。古代帝王藏书的地方。参《大词典》七卷992页"石渠"、四卷855页"东观"条。宋王义山《对厅致语》:"我知府、运使、华文、国史、秘监、侍郎,渠观联辉,节麾叠组。"

拾唾 拾人涕唾的略语。也作拾唾余、拾人唾余。参《大词典》六卷565页"拾人涕唾"条。明罗洪先《念庵文集·与王龙溪》:"经纶与二氏不同,弟已勘破,今更不向此辈口中拾唾,兄亦当戒之。"

四 配套词

"所谓配套词,就是由在内容上密切相关、语义上相互补充、结构上相似的词所组成的一个聚合类(paradigmatic set)。"[7] P255 配套词又分为开放式和封闭式两类。开放式配套词指组合形式较为松散,无法确定具体数量的词群。如名胜古迹名称、农具名称、运动项目名称、各国首脑名称等。封闭式配套词是指内容上紧密相关而数量相对固定的词汇系统。"它们在组合形式上具有不可或缺性;在内容上具有紧密联系的亲和性;在词典中的地位和作用具有同一性;在收词释义方面又具有统一性。"[8] P99 如五音(宫、商、角、徵、羽)、四声(平、上、去、入)、佛教四大名山(五台山、普陀山、峨眉山、九华山)、六部(吏、户、礼、兵、刑、工)、明季三大案(梃击、红丸、移宫)、六书(象形、指事、会意、形声、转注、假借)、商山四皓(东园公、绮里季、夏黄公、甪里先生)、八仙、十二生肖、十三经、二十四节气、二十八宿等。开放式配套词的收录受辞书的性质及收词原则、词语出现的频率、读者的需要等因素的影响,哪些该收,哪些不该收,标准确实不好把握。这里暂不讨论。但封闭式配套词自成体系,收录时当力求完备,不可或缺。要收全收,要不收全不收,如果只收部分,那么就无法形成一个完整的聚合类,条目之间也会失去照应。《大词典》在收录封闭式配套词时时有收录不全,顾此失彼的现象。例如:(已收词语均于括号内注明卷、页数)

我国古六历 已收:颛顼历(十二·335)、夏历(三·1204)、殷历(六·1486)。

失收：黄帝历、周历、鲁历。见《汉书·律历志上》。

西湖十景 已收：柳浪闻莺(四·927)、雷峰夕照(十一·680)、三潭印月(一·247)。失收：苏堤春晓、曲院风荷、平湖秋月、断桥残雪、花港观鱼、双峰插云、南屏晚钟。见宋吴自牧《梦粱录·西湖》。

汉乐府《铙歌》十八曲 已收：《朱鹭》(四·744)、《思悲翁》(七·443)、《上之回》(一·266)、《拥离》(六·1931)、《上陵》(一·285)、《将进酒》(七·810)、《芳树》(九·314)、《圣人出》(八·665)、《上邪》(一·272)、《远如期》(十·1123)、《石留》(七·990)。失收：《艾如张》《战城南》《巫山高》《君马黄》《有所思》《雉子斑》《临高台》。见《乐府诗集·鼓吹曲辞一·汉铙歌》。

隋鼓吹四部 已收：棡鼓部(四·1112)。失收：铙鼓部、大横吹部、小横吹部。见《乐府诗集·横吹曲辞》郭茂倩题解。

古九州 《尚书·禹贡》九州为：冀州(二·163)、豫州(十·39)、雍州(二·386)、扬州、兖州、徐州(三·980)、梁州(四·1066)、青州(十一·523)、荆州(二·683)；《尔雅·释地》九州无青州、梁州，有幽州(四·433)、营州；《周礼·夏官·职方氏》九州无徐州、梁州，有幽州、并州(二·81)。《大词典》以上词条失收"兖州""扬州""营州"，其他均收录。

九仙 九类仙人。已收：上仙(一·270)、高仙(十二·932)、玄仙(二·305)、天仙(二·1411)、真仙(二·141)、神仙(七·859)、灵仙(十一·750)。失收：火仙、至仙。九仙之名，见《云笈七签》卷三。

秦汉所祠八神 已收：天主(二·1411)、地主(二·1021)、兵主(二·90)、阴主(十一·1020)、阳主(十一·1065)、月主(六·1125)、四时主(三·586)。失收：日主。名见《史记·封禅书》。

九畿 已收：侯畿(一·1433)、甸畿(七·1303)、男畿(七·1307)、采畿(十·1310)、卫畿(三·1096)、蛮畿(八·1014)、夷畿(二·1501)、镇畿(十一·1364)。失收：藩畿。见《周礼·夏官·大司马》。

古人灼龟所得四种卜兆 已收：方兆(六·1557)、弓兆(四·80)。失收：功兆、义兆。见《周礼·春官·卜师》。

古代九种祭仪 已收：命祭(三·285)、衍祭(六·950)、炮祭(七·54)、周祭(三·302)、振祭(六·601)、擩祭(六·936)、缭祭(九·1017)、共祭(二·87)。失收：绝祭。见《周礼·春官·大祝》。

舜的七个友人 已收：雄陶(十一·813)、方回(六·1556)、伯阳(一·1266)、东不訾(四·825)。未收:续牙、秦不虚、灵甫。见晋陶潜《圣贤群辅录》。

明十三陵 已收:长陵(十一·596)、献陵(五·140)、景陵(五·772)、裕陵(九·95)、茂陵(九·333)、泰陵(五·1030)、昭陵(五·687)、定陵(三·1366)、思陵(七·442)。未收:庆陵、德陵、康陵、永陵。

为西王母取食的三青鸟 已收:大鹜(二·1400)、青鸟(十一·534)。未收:小鹜。见《山海经·大荒西经》。

春秋时殷民六族 已收:条氏(一·1480)、徐氏(三·979)、萧氏(九·579)、长勺(氏)(十一·580)。未收:索氏、尾勺氏。见《左传·定公四年》。

古代东方九夷 已收:畎夷(七·1309)、方夷(六·1556)、黄夷(十二·974)、白夷(八·172)、玄夷(二·306)、阳夷(十一·1065)。未收:于夷、赤夷、风夷。见《后汉书·东夷传》。

清朝内务府六库 已收:炭库(七·50)。未收:木库、铁库、房库、器库、薪库。见《清史稿·职官志五》。

中医九针 已收:鍉针(十一·1349)、铍针(十一·1248)、毫针(六·1011)、镵针(十一·1431)。未收:员针、锋针、员利针、长针、大针。见《灵枢经·九针十二原》。

传说中的黄帝七辅 已收:风后(十二·596)、天老(二·1412)、五圣(一·382)、知命(七·1530)、窥纪(八·477)、力墨(亦作力牧(二·763)、力黑(二·764))(二·765)。未收:地典。见晋陶潜《圣贤群辅录》。

《诗经》三颂 已收:周颂(三·305)、鲁颂(十二·1209)。未收:商颂。

清商三调 已收:清调(五·1330)、平调(二·943)。未收:瑟调。

道教五行神 已收:角龙(十·1354)、徵龙(三·1082)、商龙(二·376)、宫龙(三·1438)。未收:羽龙。《文选·郭璞〈游仙诗〉》"奇龄迈五龙"李善注引《遁甲开山图》荣氏解:"五龙,皇后君也,昆弟五人,皆人面而龙身。长曰角龙,木仙也。次曰徵龙,火仙也。次曰商龙,金仙也。次曰羽龙,水仙也。次曰宫龙,土仙也。"

古代六尊 已收:献尊(五·141)、象尊(十·20)、壶尊(二·1164)、大尊(二·1378)、山尊(三·788)。未收:著尊。《周礼·春官·小宗伯》:"辨六尊之名物,以待祭祀宾客。"郑玄注引郑司农曰:"六尊,献尊、象尊、壶尊、著尊、大尊、山尊。"

古代王后六服 已收:揄狄(六·769)、阙狄(十二·149)、鞠衣(十二·199)、展衣(四·43)。未收:袆衣、缘衣。见《周礼·天官·内司服》。

佛教六通 已收：天眼通（二·1434）、天耳通（二·1413）、他心通（一·1155）、神足（通）（七·863）。未收：宿命通、漏尽通。见《俱舍论·分别智品》。

佛教四魔 已收：烦恼魔（七·192）、天子魔（亦简称天魔（二·1452））（二·1407）。未收：蕴魔、死魔。见《瑜伽师地论》卷二十九。隋智顗《童蒙止观》所列四魔为：烦恼魔、阴入界、死魔、鬼神魔。其中"阴入界""鬼神魔"亦未收。

隋代七部乐 已收：国伎（三·634）、清商伎（五·1317）、高丽伎（十二·964）、龟兹伎（十二·1508）、文康（伎）（六·1533）。未收：天竺伎、安国伎。见《隋书·音乐志下》。

古代高阳氏八个有才德的人 已收：苍舒（九·507）、梼戭（四·1350）、大临（二·1397）、尨降（二·1574）、庭坚（三·1228）、仲容（一·1194）、叔达（二·880）。未收：隤敳。见《左传·文公十八年》。

王莽所铸十种货布 已收：大布（二·1331）、次布（六·1435）、弟布（二·100）、壮布（二·1067）、中布（一·585）、差布（二·974）、幼布（四·430）、小布（二·1594）。未收：厚布、幺布。见《汉书·食货志下》。

佛教三乘 已收：声闻乘（八·693）、缘觉乘（九·960）。未收：菩萨乘。见隋智顗《法华文句》。

商汤故都三亳 一说指殷之北亳（二·199）、南亳（一·896）、西亳（八·746）。《书·立政》："三亳阪尹。"孔颖达疏引皇甫谧曰："三处之地，皆名为亳，蒙为北亳，谷熟为南亳，偃师为西亳。"一说指景亳、东亳（四·841）、西亳。清魏源《书古微·汤誓序发微》："盖徙都偃师之景亳，而建东亳于商邱，仍西亳于商州，各设尹以治之。"以上除"景亳"外，其余全收。

  以上列举了一些《大词典》配套词收录不平衡的情况。封闭式配套词可以看做是一个语义场，"各成员在结构上联系紧密，在语义上相互依存，缺一不可"[7]P256，因而在收录时要注意收全，不能有遗漏，否则就会破坏辞书的系统性。配套词收录是否完备，是"考验任何一本辞书编纂是否科学严谨的重要指标"[8]，是关乎辞书质量的一件大事。但目前来看，配套词收录失衡的问题在辞书编纂中是普遍存在的，即便是代表当今辞书编纂最高水平的《大词典》，亦未能很好地解决。究其原因，一是编纂者对汉语词汇的一些重要特点，特别是特殊现象，重视不够，且对训诂学已有成果吸收不足。封闭式配套词都是成套出现的一组词，且有着固定的数量。这些配套词和一般词语相比，往往具有较强的专业性。"每一组配套词都有其特定的使用范围和意义，内容相关但又都有其特定的概念和定义，从内容到形式都有本专业的具体规定。"[9] P104因此,收录封闭式配套词时,既要对配套词的特点有充分的认识,也需要对以往训诂学成果进行充分吸收。二是《大词典》编纂虽有总体规划和收词立目的大致标准,但尚缺少更为细致的计划和更加具体的规定。有人做过统计,在《现代汉语词典》中,配套词的数量约占全部收词量的30%。可以想见,在"古今兼收,源流并重"的《大词典》中,配套词的数量也是非常可观的。专门针对配套词的收录,制订相关体例及查漏补缺的办法,并严格执行,是十分必要的。三是分卷编写、书成众手则难免造成一卷之内或各卷之间往往失去联系和必要的照应。这就需要组成一支专业素质过硬,态度严谨的编纂队伍;在编纂过程中,各修订小组、成员之间要加强沟通,在配套词收录的系统性、完整性方面给予更多的关注。

五　同素逆序词

所谓同素逆序词,是指构词语素相同,但语素序位互为倒置的一组双音节词。这一现象古已有之,它是汉语词汇系统中一种特有的语言现象。《大词典》收录了不少倒序词。如:腥膻/膻腥、拙笨/笨拙、齐整/整齐、煎熬/熬煎、细底/底细、典坟/坟典、鱼鲁/鲁鱼、鸿鳞/鳞鸿、青紫/紫青、锡飞/飞锡、毫管/管毫、鼎定/定鼎、楮墨/墨楮、绅冕/冕绅、苍穹/穹苍、胃口/口胃、黎黔/黔黎、算计/计算、热闹/闹热、人客/客人、常时/时常、镇纸/纸镇、缁黄/黄缁、荆棘/棘荆、邻居/居邻,等等。也有不少漏收的。例如:

荡摇　即摇荡。唐温庭筠《太液池歌》诗:"叠澜不定照天井,倒影荡摇晴翠长。"宋沈括《梦溪笔谈·杂志一》:"方家以磁石磨针锋,则能指南,然常微偏东,不全南也。水浮多荡摇。"清蒲松龄《聊斋志异·孙必振》:"孙必振渡江,值大风雷,舟船荡摇,同舟大恐。"

烧燃　即燃烧。元王祯《农书·粪田之宜篇第七》:"凡扫除之土,烧燃之灰,簸扬之糠秕,断稿落叶,积而焚之,沃以粪汁,积之既久,不觉其多。"清褚人获《坚瓠余集·蛇吞鹿》:"蛇吞一鹿在于腹内,野火烧燃,堕于山下。"

条纸　即纸条,字条。清梁廷枏《夷氛闻记》卷一:"假学政考棚肩而考之,卷夹条纸,开四事为问。"清海上独啸子《女娲石》第十三回:"少时托出一盘纸烟,一副金丝眼镜,一副麻雀牌来。取出一张条纸,一枝笔。"

朴愿　同愿朴。义为朴实敦厚。清王士禛《香祖笔记》卷五:"亚穑者,广东增城县狱卒也,为人朴愿。"清纪昀《阅微草堂笔记·如是我闻一》:"蘅洲言其乡某甲,甚朴愿,一生无妄为。"

全曲 即曲全。义为成全。明金木散人《鼓掌绝尘》第四回："若得天意全曲，成就了百年姻眷，岂非纨扇一段奇功。"

头除 即除头。义为扣头，回扣。清东鲁古狂生《醉醒石》第八回："内中去了官的头除，人役使用，已十不得三。"又第十回："又预放去次年人役工食，一来示恩，二来也得些头除，为入觐之费。"

瘴烟 即烟瘴。瘴气；烟瘴之地。唐白居易《遇微之于峡中》诗："君还秦地辞炎徼，我向忠州入瘴烟。"宋张孝祥《水调歌头·桂林集句》词："自是清凉国，莫遣瘴烟侵。"

巧凑 凑巧。清心远主人《二刻醒世恒言》第七回："却好不东不西，巧凑行到那贫人所住古庙之下，只听得怨气呻吟，鬼哭不已。"清夏敬渠《野叟曝言》第一百四十二回："文郎真有心人也，求婚之意，已见于此。且此娥育恰合，这是天缘巧凑，不可当面错过！"

细详 详细。细节；详情。清陈端生《再生缘》第四回："有何大事传梆报，快快当前禀细详。"又第十一回："丫鬟仆妇齐传谕，唤上园丁问细详。"

六 异形词

异形词也称异体词，指的是字形有异而读音意义相同的词。异形词在汉语中是大量存在的，尤其是在古代汉语中，一词数写的情况就更为多见。《大词典》收录了大量的异形词，如：成材/成才、钟馗/钟葵、一圪塔/一圪㙮/一圪垛/一圪堵/一各多/一各都、中壄/中野、呱唧/呱咭/呱叽、响俞/响谕/响喻、咋呼/咋唬/咋乎，等等。但由于文献众多，爬梳不易，很多异形词没有被收录在内。兹举数例如下：（括号内词语《大词典》已收录）

悖理（背理）：违背天理或伦理；不合理。《汉书·张汤传》："骄逸悖理，与背畔无异，臣子之恶，莫大于是，不宜宿卫在位。"《魏书·刑罚志》："弗究悖理之浅深，不详损化之多少。"《金史·蒲察合住传》："寻为御史所劾，初议笞赎，宰相以为悖理，斩于开封府门之下。"

层迭（层叠）：重叠。明刘成德《唐司业张籍诗集序》："变化莫测，起伏层迭。"明罗懋登《三宝太监西洋记通俗演义》第五十回："形如冬瓜，皮似栗子多刺，刺内有肉层迭，味最佳。"

狡滑（狡猾）：诡诈刁钻。《初刻拍案惊奇》卷十三："却是为他有钱财使用，又好结识那一班惨刻狡滑、没天理的衙门中人，多只是奉承过去，那个敢与他一般见识?"《封神演义》第三十二回:"实指望斩草除根,绝你黄氏一脉,孰知你狡滑之徒,终多苟且。虽然如此,谅你也难出地网天罗!"清李百川《绿野仙踪》第三十四回:"我知道你这小淫妇子,狡滑的了不得,朱文魁儿硬是你教调坏了。"

斤斗(筋斗):跟头。宋王安石《诉衷情·又和秀老》词:"蓦然打个斤斗,直跳过羲皇。"元王大学士《点绛唇》曲:"一个将斤斗番,一个将背抛打,一个响扑儿学咯牙。"清张春帆《九尾龟》第一百一十五回:"临了儿更格外添出许多解数,翻出许多斤斗,只听得台下一片喝彩的声音。"

撅嘴(噘嘴):嘴唇圆合而向外凸出。《醒世姻缘传》第九十五回:"满脸哭丧仍撅嘴,双眉攒蹙且拌唇。"清华广生辑《白雪遗音·银钮丝·母女顶嘴》:"女大思春果是真,撅嘴膀腮不称心,扭鼻子扯脸就呕死人。"

宁阙勿滥、**宁缺勿滥**(宁缺毋滥):宁可短缺,不要不顾质量而一味求多。清李绿园《歧路灯》第五回:"喜诏上保举贤良一事,是咱学校中事。即令宁阙勿滥,这开封是一省首府,祥符是开封首县,却是断缺不得的。"蔡东藩《民国演义》第一百一十九回:"由全国各县农工商会各会各举一人,为初选所举之人,不必以各本会为限。如无工商会,宁缺勿滥。"

扑咚、**扑咚**(扑通、噗通、噗咚):象声词。形容重物落水或落地之声。《水浒传》第三十回:"这一个急待转身,武松右脚早起,扑咚地也踢下水里去。"《醒世恒言》卷二十:"二子身上疼痛,从醉梦中惊醒,挣扎不动,却待喊叫,被杨洪、杨江扛起,向江中扑咚的摔将下去。"常杰淼《雍正剑侠图》第五十八回:"他以为是童林,没敢抬头,'扑咚'跪在这磕头。"

蒲茸(蒲绒):香蒲的雌花穗上长的白绒毛,可以用来填充垫子或枕头。唐刘象《早春池亭独游三首》诗:"蒲茸才簇岸,柳颊已遮楼。"宋林逋《送慈师北游》诗:"郁郁蒲茸染水田,渡淮闲寄贾人船。"宋彭元逊《瑞鹧鸪》词:"鸡鹉浪起蒲茸暖,翡翠风来柳絮低。"宋梅尧臣《和潘叔治早春游何山》诗:"浅石长蒲茸,朝烟暖岩树。"

清泠泠(清凌凌):形容水清澈而有波纹。明王世贞《皇明异典述·赐群臣诗》:"归荣遂尔追远情,吴松江水清泠泠。"

拾遗补缺(拾遗补阙):拾取遗漏,补正缺失。明刘元卿《贤弈编·官政》:"使臣拾遗补缺,裨赞朝廷则可。使臣掇拾臣下短长,以沽直名,则不能。"清李渔《闲情偶寄·变调·变旧成新》:"尚有拾遗补缺之法,未语同人,兹请并终其说。"许慕羲《宋代宫闱史》第三十二回:"那李家明感激知遇,也就拾遗补缺,随时纳谏,挽救不少。"

是的(似的):助词,用在名词、代词或动词后面,表示跟某种事物或情况相似。

《醒世姻缘传》第二回:"他高大爷先不敢在你手里展爪,就是你那七大八,象个豆姑娘儿是的,你降他象钟馗降小鬼的一般。"同书第四十九回:"周奶奶家姑姑娶了,这是周奶奶赏你的两匹布,两封钱,共是一千二百。他娘儿两个喜的象甚么是的。"又第九十八回:"周相公,你前日也不该失口骂我,我也不该泼你那一下子。这些时悔的我象甚么是的,我这里替周相公赔礼。"

梳略(梳掠):梳理头发,引申为梳妆打扮。唐王梵志《观内有妇人》诗:"观内有妇人,各各能梳略。"

书柬(书简):书信。明刘若愚《酌中志·内板经书纪略》:"皇城中内相学问读'四书'、《书经》、《诗经》;看性理、《通鉴》节要、《千家诗》、唐贤三体诗;习书柬活套,习作对联;再加以古文真宝,古文精粹尽之矣。"《金瓶梅词话》第五十八回:"只因学生一个武官,粗俗不知文理,往来书柬,无人代笔。"明天然痴叟《石点头·王孺人离合团鱼梦》:"一日早春天气,王从事治下肴榼,差驰夫持书柬到县,请王从古至烂柯山看梅花。"《醒世姻缘传》第八十二回:"相爷合察院爷是同门同年,察院爷不曾散馆的时节,没有一日不在一处的。就是如今也时常往来,书柬没有两三日不来往的。"

树丫(树桠):树杈。宋梅尧臣《次韵和酬永叔》诗:"闭门饮浊醪,秋千系树丫。"元张可久《凭栏人·暮春即事》曲:"鸟啼芳树丫,燕衔黄柳花。"清不题撰人《施公案》第二百一十九回:"天霸与邓龙将他两个身上带子解下,四马攒蹄的捆了,将刀割下一片衣襟,塞在口内,把他们提到树林里面,放在树丫内夹着。"

死气白赖(死乞白赖、死乞百赖):谓纠缠不休。《醒世姻缘传》第七十四回:"你公公又叫调羹死气白赖拉着,甚么是肯放!"常杰淼《雍正剑侠图》第三十三回:"我不愿意来,不是你们哥儿俩死气白赖非让我来吗?"

五痨七伤(五劳七伤):泛指各种疾病和致病因素。明朱橚《普济方·泻痢门·炙肝散》:"治脾胃虚弱,五痨七伤,肌体羸瘦。"明李时珍《本草纲目·草部·黄芩》引孙思邈《千金方》:"疗男子五痨七伤,消渴不生肌肉,妇人带下,手足寒热,泻五脏火。"清魏文中《绣云阁》第七十回:"五痨七伤以及脾寒、摆子、跌打等症,件件能医。"

丫杈(桠杈):树木分枝处。明罗贯中《平妖传》第十回:"又盘上几层,拣个大大的丫杈中,似乌鹊般做一堆儿蹲坐着。"清卢文弨《抱经堂文集·周忠介墨迹跋》:"余向于吴中见一小幅画,亦公笔也,老树丫杈中危坐一人,非如释家所画罗汉相。"

押队(压队):跟在队伍后面保护或监督。《宋史·仪卫志》:"弩四,弓矢十六,槊二十,左右金吾卫果毅都尉二人押队。"明戚继光《练兵实纪·练营阵》:"各队长在前领队,各旗总俱在后押队,凡路上行走不齐,前后不分者,俱旗总之责。"明罗懋登《三宝太监西洋记通俗演义》第九十六回:"诚恐坐下一干孽畜贻害宝船,故此老身押队而行,聊致护持之私。"

押车(压车):谓随车保护或监守。清赵吉士《寄园寄所寄》卷一:"予笑命家人,押车运行李后至,即同二徐急策蹇。"清贪梦道人《彭公案》第十七回:"押车的还有一个少年之人,年约二十余岁,身高八尺,头戴新纬帽。"

其他还有:

一搾(一拃、一柞、一揸),大扠步(大踏步),半落(半拉),半扎、半札、半叉(半拆),唱喏(唱偌、唱喏),下三滥(下三烂),称钱(趁钱),隔三岔五(隔三差五),绛紫(酱紫),喊哩喀嚓(喊哩喀喳),起航(启航),气乎乎(气呼呼、气虎虎),纽袢(纽襻、纽绊),暖乎乎(暖呼呼、暖忽忽),辟头(劈头),劈里啪啦(噼里啪啦、劈哩啪啦、噼呖啪啦),咔喳(咔嚓),咔哒(咔嗒),磨得开(抹得开),筷子(抿子),等等。

异形词在现代汉语中是规范的对象,一般只保留其中一个,其他的作为不规范字形加以排除。但作为反映本民族语言全貌的大型历史性工具书,《大词典》应尽力将其收录、收全,并完整客观地描绘其使用情况。异形词还有一个词形出现早晚的问题。例如:"半拦脚"词形出现早,《大词典》未收;"半篮脚"出现晚,却收录了。"担迟不担错"出现在后,收录了;"耽迟不耽错"出现在前,却未收录。这就影响了人们对一些词语产生时代的准确认知。这是需要编纂者重视的。

七 别名异称

汉语词汇丰富,特别是古汉语中名物词很发达。很多事物在正名之外,还有别名异称。认识、了解这些词语,对于人们阅读古籍、考证名物无疑具有很大的帮助。以收词宏富著称的《大词典》也收录了很多事物的别名异称。如:月亮/素女/素娥/素舒/桂魄/桂轮/金蟾/素蟾/圆蟾/望舒/卿月/瑶月/璧月/娥月/蟾桂、毛笔/玉管/毛颖/毛元锐/寸毫/毛锥子/凤毫/兔管/宝帚/颖生,等等。但由于中国古代文献众多,异称繁复,书中仍有不少没有收录。例如:

附支 通草的别名。又名丁公藤、丁翁。《神农本草经》卷二:"通草味辛平。……一名附支。生山谷。"明朱橚《普济方·本草药性异名·草部》:"通草,一名丁翁、附支。"《大词典》已收通草、丁公藤、丁翁。

清明门 汉长安都城十二门之一,别名凯门。北魏郦道元《水经注·渭水》:"第二门本名清明门,一曰凯门,王莽更名宣德门,布恩亭。"《三辅黄图·都城十二门》:"长安城东出第二门曰清明门,一曰籍田门,以门内有籍田仓;一曰凯门。"《大词典》已收凯门。

青黏 即黄芝,又称玉竹、葳蕤等。《三国志·魏书·华佗传》"青黏生于丰、沛、彭城及朝歌云"裴松之注引《佗别传》:"青黏者,一名地节,一名黄芝。"清李调元《南越笔记·葳蕤》:"方家称黄芝,亦曰青黏。以漆叶同为散,可以延寿。"《大词典》仅收黄芝、玉竹、葳蕤。

牛遗 车前草。又名车前、当道、马舄、虾蟆衣等。《大词典》以上均收录,独缺"牛遗"。宋郑樵《通志·昆虫草木略一》:"芣苢曰当道,曰虾蟆衣,曰牛遗,曰胜舄,曰马舄,车前也。"明李时珍《本草纲目·草部·车前》:"陆玑《诗疏》云:此草好生道边及牛马迹中,故有车前、当道、马舄、牛遗之名。"

收香倒挂 即桐花凤,鸟名。又名探花使、探花郎、绿毛幺凤。元伊世珍《琅嬛记》卷中:"桐花凤小于玄鸟,春暮来集桐花,一名'收香倒挂',又名'探花使'。"明王修《君子堂日询手镜》:"倒挂,小巧可爱,形色皆如绿鹦鹉而小,略大于瓦雀,好香,故名收香倒挂。"《大词典》已收桐花凤、探花使、探花郎。

翁离 即拥离。乐府鼓吹曲辞汉铙歌之一。《乐府诗集·鼓吹曲辞一·汉铙歌》引南朝陈智匠《古今乐录》:"汉鼓吹铙歌十八曲,字多讹误。一曰《朱鹭》,二曰《思悲翁》,三曰《艾如张》,四曰《上之回》,五曰《拥离》……《拥离》亦曰《翁离》。"清黄宗羲《附阎尔梅诗》:"菊夜相怜题乐府,汉家铙吹有翁离。"《大词典》仅收拥离。

赤芝 亦名丹芝,中药名。《文选·郭璞〈游仙诗〉》:"临源挹清波,陵岗掇丹荑。"李善注:"《本草经》曰:'赤芝,一名丹芝,食之延年。'"明朱橚《普济方·本草药性异名·草部》:"赤芝,一名丹芝。"《大词典》仅收丹芝。

野木瓜、八月楂 即杵瓜。明朱橚《救荒本草·木部》:"野木瓜,一名八月楂,又名杵瓜,出新郑县。"《大词典》仅收杵瓜。

千叶桃 即碧桃。桃树的一种。唐元稹《连昌宫词》:"又有墙头千叶桃,风动落花红簌簌。"宋方勺《泊宅编》卷九:"先舍人顷寓太学,斋后千叶桃忽结子十八枚,其中一颗甚大。"《大词典》仅收碧桃。

五锋(鏠) 即五残。星名。古代以为凶星。《史记·天官书》:"五残星,出正东东方之野。"张守节正义:"五残,一名五锋……见则五分毁败之征,大臣诛亡之象。"元郝经《续后汉书·历象》:"五残星亦名五锋,星表有气如晕。""锋"亦作"鑱"。《晋书·天文志中》:"十二曰五残,一名五鑱,出正东,东方之星。"《大词典》仅收五残。

天蝼 蝼蛄的别名。《尔雅·释虫》:"螜,天蝼。"晋郭璞注:"蝼蛄也。《夏小正》曰:'螜则鸣。'"宋黄庭坚《演雅》诗:"天蝼伏隙录人语,射工含沙须影过。"《大词典》已收蝼蛄、石鼠。

铅精 水银的别名。唐梅彪《石药尔雅·释诸药隐名·水银》:"水银,一名汞,一名铅精。"《全唐诗补编·还丹歌》:"九炼铅精大道成,我家何虑不长生。"《大词典》已收水银、汞。

胡王使者、奈何草 即药草白头翁。近根处有白茸,状似白头老翁,故名。又名野丈人。唐孙思邈《千金翼方·草部下品之下》:"白头翁……一名野丈人,一名胡王使者,一名奈何草。"宋郑樵《通志·昆虫草木略一》:"白头翁曰野丈人,曰胡王使者,曰奈何草,状似白薇,叶生茎端,上有白毛,近根处有白茸,正似垂白之翁。"《大词典》已收白头翁、野丈人。

五色丝 旧俗端午时系于臂上以祈福免灾的五彩丝。亦称长命缕、续命缕、辟兵缯。《太平广记》卷二百九十一引南朝梁吴均《续齐谐记》:"今世人五月五日作粽,并带楝叶及五色丝,皆汨罗水之遗风。"明谢肇淛《五杂俎·天部二》:"古人岁时之事,行于今者,独端午为多,竞渡也,作粽也,系五色丝也,饮菖蒲也,悬艾也,作艾虎也,佩符也,浴兰汤也,斗草也,采药也,书仪方也。"《大词典》已收长命缕、续命缕、辟兵缯。

其他还有:(括号内词目《大词典》已收录)

离别草(思子蔓、悬肠草),丹螺(香螺厴),小银台(龙脑菊),享糖(兽糖),地髓(芐、地黄),上清华(虹映),冬生(女贞),凤腿(凤尾),熠耀(良鸟、萤火、耀夜、夜光、宵烛、景天),倭菊、新罗(玉梅),执移(貔),等等。

以上从七个方面指出《大词典》词语失收的问题。我们认为,《大词典》之"大",应首先表现在"收词量大"上,当收的词语应尽量收齐收全。要做到这一点,就要大力加强对汉语词汇的研究,包括专书词汇、断代词汇和词汇发展史的研究。特别要加强对汉语词汇特点、词义系统和特殊现象的研究。正如《法语宝库》主编伊姆勃斯所言:"搞不好词汇学也不能搞好词典学。"[10]赵振铎先生说:"要把编写工作和科学研究结合起来,要研究字典编纂工作存在的问题,总结理论来指导编写实践。"[11]P2 我们希望以上所做的一些总结,能够有助于《大词典》修订二版的"收词立目"工作。

参考文献

[1] 王宣武.汉语大词典拾补[M].贵州人民出版社,1999.
[2] 王锳.《汉语大词典》商补[M].黄山书社,2006.
[3] 汉语大词典编纂处.汉语大词典订补[M].上海辞书出版社,2010.
[4] 李申.近代汉语词语的羡余现象[J].徐州师范大学学报,1998(3).
[5] 李申.汉语"反词同指"现象探析[J].语文教学与研究,2000(4).
[6] 一张.不眠之夜[N].新民晚报,1984－2－1.
[7] 赵刚.试论汉英词典中配套词的处理[A].曾东京.双语词典研究:2003年第五届全国双语词典学术研讨会论文选[C].上海外语教育出版社,2003.
[8] 肖志清.试论《新世纪汉英大词典》配套词的处理[J].武汉冶金管理干部学院学报,1998(3).
[9] 刘玲.略谈汉语辞书中的配套词照应问题[A].中国辞书学会.中国辞书论集(1999)[C].上海辞书出版社,2000.
[10] 张志毅.辞书强国——辞书人任重道远的追求[J].辞书研究,2012(1).
[11] 赵振铎.辞书学论文集·前言[C].商务印书馆,2006.

（王本灵　李申:江苏师范大学文学院,221116,徐州）

论方以智经学训诂向语言学训诂之转向

陶 玲

明清之际耶稣会士东渡的浪潮拉开了近代东西文化交流的序幕,伴随中国传统学术的裂变以及近代科学的建构,中国发生了"近代知识转型"(Constructing Modern Knowledge in China,1600—1949)[①],为各门学术研究带来了新范式。这场转型对于语言学的影响主要体现在两方面:第一,学科趋于独立化,专门知识的建立,使文字、音韵、训诂自成独立学问[②];第二,研究的近代科学化,本土近代科学的兴起以及西方科学知识的引介,使传统语言研究出现以近代科学方法进行科学研究的新面貌。

在这一特殊历史时代背景下,明清之际训诂学也呈现出由传统经学训诂向语言学训诂的新转向,为汉语训诂学逐步脱离经学藩篱走向学科独立化开启了先声,在中国语言学史上具有重要意义。

一 经学训诂和语言学训诂正名

什么是经学训诂和语言学训诂?从训诂学史的角度,根据历代训诂旨意、内容、方法、原则、材料等特点,汉语训诂从宏观上可作经学训诂和语言学训诂之分。所谓经学训诂指以儒家经典为主要训诂对象,以解经通义为主要训诂目的。经学训诂是中国训诂学的传统,与西方解释学源于对《圣经》的阐释一样,中国经学也是训诂产生的原动力。经学训诂是以经学研究为旨归,宏观上属于经学而非语言学。与之相对的语言学训诂则是指以"语言"为研究对象,不限于儒家经典,以语言解释

---

* 本研究得到湖北省社科基金(2014190)及中央高校基本科研业务费专项资金(2017-Ⅵ-054)支持。

① 张寿安:《打破道统·重建学统——清代学术思想史的一个新观察》,《中央研究院近代史研究所集刊》,第52期。中国近代知识转型以17世纪耶稣会士传入西学为开端,以19世纪东、西洋学大量译入为过程,以20世纪初科举废除(1905)、新式学制建立为结点。

② 同上,第105页。

为目的,不限于解经通艺。对语言的研究,不仅在于描写语言各要素,更在于考证语言历史演变,解释语言发展规律,这种训诂是语言学的,而非专为某一学科服务的。汉语训诂正是由经学训诂向语言学训诂发展的,而只有当训诂走向语言学,才能真正走向学科的独立和深化。

二 经学训诂简述

传统小学包括文字、音韵、训诂三门,小学创立实道源于经学研究。古文经典的发现及阐释需要,推动了汉代小学的建立,并以其为经学之一科。古代小学家首先即为经学大师,如许慎、扬雄、刘熙等。王国维指出:"观两汉小学家皆出古学家中,盖可识矣。原古学家之所以兼小学家者,当缘所传经本多用古文,其解经需得小学之助,其异字亦足供小学之资,故小学家多出其中。"[1]黄侃谓"经学为小学之根据"[2],胡奇光也指出"小学因古文经学以立"。[3] 传统小学以"穷经通秘义""通五经贯六艺"为目的,小学研究处于工具地位,为经学服务。《说文》《尔雅》等的产生都与经学有着密切关系,且被列入经部小学之属。传统训诂实际上正是以经学训诂为其显著特征。

自汉以后,历代训诂著作,以解经训诂书占多数。汉唐间,训诂书虽然也扩展到部分佛经、道典训诂领域,如陆德明《经典释文》等,但训诂仍主要与经学结合,训诂书仍以儒家经典著述为主体。至宋元明出现的训诂著作较前代更多,冯浩菲谓:"这个阶段出现的训诂学著作,经部(不包括乐类和小学类)约有 2327 部,史部约有 54 部,子部(包括释、道)约有 250 部,集部约有 51 部,共计 2682 部。"[4]此时期经学训诂仍为主流。由此可见,中国古代训诂多以解经为传统,学者鲜有形成明确的纯语言研究角度的训诂及训诂学的思想观念。

三 《通雅》语言学训诂转向

在经学训诂传统下,明末方以智及其《通雅》代表了典型的语言学训诂转向。《通雅》,明方以智(1611—1671)著,以姚文燮康熙五年丙午(1666)此藏轩本为最早。该书是方以智的主要训诂学著作,代表了明清之际训诂学的优秀成果。清儒

---

[1] 王国维:《观堂集林》,中华书局,1959 年,第 223 页。
[2] 黄侃:《文字声韵训诂笔记》,上海古籍出版社,1983 年,第 23 页。
[3] 胡奇光:《中国小学史》,上海人民出版社,1987 年,第 50 页。
[4] 冯浩菲:《中国训诂学》,山东大学出版社,2003 年,第 55 页。

对《通雅》评价极高,认为方以智开启了清代训诂考据先声,与顾炎武、王念孙等名儒比肩齐声。如凌廷堪(1755—1809)《校礼堂诗集》:"方氏推儒术,浮山识最深,试观《通雅》学,不让顾亭林。"法式善(1752—1813)《陶庐杂录》:"近人著书当以邵学士晋涵《尔雅正义》、王观察念孙《广雅疏证》、阮巡抚元《经籍纂诂》为最典洽,余见桐城方密之所辑《通雅》,其该博亦不在三家下。"江顺诒以方氏《通雅》与顾氏《日知录》相并提,认为此二书"渊博罕有伦比"。[①] 李元度(1821—1887)以《通雅》开清学风气之先。《钦定四库全书简明目录》:"以考证训诂音声为主,而旁及于名物度数艺术之类,援据博奥,条理分明,明一代考证之书罕与并鹜。"《四库全书总目》总结道:"明之中叶,以博洽著者,称杨慎,而陈耀文起而与争,然慎好说以售欺,耀文好蔓引以求胜。次则焦竑亦喜考证,而习与李贽游,动辄牵缀佛书,伤于芜杂。惟以智掘起崇祯中,考据精核,迥出其上,风气即开,国初顾炎武、阎若璩、朱彝尊等,沿波而起,始一扫悬揣之空谈。虽其中千虑一失或所不免,而穷源遡委,词必有徵,在明代考证家中可谓卓然独立矣。"

方以智及其《通雅》在中国语言学史上占有重要地位,该书虽沿雅书之名,采《尔雅》名物分类法之例,但与《尔雅》这类汇释儒家经典的训诂书不同,体现出语言学训诂特色,主要表现在:

第一,从训诂对象来看,迄《尔雅》《释名》至唐颜师古《匡谬正俗》、宋贾昌朝《群经音辨》等经部训诂书,收词释义以经为主要范围,是典型的经学训诂著作。本研究通过对《通雅》一书的全面梳理,发现方以智《通雅》训诂对象主要有如下特色:1.对传世文献的训诂不限于经,遍及经史子集等各类著作,且无偏重。2.重视金石碑刻、竹书简帛等出土材料的训诂。3.书面语和口语并重,尤其重视"活语言"。4.通语与方言并重。5.雅言与俗语并重。6.古语与今言并重,《通雅》兼收古语词与唐宋元明新语词。7.汉语自源词与外来词并重,重视汉语自源词的考释,同时更注重汉语外来词的考证解释,包括晚明以降西学东传所产生的新的汉语外来词。从上述训诂对象的特点上,方以智《通雅》体现了以"语言"为研究对象的特色。

第二,从训诂目的来看,传统经学训诂著作以解经通义为主要目的,如《尔雅》作为儒家经典,十三经之目,其创作是为释《诗》《书》《礼》《易》《乐》《春秋》,目的在于解六艺。许慎作《说文解字》正基于"文字"为"经艺之本""王政之始","六艺群书

[①] 江顺诒:《词学集成》卷三,清光绪刻本,第15页。

之诂皆训其意"。① 作《说文》以通经,引经义以训诂。"其偁《易》孟氏,《书》孔氏,《诗》毛氏,《礼》《周官》《春秋左氏》《论语》《孝经》皆古文也"。② 引古文经以训诂,博采杜林、贾逵等古文经学大师之说,佐证训诂。段玉裁作《说文解字注》,黄侃谓:"段氏《说文》,主旨在以经证字,以字证经。"③以经学释小学,以小学解经学,也成为包括训诂在内的传统小学的主要研究目的。至宋郑樵,虽深研文字声韵之学,且多有创获,然其起因却在于"经术之不明,由小学之不振"。④ 仍以经学为小学训诂的直接目的。

方以智提出:"小学之于群籍,由经史以至词曲,皆不能离之。"⑤强调小学训诂是一切学术研究所必需的,更强调语言研究是人类创造、传承文化的根本。《通雅·自序》开篇曰:"函雅故,通古今,此鼓箧之必有事也。不安其艺,不能乐业;不通古今,何以协艺相传,讵曰训诂小学可弁髦乎?理其理,事其事,时其时,开而辩名当物,未有离乎声音文字,而可举以正告者也。"⑥方以智认为对古今语言的研究是学术研究的重要内容,语言文字能够辩名当物,揭示了语言文字是人类认知和表述世界的符号功能,是乐业、协艺相传等一切文化创造和传承活动的根本。故他称:"三知终于知言,此格人我、格内外、格古今之大用也。不能知言,又安能自达其所言乎?"⑦"声音文字,小学也。然以之载道法、纪事物,世乃相传,合外内、格古今……要不能离乎此。"⑧阐明语言是一种沟通人与世界的重要存在,在这一意义上,语言使人文活动得以进行,使人文世界得以建构的重要作用得以凸显。由此,在方以智的语言哲学观中,语言文字研究也就有了关乎人类存在的意义。方以智强调"讵曰训诂小学可弁髦乎"⑨,不可低估训诂小学之功用。从训诂目的上,明确其语言学训诂而非经学训诂的特质。

黄侃谓:"段氏《说文》,主旨在以经证字,以字证经。今则宜以古书说字,以字证古,所以研讨文字者,其用在是。"⑩方以智的训诂正体现了黄侃所谓的以古书说

---

① 许慎:《说文解字序》,清文渊阁四库全书本,第229页。
② 同上。
③ 黄侃:《文字声韵训诂笔记》,上海古籍出版社,1983年,第23页。
④ 郑樵:《通志》卷三十一《六书序》,清文渊阁四库全书本,第903页。
⑤ 方以智:《通雅》,上海古籍出版社,1988年,第3页。
⑥ 同上。
⑦ 《通雅》卷首三《文章薪火》,第65页。
⑧ 方以智:《浮山文集前编》卷五《此藏轩音义杂说引》,清康熙此藏轩刻本,第75页。
⑨ 同上。
⑩ 黄侃:《文字声韵训诂笔记》,上海古籍出版社,1983年,第25页。

字,以字证古的语言学研究特质。

在语言学训诂思想指导下,方以智对《通雅》中关涉经学的内容有意识地做了处理。《通雅·凡例》:"经传字义连用者,此则引之,以为原本。至于解经大指,大经大制,此不及也,别载《经学编》中。少受《河》《洛》于王虚舟先生,又侍中丞于法司,闻黄石斋先生之《易》,别有折中论说。此天人大原、象数律历之微,尽本诸此。《通雅》类中,或偶举大概,不敢细述,别作《图考》。""经制诸款,本非小学所收,偶有音义论及,因撮其概。"①方以智在小学训诂中不涉"解经大指""大经大制"等经学研究内容,此类经学内容均别载于《经学编》一书中。《通雅》训诂中或涉及与《易》学相关的内容,但也是"偶举大槩,不敢细述",简单举证以资训诂,《易》学相关理论内容则"别作《图考》"②。从这种处理方式上,可以看出方氏训诂以语言解释为旨归,而非以经学研究为目的。

第三,从训诂内容及研究深度上看,传统经学训诂主要在于解释词义,且多以经义释词,缺乏从语言学角度对词义的发展演变过程、音义结合及演变规律等理据性问题的研究,由此也限制了研究的深入。从宏观角度也可以说传统经学训诂是以"描写"词义为主要特色,而语言学训诂则更重视在"考证"基础上对语言发展理据性问题的"解释"。方以智作《通雅》,以描写、考据、解释为其训诂原则,对语言文字发展过程做历史的考据,对形义意关系、音义起源及发展演变机制、规律等做理性解释,从而以达到"通"古今之言,明古今语变之理的目的,推动了训诂研究走向深入。

第四,从训诂材料的运用上看,方以智将各类传世典籍(宋明笔记小说尤多)、出土的金石竹书简帛等文献、方俗口语、歌谣谚语、西学知识、对音材料、目验材料等视为同等重要的训诂材料,采以释词,体现出训诂材料运用上的开放视野和科学理念。这与传统经学训诂以儒家经典文献为主要引证材料,其他材料运用则相对狭窄的材料观是不同的。

第五,从训诂思想及方法上,方以智对语言作为音义结合体的本质有深刻认知,从而形成"词本位"的训诂思想,《通雅》以"词"为基本训释单位。方以智具有十分明确的语言史观,具有鲜明的历史比较观念。他形成了系统的训诂方法体系,如音义比勘系联法、因声求义法、校勘训诂法、系统形训法、历史比较法、田野调查法、

---

① 《通雅·凡例》,第6页。
② 方以智易学著作有《周易时论合编》,与其父方孔炤合著,见《四库全书总目》经部易类存目。

多重证据训诂法以及跨学科的综合训诂法等,这些方法较传统经学训诂方法更为科学全面,丰富了语言学方法理论。

第六,从《四库全书总目》的分目上,可佐证《通雅》的语言学训诂性质。四库馆臣将《通雅》列入子部杂家杂考之属,而非如《尔雅》等列入经部小学训诂之属。可见清代学者对《通雅》与其他经学训诂著作区别对待。

《四库全书》经部小学训诂类列书十二种:《尔雅注疏》《方言》《释名》《广雅》《匡谬正俗》《群经音辨》《埤雅》《尔雅翼》《骈雅》《字诂》《续方言》《别雅》。《四库全书总目提要·〈尔雅注疏〉》:"盖亦《方言》《急就》之流,特说经之家多资以证古义,故从其所重,列之经部耳。"①四库馆臣指明《方言》《急就》等书的解经性质,并据此将其列入经部之属。胡适谓:"其书殆出于汉儒之手,如《方言》《急就》之流。盖说经之家,纂集博士解诂,取便检点,后人缀辑旧文,递相增益。"②与清代学者的观点一致,认为这类训诂著作出于经学家之手,旨在研经之便。黄侃亦谓:"扬子云纂集《方言》,实与《尔雅》同旨。今考其书,大抵可与《尔雅》相证明。"③早在宋代郑樵亦将名物训诂著作《尔雅》《方言》《释名》等列入经类九家《尔雅》之属④,以此作解经用。从书志分类上可以看出,将包括训诂在内的小学列入经部之中,说明其与经学之密切关系,及其经学训诂书的性质。

四库馆臣未将方氏《通雅》列入经学小学之属,而是与洪迈《容斋随笔》、程大昌《演繁露》、王应麟《困学纪闻》、杨慎《丹铅余录》、顾炎武《日知录》《菰中随笔》、黄生《义府》、阎若璩《潜邱劄记》等同列入子部杂家杂考之属。何谓杂家?

《四库全书》卷一百十七·子部二十七·杂家类一:

> "衰周之季,百氏争鸣。立说著书,各为流品。……杂之义广,无所不包。班固所谓合儒、墨、兼名、法也。变而得宜,于例为善。今从其说,以立说者谓之杂学,辨证者谓之杂考,议论而兼叙述者谓之杂说,旁究物理、胪陈纤琐者谓之杂品,类辑旧文,涂兼众轨者谓之杂纂,合刻诸书、不名一体者谓之杂编,凡六类。"

据此可见"杂家"类,其义有二:一为新,即不属于既有学派门类,可立说,具有创新性;二为博,即不固守一端,取各家之长,又具有独立思辨性。《通雅》列入杂家

---

① 永瑢:《四库全书总目》卷四十经部,清乾隆武英殿刻本,第663页。
② 胡适:《胡适日记全集》第二册,联经出版公司,2005年,第280页。
③ 黄侃:《文字声韵训诂笔记》,上海古籍出版社,1983年,第263页。
④ 郑樵:《通志二十略》,台北世界书局,1984年,第572页。

之属,正显示出它与传统经学训诂书的不同。而这种不同的根本与本文所论述的其语言学训诂特质是密不可分的。

综上所述,《通雅》的创作宗旨不专为解经,训诂对象不囿于经,训诂材料囊括丰富的语言及非语言材料,有统一的训诂思想、理论、方法、原则。方氏强调小学训诂是为一切学问,是人类文化创造和传承的重要手段,并自觉将语言解释与经学解释区别开来。章太炎谓清代小学为"有系统之学问""固非专为说经",实际上在明清之际方以智的语言学主张中即可寻其先声。王力在《新训诂学》中指出:"必须打破小学为经学附庸的旧观念,然后新训诂学才真正成为语史学的一个部门。"[1]方以智的训诂学思想、训诂对象、目的、内容、运用的材料及方法等研究特色,已初步显示出脱离经学附庸的观念,是近代训诂学发展史上的重要一步,代表了中国传统训诂由经学训诂向语言学训诂的转型。

结 语

方以智训诂学体现出了明清之际传统经学训诂向语言学训诂的转向,代表了17世纪中国训诂及训诂学的新动向,这与特定时代学术背景是分不开的。17世纪欧洲主导的近代科学思潮随着耶稣会士东渡,与中国近代启蒙思潮相碰撞,促成了中国传统学术的转型。一方面中国传统学术由"尊德性"转向"道问学",儒家新知识主义兴起,对客观知识的追求成为学术主流,这为传统语言文字学成为独立学科提供了思想准备。另一方面,西学的引介直接推动了科学观念及科学方法的发展和应用,这为传统语言文字学的研究带来了科学思想及方法上的启示。方以智是明代继徐光启、李之藻后第一批开眼看世界的中国人,他积极并批判性地吸收西学,与汤若望、毕方济等西学教士交往甚厚,广泛阅读西学著作,并融会贯通,借鉴西人金尼阁《西儒耳目资》研究汉语音韵,《通雅》中也出现了中西语言文字对比的论述。作为科学家和语言学家,他的语言观及研究方法体现出了科学特色,代表了17世纪西学影响下传统经学训诂向语言学训诂的转向,为清代小学成为"有系统之学问""固非专为说经"道夫先路。

参考文献

[1] [明]方以智:《通雅》,《方以智全书》本,侯外庐主编,上海古籍出版社,1988年。

---

[1] 王力:《新训诂学》,《王力文集》第十九卷,山东教育出版社,1984年,第256页。

[2] [明]方以智:《浮山集》,清康熙此藏轩刻本。
[3] [明]方以智,徐光启:《科学教育思想与教育论著选读》,中国环境科学出版社,2006年。
[4] 方昌翰:《方氏七代遗书》,光绪本。
[5] 张永堂:《明末方氏学派研究初编——明末理学与科学关系试论》,联经出版事业公司,1987年。
[6] 梁启超:《中国近三百年学术史》,东方出版社,2004年。
[7] 侯外庐:《中国近代启蒙思想史》,人民出版社,1993年。
[8] 王力:《中国语言学史》,山西人民出版社,1981年。
[9] 何九盈:《中国古代语言学史》,北京大学出版社,2006年。
[10] 濮之珍:《中国语言学史》,上海古籍出版社,2002年。
[11] 胡奇光:《中国小学史》,上海人民出版社,1987年。
[12] 中央研究院历史语言研究所:《中央研究院历史语言研究所集刊》,中华书局,1987年。

(陶玲:武汉理工大学,430070,武汉)

出土两汉文献古白话词研究论纲

吕志峰

提要： 已出土的两汉文献中保存了不少古白话词，汉语词汇史研究不能无视之，否则便不能了解汉语词汇的全貌。"俗语词"与"雅词"相对，"古白话词"与"文言词"相对。古白话词的判定，前提是根据语料的性质，同时考虑三点：1.是汉代新产生的词语；2.虽已有之但意义已有所变化的词语；3.最早在汉代出现且使用不很频繁，后代却已融入普通词汇或为文言所吸收。古白话词研究应该注重地域比较。

关键词： 出土两汉文献　古白话词　判定　比较

江蓝生先生指出："古代白话跟汉语史的分期有直接关系。长期以来大学里教汉语只有古代汉语和现代汉语之分，把'五四'时期以前的语言统统称为古代汉语。这种分期忽略了文言与白话的区别，没有正确地反映汉语发展的历史阶段，因而是不太科学的。"①

我们知道，古代汉语有两个书面语系统，即王力先生所说"一个是以先秦口语为基础而形成的上古汉语书面语言以及后来历代作家仿古的作品中的语言，也就是通常所谓的文言；一个是唐宋以来以北方话为基础而形成的古白话。"②随着过去近三十年汉语词汇史研究的拓展和深入，学者们普遍认为"从汉代（主要是东汉）以来直至魏晋南北朝隋，书面语与口语的分化日见明显，除了大量的散文、韵文等传统的文言作品外，还确确实实地出现了门类不同、数量可观而含有较多口语成分的作品，它们既有别于以先秦口语为主的'文言'，又有别于以唐宋口语为主的'白话'，而是介于这两者之间，处于通语与方言并举，文言与口语相杂状态下的语言体系，是一个处在由文言词汇向白话词汇过渡这样一种特殊地位的语言体系。因此，有必要把'近代汉语'以前的'古代汉语'一分为二，析成'上古汉语'与'中古汉语'

---

* 本文系2013年国家社科青年项目《出土两汉文献古白话词研究》（13CYY050）的阶段性成果。
① 江蓝生：《古代白话说略》，语文出版社，2000年，第7页。
② 王力主编：《古代汉语》（校订重排本）绪论，中华书局，1999年。

两块,前者以先秦、秦汉的书面语言为代表,后者以自东汉到隋末约四、五百年间含有较多口语成分的典籍的语言为代表。"①

到目前为止,中古汉语研究取得了丰硕的成果,但从时代来看,主要集中于魏晋南北朝;从语料来看,主要包括汉译佛经、敦煌吐鲁番文献、诗歌、戏曲、小说、笔记、史书等传世文献,对于汉代出土文献则关注较少。目前已出土的两汉文献种类繁多,数量巨大,主要有石刻、简牍、砖文、瓦当、金文、铜镜、玺印、货币、镇墓文、木器、买地券、帛书、纸书等。在这些文献中,保存了不少当时的口语词或方言词,尤其以石刻、简牍、镇墓文、砖瓦和买地券为多。比之传世文献,出土文献比较真实地保持了当时的语言原貌,这些语料作为汉语史转变时期的方域俗语具有典型的代表性,对认识汉代"与口语接近的民间书面语及其书写形式的面貌具有其他材料无可替代的重要价值"②。

比如"贼",《说文·戈部》:"贼,败也。"文言中的常用含义有"败坏""破坏""伤害""杀戮""抢劫或偷窃财物的人"等,而在湖北等地出土的汉简中,"贼"则经常表示"故意",如张家山汉墓竹简《二年律令·贼律》:"贼燔城、官府及县官积聚,弃市。""贼燔城",整理小组注:"故意焚烧城邑。"朱红林《张家山汉简〈二年律令〉集释》:"贼燔,故意放火。"③再如:"贼杀人、斗而杀人,弃市。其过失及戏而杀人,赎死;伤人,除。"这里的"贼杀人"和"斗而杀人""过失及戏而杀人"三者是并列的关系,如果将"贼"解释为"伤害、杀害",显然不符合文意,如果解释为"故意"则语义贯通,"贼杀人"与"斗而杀人""过失及戏而杀人"两者的区别就在于是有预谋的,故意的,而不是因为打斗、游戏、过失而失手杀人。"贼"的"故意"义仅见于今湖北等地出土的秦汉简牍中④,传世文献未见,《汉语大字典》《汉语大词典》等大型工具书也未收录。那么,对于"贼"的"故意"义应该如何看待,我们认为这可能就是当时的一个口语词或者方言词。这个意义后来也未进入普通词汇中,比如《唐律疏议》卷第二十七:

  诸故烧官府廨舍及私家舍宅,若财物者,徒三年;赃满五疋,流二千里;十疋,绞。杀伤人者,以故杀伤论。

---

① 王云路、方一新:《中古汉语语词例释》,吉林教育出版社,1992年,第7页。
② 吕志峰:《东汉石刻砖陶等民俗性文字资料词汇研究》,上海人民出版社,2009年,第14页。
③ 朱红林:《张家山汉简〈二年律令〉集释》,社会科学文献出版社,2005年。
④ 睡虎地秦简中有"贼杀人""贼伤人""贼杀伤人"等,"贼"也是"故意"的意思。详见夏利亚《〈睡虎地秦墓竹简〉注译商榷五则》,复旦大学出土文献与古文字研究中心网站(http://www.gwz.fudan.edu.cn/SrcShow.asp? Src_ID=1241),2010年8月26日。

这一条与《二年律令·贼律》的"贼燔城"条内容接近,但张家山汉简中的"贼燔"在《唐律疏议》中被"故烧"所替代。

由此可知,在已出土的两汉文献中应该保存了不少类似的口语词或方言词,汉语词汇史研究不能无视之,否则便不能了解汉语词汇的全貌。本文拟就出土两汉文献中的古白话词进行探讨,不当之处,祈请大方之家指正。

一 "古白话词"与"俗语词"辨析

关于"富含口语文献的语言"[①]中的词语,郭在贻、朱庆之、黄征、周俊勋等先生称之为"俗语词",徐时仪先生称之为"古白话词"。关于"俗语词",郭在贻先生认为是"古代文献中所记录下来的古代的口语词和方言词之类(二者有时难以截然划清界限),比如《世说新语》中所保存的六朝口语词,敦煌变文中的唐五代口语词,元曲中的大量口语词和方言词之类"[②]。朱庆之先生认为口语词与俗语词本是两个互有区别的概念:口语词是相对于书面语词而言的,主要指只用于日常口语(包括方言词)而不用于书面语的那些词;俗语词是相对于雅语(文雅的)而言的,主要指口语中那些粗俗鄙俚难登大雅之堂的词。[③] 黄征先生认为汉语俗语词是汉语词汇史上各个时期流行于口语中的新产生的词语和虽早有其词但意义已有变化的词语。作者又做了五方面的解释:①特指汉语中的俗语词;②俗语词不只是"汉魏六朝以来"才有的,而存在于汉语词汇史上各个时期;③俗语词既有通代性,又有断代性。前代产生的俗语词可能在后代仍然是俗语词,也可能在后代已融入普通词汇或为文言所吸收;④俗语词是流行于口语中的,而不是使用于书面语中的;⑤俗语词是指新词和产生了新义的词[④]。周俊勋认为汉语俗语词是汉语词汇史上各个时期使用于口语中的非常用词,包括某个时代新产生的口语词、方言词以及产生于前代而仍在口语中使用却被赋予了时代意义的词[⑤]。

我们知道,俗语词研究可以说是先有实践后有理论的,随着研究的深入,对于俗语词的界定也越来越完善。黄征先生对俗语词定义五个方面的解释极大拓展了俗语词的研究范围,而周俊勋先生的定义强调了俗语词是口语中的非常用词,即这

[①] 王云路、方一新:《中古汉语语词例释》,吉林教育出版社,1992年,第7页。
[②] 郭在贻:《俗语词研究概述》,《郭在贻语言文学论稿》,浙江古籍出版社,1992年,第251页。
[③] 朱庆之:《佛典与中古汉语词汇研究》,文津出版社,1992年,第58页。
[④] 黄征:《汉语俗语词研究的几个理论问题》,《杭州大学学报》,1992年第2期,第47—49页。
[⑤] 周俊勋:《中古汉语词汇研究纲要》,巴蜀书社,2009年,第285页。

些词有可能在口语中使用很频繁,当时的人很熟悉,只不过它们只使用在某一特定的时代,没有流传下来。这样就将俗语词的研究与古汉语词汇学的重要研究内容之一的常用词演变研究很好地区分开来,具有非常重要的理论意义。

"古白话词",最早是由徐时仪先生在《古白话词汇研究论稿》一书中提出的,他认为,"古白话词"指的是"汉语词汇史上'五四'以前各个时期流行于社会各阶层的口语中新产生的词语和虽早已有之但意义已有所变化的词语"。这里所说的口语中新产生的词语和虽然早已有之但意义已有变化的词语是跟秦汉时期形成的书面语,亦即文言中的词语相对而言的,实际上也就是指书面记录下来的充满活力而欲替代旧有词语的口语词[①]。

尽管从目前学界的相关定义来看,"俗语词"和"古白话词"内涵基本相同,但是从"俗语词"的字面来理解,"俗"与"雅"是相对的,主要指"口语中那些粗俗鄙俚难登大雅之堂的词"[②]。而"古白话词"是与"文言词"相对的,外延相对更宽,所以本文采用"古白话词"这个概念。

二 "古白话词"的判定

上文说过,"古白话词"的研究是先有实践后有理论,最早的相关成果一般以词语考释为主,所以,少有成果对"古白话词"的判定专门进行探讨。周俊勋先生《中古汉语词汇研究纲要》中提到了俗语词的认定,他主要从"显性的标志、词语组合的标志、词义的时代标志"等三个方面进行认定[③],但对于出土两汉文献来说,没有"俗呼×""野人呼×"等显性的标志,词语组合也不明显,那应该如何判定其中的古白话词呢?

我们认为,判定出土两汉文献中的古白话词首先应遵循一个基本原则,即语料的性质。具体来说,如果一种语料从内容上看,主要反映了汉代底层民众的生产生活、风尚习俗、宗教信仰,实用性较强;从语言风格看用词简洁、通俗,不追求典雅,不用通语雅言,少用文言虚词,句式简单,使用的语言带有浓厚的世俗色彩,与正统的文言文有区别;从文字书写与使用看,书写一般比较随意,字体多为草隶,通假字、异体字较多,错字也不少。那么,这种语料中应该会有不少的古白话词。

以东汉镇墓文为例,这是东汉中后期出现的用朱砂写在镇墓陶瓶陶罐上的解

---

① 徐时仪:《古白话词汇研究论稿》,上海教育出版社,2000年,第28—29页。
② 朱庆之:《佛典与中古汉语词汇研究》,文津出版社,1992年,第58页。
③ 周俊勋:《中古汉语词汇研究纲要》,巴蜀书社,2009年,第287—290页。

殃文辞,内容是祈求保佑生人的家宅安定,使死者的冢墓稳定。这些材料一般出自民间巫师方士之手,文中使用的语言及反映的思想和习俗有浓厚的世俗色彩,而不是传统士大夫型的。如《东汉初平四年黄母镇墓文》①:

> 初平四年十二月己卯朔,十八日丙申直危。天帝使者谨为王氏之家,后死黄母当归旧阅。慈告丘丞莫伯、地下二千石、蒿里君、莫黄、莫主、莫故夫人,决曹尚书令王氏冢中先人无惊无恐,安隐如故。令后曾财益口。千秋万岁,无有央咎。谨奉黄金千斤两,用填冢门。地下死藉削除。文他央咎,转要道中人。和以五石之精,安冢莫,利子孙。故以神瓶震郭门,如律令。

从语言风格上看,东汉镇墓文的语言属于王云路、方一新先生所说的"文言与口语相杂状态下的语言体系"②,我们曾经对其中"黄母""旧阅""削除"等词语进行过讨论③。从文字书写与使用来看,陈直先生认为王氏朱书陶瓶的字体多用草隶书,其字体多由草隶向草书、由隶书向楷书过程蜕变。④

再以汉代简牍为例,汉代简牍主要可以分为两大类,一类是简牍典籍,一类是简牍文书,其中后者包括公文文书与私人文书,绝大多数不见于传世古籍,是当时记录信息、表达意图的第一手文字资料,对于了解当时的语言面貌具有重要价值。

以汉代简牍中的私人书信为例,李均明先生在《秦汉简牍文书分类辑解》一书中共整理"内容较完整、文字较清晰者"⑤74例,除此之外,"残简断篇还很多"⑥,其中属于汉代的共有72篇。杨芬先生的博士学位论文《出土秦汉书信汇校集注》⑦共整理完整的秦汉书信53篇,其中属于汉代51篇;出土汉代残书信共201篇。

就目前出土的汉代简牍私记来看,通信双方的身份地位都不高,书信内容大多涉及当时人们的日常事务;书写的字体多随意潦草;书信的语言简洁、朴实、通俗,口语化现象多见,应该比较接近当时民间日常生活口语的真实面貌。如《元致子方书》:

> 元伏地再拜请子方足下,善毋恙!苦道子方发,元失候不侍驾,有死罪。丈人、家室、儿子毋恙,元伏地愿子方毋忧。丈人、家室元不敢忽骄,知事在库,

---

① 唐金裕:《汉初平四年王氏朱书陶瓶》,《文物》,1980年第1期。
② 王云路、方一新:《中古汉语语词例释》,吉林教育出版社,1992年,第7页。
③ 吕志峰:《东汉石刻砖陶等民俗性文字资料词汇研究》,上海人民出版社,2009年。
④ 陈直:《汉初平四年王氏朱书陶瓶考释》,《考古与文物》,1981年第4期。
⑤ 李均明:《秦汉简牍文书分类辑解》,文物出版社,2009年,第125页。
⑥ 同上。
⑦ 杨芬:《出土秦汉书信汇校集注》,武汉大学博士学位论文,2010年。

元谨奉教。署时元伏地愿子方适衣、幸酒食、察事,幸甚!谨道:会元当从屯敦煌,乏沓,子方所知也。元敢不自外,愿子方幸为元买沓一两,绢韦,长尺二寸;笔五枚,善者,元幸甚。钱请以便属舍,不敢负。愿子方幸留意,沓欲得其厚、可以步行者。子方知元数烦扰,难为沓。幸甚幸甚!所因子方进记差次孺者,愿子方发过次孺舍,求报。次孺不在,见次孺夫人容君求报,幸甚,伏地再拜子方足下!所幸为买沓者愿以属先来吏,使得及事,幸甚。元伏地再拜再拜!吕子都愿刻印,不敢报,不知元不肖,使元请子方,愿子方幸为刻御史七分印一,龟上,印曰:吕安之印。唯子方留意,得以子方成事,不敢复属它人。郭营尉所寄钱二百买鞭者,愿得其善鸣者,愿留意。自书:所愿以市事幸留意留意毋忽,异于它人。(Ⅱ0114③:611)

这是1990年甘肃省敦煌市甜水井汉悬泉遗址出土的一件帛书私人书信,整理者定名为《元致子方书》,是迄今所见汉代实物文献中"保存最完整、字数最多的私人信件"[①],内容是"一个名元的下级军官给他的同事兼朋友子方的信"[②],请子方帮自己完成四件事,分别是:1、买一双皮鞋;2、看望"任记差的次孺,并给家属写一封信"[③];3、给吕安刻印;4、给郭营尉买一条响鞭。

与传世文献相比,传世文献中保存的秦汉书信数量较少,多收录于史籍或文集中,内容往往是"辨析政治形势、告诫劝勉、自我感情的宣泄、思亲叙旧"[④],遣词造句相对优美,文学性强,也没有保留完整书信的结构格式等。所以,出土的两汉私人信件可以弥补传世文献的不足。从语言文字研究的角度来看,汉代简牍私人书信"字体多草率,口语化现象也多见"[⑤]。

所以,语料的性质应该是判断出土两汉文献中古白话词的重要前提。明确了语料的性质之后,我们从古白话词的定义出发,参考学术界前辈时贤相关讨论,对于出土两汉文献古白话词的判定还应该可以考虑如下几点:

1. 应该是汉代新产生的词语

【逐索】

《敦煌悬泉汉简释粹》:"军吏远者至敦煌郡,军吏晨夜行,吏御逐马前后不

---

① 郝树声、张德芳:《悬泉汉简研究》,甘肃文化出版社,2009年,第259页。
② 王冠英:《汉悬泉置遗址出土元与子方帛书信札考释》,《中国历史博物馆馆刊》,1998年第1期,第58页。
③ 杨芬:《出土秦汉书信汇校集注》,武汉大学博士学位论文,2010年。
④ 张鹏立:《浅谈秦汉时期的书信》,《河南教育学院学报》,2008年第6期,第107页。
⑤ 李均明:《秦汉简牍文书分类辑解》,文物出版社,2009年,第125页。

相及,马罢亟,或道弃,逐索未得,谨遣骑士张世等以物色逐索各如牒。"(V 1311④:82)【199】

"逐索",《汉语大词典》未收,根据文意,应是追捕之意。传世文献中仅见于《太平经》卷九十三:"今若王者治服人,岂当见逐索邪?"《太平经》成书于东汉,其中包含有不少的口语成分,由此我们可以推测,"逐索"一词应该是东汉时期的口语词。《玉篇·手部》:"捕,逐索也。"顾野王用"逐索"解释"捕",说明南北朝时期这个词还是一个当时常用的词语。

【烦务】

《长沙东牌楼东汉简牍》36A:"烦务朝夕,□居□舍,夫人自康,幸甚幸甚。"

"烦务",《汉语大词典》收,解释为"繁重的工作、繁杂的事务",但举最早书证为《北史·柳彧传》。传世典籍中"烦务"一词最早出现在三国孟康对《汉书》的注释中,如《汉书·司马迁列传》:"又迫贱事。"颜师古引孟康注:"卑贱之事,苦烦务也。"由东牌楼汉简可知,"烦务"一词最早在东汉出现,应是当时的口语词。

2. 虽已有之但意义已有所变化的词语

【败亡】

张家山汉墓竹简《二年律令·贼律》:"船人渡人而流杀人,耐之,船啬夫、吏主者赎耐。其杀马牛及伤人,船人赎耐,船啬夫迁。其败亡粟米它物,出其半,以半负船人。"[六—八]

"败亡",《汉语大词典》解释为"失败灭亡"。"败亡"作"失败灭亡"讲,多用于军国大事,如《史记·淮阴侯列传》:"广武君辞谢曰:'臣闻败君之将,不可以言勇;亡国之大夫,不可以图存。今臣败亡之虏,何足以权大事乎?'"而这里的"败亡"后面的宾语是"粟米它物"。很显然,"失败灭亡"义讲不通。我们认为这里的"败亡"应为"损失、损害"的意思。"败亡粟米它物"讲的是财物在行船过程中因为发生水淹事件而遭到损害。看后世法律相关内容的记载,如《唐律疏议》卷第二十七:

"诸船人行船、茹船、泄漏、安标宿止不如法,若船栰应回避而不回避者,笞五十;以故损失官私财物者,坐赃论减五等;杀伤人者,减斗杀伤三等;其于湍碛尤难之处,致有损害者,又减二等。"

《唐律疏议》中该条文与《二年律令·贼律》上述条文所讲内容几乎无异,而以"损失,损害"代"败亡"之语。可见"败亡"应该就是"财物损失,损害"之义。

"败亡"作"损失,损害"义在《史记·河渠书》中也有使用。如:"其后河东守番系言:'漕从山东西,岁百余万石,更底柱之限,败亡甚多,而亦烦费。穿渠引汾溉皮氏、汾阴下,引河溉汾阴、蒲坂下,度可得五千顷。'"漕,旧时指的是国家从水道运输粮食,供应京城或接济军需。该段对漕运的记载中说到从山东漕运粮食西行入关,每年一百多石,中间经过行船的禁限地区,有许多漕运的船坏人亡。这里"败亡"一词出自人物话语中,应该也从一定程度上反映出这可能是当时的一个口语词。

3. 最早在汉代出现且使用不很频繁,后代却已融入普通词汇或为文言所吸收

【殴折】

张家山汉墓竹简《二年律令·盗律》:"群盗及亡从群盗,殴折人枳(肢)、胅体。"

"殴折"为"殴打、打断"之义,在先秦两汉传世典籍与出土典籍中仅此一见,《汉语大词典》也未收,但是后代典籍中用例却很多:

【唐】长孙无忌《唐律疏议》卷第六:"若故殴折,又合加一等。"

【北宋】李焘《续资治通鉴长编》卷三十二:"都校孙进使酒无赖,殴折人齿。"

【清】三泰《大清律例》卷四十二:"殴折人二齿一指以上及髡发者。"

上述三个方面的判断,我们可以充分利用《汉语大词典》等大型工具书和相关电子语料库。

三 古白话词研究思路探析

对于出土两汉文献古白话词的研究,传统的词义考释、与《汉语大词典》等大型工具书的比较、新词新义的抉发等思路依然需要继承,除此之外,我们认为还应该加强比较的思路。

比如说,不同题材、体裁中古白话词的使用比较,出土两汉文献内容丰富,包括法律律令、口簿、日书、算簿、书信、药方、公文、券书等,可以考察题材、体裁的差异对古白话词使用是否有影响。再比如,出土两汉文献古白话词与东汉汉译佛经词语的比较等①。这里我们着重谈谈不同地域材料中古白话词的使用比较。

出土两汉文献分布在今陕西、河南、山东、江苏、湖北、湖南、甘肃、内蒙古等不同地域,我们可以尝试从地域因素入手分析其异同,这样也可以从一个方面了解汉

---

① 如灵宝张湾汉墓杨氏镇墓文中曾出现"母人"一词,其他中土传世、出土典籍中均未见,但东汉汉译佛经中却发现五处用例,依靠汉译佛经,"母人"的意义迎刃而解。详见吕志峰《东汉石刻砖陶等民俗性文字资料词汇研究》,上海人民出版社,2009年,第97—98页。

代时期方言分布的情况。

以汉代简牍中的私人书信为例，我们发现，不同地点出土的私人信件在某些用词方面呈现出地域化差异的特点，材料中有许多词语表达相同的含义，但却用词不同。如：

【坐前】、【足下】与【侍前】

三者均是题称语，表示对对方的敬称。居延汉简和敦煌汉简中多用"足下"和"坐前"，如"子卿足下"（《居延汉简合校》34.7B），"夏侯掾坐前"（《居延汉简合校》231.13B），"田子渊坐前"（《敦煌汉简》236A），"幼君少平足下"（《敦煌汉简》1659），"侍前"只有一例，如"子惠容□侍前"（《居延新简》EPT51.203A）。而长沙东汉东牌楼简则多用"侍前"，如"陈主簿侍前"（《东牌楼》34A）、"督邮侍前"（《东牌楼》35A）、"掾□□侍前"（《东牌楼》36A）。

【偷】与【差】

两者均是"病愈"之义。敦煌汉简中见"偷"，如"使君徙居衡君家，卧未偷"（《敦煌汉简》2337B）；东牌楼汉简中用"差"，如"书不……断绝往来，闻言颇差"（《东牌楼》55A），扬雄《方言》第三："差，愈也。南楚病愈者谓之差。"明确指出"差"是楚地的方言词。

【不它不足】、【不一二二】、【不及一二】、【不具】、【不悉】

都表"时间仓促，来不及详述"。居延汉简中有"不它不足"和"不一二二"两种用法，如"发卒，不审得见幼孙，不它不足，数来记"（《居延汉简合校》10.16A）、"仓卒为记，不一二二志传谢张次叔□□"（《居延新简》EPT65.200A）。敦煌汉简中用"不及一二"，如"当西候，仓卒为记，不及一二"（《敦煌汉简》7B）。东牌楼汉简中则多用"不具"和"不悉"，如"忽亡世往遽探问，云言汉台之悲痛悲痛，以无宜自□丘山当相为□属财复告悫悫因附表命。不具"（《东牌楼》30B）、"力疾书，不悉小大，休罪"（《东牌楼》33B）、"前日苍苍，言不悉，不以身为忧念"（《东牌楼》34A）、"内异何易，还信具戒，悫悫不悉"（《东牌楼》36B）、"一日不悉，连复欲诣，会岁下多务，不腹从愿"（《东牌楼》49A）。

参考文献

[1] 徐时仪　2000　《古白话词汇研究论稿》，上海教育出版社。
[2] 郭在贻　2005　《训诂学》（修订本），中华书局。
[3] 方一新　2010　《中古近代汉语词汇学》（上下编），商务印书馆。
[4] 王云路　2010　《中古汉语词汇史》（上下），商务印书馆。

[5] 周俊勋　2009　《中古汉语词汇研究纲要》,巴蜀书社。
[6] 吴吉煌　2011　《两汉方言词研究——以〈方言〉〈说文〉为基础》,高等教育出版社。
[7] 赵岩　2013　《简帛文献词语历时演变专题研究》,中国社会科学出版社。
[8] 徐时仪　2009　《试论古白话词汇研究的新发展》,《南阳师范学院学报》(社会科学版),第1期,第47—52页。
[9] 罗竹风主编　2007　《汉语大词典》(缩印本)(上中下),上海辞书出版社。
[10] 张家山二四七号汉墓竹简整理小组　2006　《张家山汉墓竹简【二四七号墓】(释文修订本)》,文物出版社。
[11] 谢桂华　李君明　朱国照　1987　《居延汉简释文合校》,文物出版社。
[12] 甘肃文物考古研究所　1991　《敦煌汉简》,中华书局。
[13] 长沙市文物考古研究所　中国文物研究所　2006　《长沙东牌楼东汉简牍》,文物出版社。
[14] 胡平生　张德芳　2001　《敦煌悬泉汉简释粹》,上海古籍出版社。
[15] 薛英群　何双全　李永良　甘肃省文物考古研究所编　1988　《居延新简释粹》,兰州大学出版社。
[16] 刘晓林　2015　《从"贼杀"到"故杀"》,《苏州大学学报·法学版》,第1期,第55—62页。

(吕志峰:华东师范大学中文系,200241,上海)

《毛泽东早期文稿》中的"鲁阳"典故考辨

任继昉

一

1915年8月,毛泽东致信萧子升,其中说:"鲁阳、殷浩,垂誉于士林,及一缨世故,莫不应时持减。"《毛泽东早期文稿》编者注释说:"鲁阳,战国时楚之县公,即鲁阳文子。相传他与韩作战,挥戈使太阳返回。见《淮南子·览冥训》。"(湖南人民出版社,2008年11月第2版,第17、19页。)

其实,"鲁阳"应为"王孙胜"(白公胜)。《国语·楚语下》:

> 惠王以梁与鲁阳文子,文子辞,曰:"梁险而在(北)境,惧子孙之有贰者也。夫事君无憾,憾则惧偪,偪则惧贰。夫盈而不偪,憾而不贰者,臣能自寿(也),不知其他(它)。纵臣而得全(以)其首领以没,惧子孙之以梁之险,而乏臣之祀也。"王曰:"子之仁,不忘子孙,施及楚国,敢不从子。"与之鲁阳。
>
> 子西使人召王孙胜,沈诸梁闻之,见子西曰:"闻子召王孙胜,信乎?"曰:"然。"子高曰:"将焉用之?"曰:"吾闻之,胜直而刚,欲寘之境。"子高曰:"不可。其为人也,展而不信,爱而不仁,诈而不智(知),毅而不勇,直而不衷,周而不淑。复言而不谋身,展也;爱而不谋长,不仁也;以谋盖人,诈也;强忍犯义,毅也;直而不顾,不衷也;周言弃德,不淑也。是六德者,皆有其华而不实者(也),将焉用之?……"(上海古籍出版社1978年版《国语》,第582—583页。括号中的文字是《四部丛刊》影印本、列印本《国语》异文。各版本图片见下)

《国语》在这里其实是记述了两件事:"鲁阳文子辞惠王所与梁""叶公子高论白公胜必乱楚国",由于古书(如《四部丛刊》本)在刊刻时,各段未加标题,段与段之间又不空行,这两段文字恰巧接得很紧,看起来浑然一体,如同一段,读者很容易混而为一,所以,子高指出"其为人也,展而不信,爱而不仁,诈而不智,毅而不勇,直而不衷,周而不淑。复言而不谋身,展也;爱而不谋长,不仁也;以谋盖人,诈也;强忍犯

《四部丛刊》影印本《国语》，卷十八，第十一—十一页。

《四部丛刊》列印本《国语》，卷十八，第十一—十一页。

义，毅也；直而不顾，不衷也；周言弃德，不淑也。是六德者，皆有其华而不实者也"，不是指上段鲁阳说的，而是指下段王孙胜而言，因此，"鲁阳"应为"王孙胜"（白公胜）。从毛泽东此信下文“殷浩，垂誉于士林，及一缨世故，莫不应时持減”，以及日记《自讼》中以匏瓜、牡丹相对照，“虽强其外，实干其中”，说明做人不要华而不实的内容来看，则将王孙胜之事误为鲁阳之事了。

好在，当代的整理注释本都将“鲁阳文子辞惠王所与梁”“叶公子高论白公胜必乱楚国”这两段文字截然分开，分别编号，这就眉目清晰，绝不相混了。这也就证明，华而不实的，确实是“王孙胜”（白公胜）而不是“鲁阳”了。

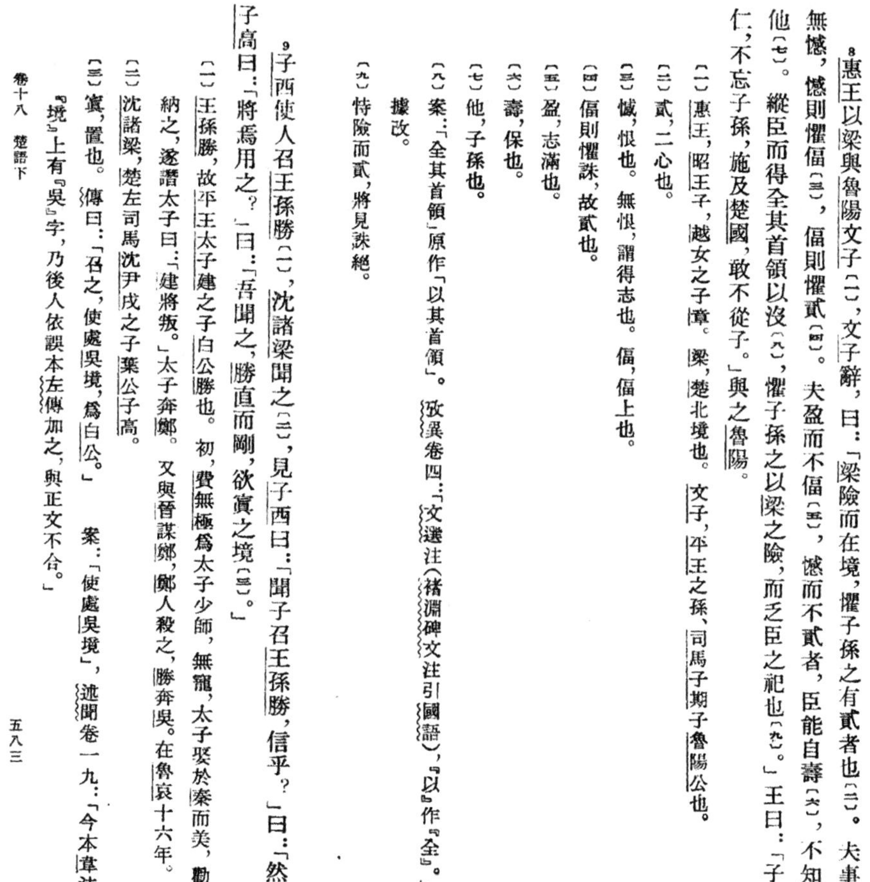
8 惠王以梁與魯陽文子〔一〕，文子辭，曰：「梁險而在境，懼子孫之有貳者也〔二〕。夫事君無憾，憾則懼偪〔三〕，偪則懼貳〔四〕。夫盈而不偪〔五〕，憾而不貳者，臣能自壽〔六〕，不知其他〔七〕。縱臣而得全其首領以沒〔八〕，懼子孫之以梁之險，而乏臣之祀也〔九〕。」王曰：「子之仁，不忘子孫，施及楚國，敢不從子。」與之魯陽。

〔一〕惠王，昭王子，越女之子章。梁，楚北境也。文子，平王之孫、司馬子期子魯陽公也。
〔二〕貳，二心也。
〔三〕憾，恨也。無恨，謂得志也。偪，偪上也。
〔四〕偪則懼誅，故貳也。
〔五〕盈，志滿也。
〔六〕壽，保也。
〔七〕他，子孫也。
〔八〕案：「全其首領」原作「以其首領」。攷異卷四：「文選注（褚淵碑文注引國語），『以』作『全』。」今據改。
〔九〕恃險而貳，將見誅絶。

9 子西使人召王孫勝〔一〕，沈諸梁聞之〔二〕，見子西曰：「聞子召王孫勝，信乎？」曰：「然。」子高曰：「將焉用之？」曰：「吾聞之，勝直而剛，欲寘之境〔三〕。」

〔一〕王孫勝，故平王太子建之子白公勝也。初，費無極爲太子少師，無寵，太子娶於秦而美，勸王納之，遂譖太子曰：「建將叛。」太子奔鄭。又與晉謀鄭，鄭人殺之，勝奔吳。在魯哀十六年。
〔二〕沈諸梁，楚左司馬沈尹戌之子葉公子高。
〔三〕寘，置也。傳曰：「召之，使處吳境，爲白公。」案：「使處吳境」，述聞卷一九：「今本韋注，『境』上有『吳』字，乃後人依誤本左傳加之，與正文不合。」

卷十八 楚語下 五八三

上海古籍出版社 1978 年版《国语》，第五八二—五八三页。

毛泽东原文已误将王孙胜当作鲁阳，而《毛泽东早期文稿》的原注释未能校出，却又说“鲁阳，战国时楚之县公，即鲁阳文子。相传他与韩作战，挥戈使太阳返回。见《淮南子·览冥训》”，则是误上加误。

二

既然《国语·楚语下》所说的"华而不实"是指"王孙胜"(白公胜)而不是"鲁阳",那么,《淮南子·览冥训》记载的"战国时楚之县公,即鲁阳文子。相传他与韩作战,挥戈使太阳返回"的"鲁阳"又是什么典故呢?

《淮南子·览冥训》:"鲁阳公与韩构难,战酣日暮,援戈而㧑之,日为之反三舍。"汉高诱注:"鲁阳,楚之县公,楚平王之孙,司马子期之子,《国语》所称鲁阳文子也。楚僭号称王,其守县大夫皆称'公',故曰鲁阳公。"张双棣笺释引陶方琦云:"《文选》郭璞《游仙诗》注引许注:'二十八宿,一宿为一舍也。'……《论衡·感虚篇》:'星之在天也,为日月舍,犹地有邮亭为长吏廨也。'二十八宿有分度,一舍十度,或增或减。言日反三舍,乃三十度也。《广雅·释诂》:'宿,舍也。'"㧑(huī),同"挥"。谓使时光倒转。

这个故事,以后在各种诗文中沿用不衰,从而成为典故,产生了各种形式,包括词、词组、短语,形成了一个典故词族。我们可以汉语拼音为序,列之如下,以相对照,从而寻找注释致误的原因。

长戈回白日

清归庄《用来韵酬榕庵》:"难把长戈回白日,漫携短句问青天。"

倒日之诚

指挽回危局的赤诚之心。南朝梁刘孝标《辩命论》:"触山之力无以抗,倒日之诚弗能感。"

返日戈

喻指扭转乾坤或起死回生的力量和手段。夏敬观《郑叔问舍人挽词》之二:"怕听临风笛,直无返日戈。"

返日阳戈

柳亚子《次韵和冶公》:"反日阳戈倘可寻,如何掷杖竟成林?"

奋鲁戈

沈砺《偶成》诗:"楚囚对泣浑无补,谁为中原奋鲁戈?"

奋鲁阳

谓感叹时光流逝,希望光阴回转。清王摅《十六日牧翁父子招》:"可怜已堕虞渊日,驻景犹思奋鲁阳。"

戈挥落日

阳兆鲲《剑华叠前韵见赠倍数酬之》之三："戈挥落日心都倦，矢弋东楼梦岂真。"

戈挥日

清赵翼《南苑大阅恭纪》："风云卷阵戈挥日，烟焰腾霄炮震雷。"

戈挥日回

形容大力挽回危局。唐李白《上崔相百忧草》："共工赫怒，天维中摧……箭发石开，戈挥日回。"

戈回日

形容强有力的气势。唐李德裕《题剑门》："奇峰百仞悬，清眺出岚烟。迥若戈回日，高疑剑倚天。"

戈挽夕曛

清袁枚《哭许沧亭观察》："有律吹寒谷，无戈挽夕曛。"

挥戈

表示珍惜时间。明王錂《春芜记·寻真》："到头来一梦里，白日疾如驰，挥戈总是痴。"

挥戈返日

鲁姓楹联："挥戈返日；解纷拒金。"

挥戈回日

谓力挽危局。明刘基《次韵和石末公悲红树》之二："却羡鲁阳功德盛，挥戈回日至今传。"

挥戈兮再昼

唐李邕《日赋》："愿挥戈兮再昼，俟倾藿兮长安。"

挥戈忆鲁阳

唐岑参《送裴侍御赴岁入京》："惜别津亭暮，挥戈忆鲁阳。"

挥戈足以返日

鲁姓楹联："挥戈足以返日；解纷岂在受金。"

挥尽鲁阳戈

王德钟《十九岁述怀》诗之六："匡时挥尽鲁阳戈，天意如斯奈若何！"

挥落日戈

明刘基《次韵和石末公悲红树》之一："何自能挥落日戈，时衰宁复感山河。"

挥日

唐李商隐《寄太原卢司空三十韵》:"酣战仍挥日,降妖亦斗霆。"

挥日戈

宋范成大《春日览镜有感》:"但淬割愁剑,何须挥日戈。"

挥日阳戈

指鲁阳之戈。借指回天之力。明张景《飞丸记·盟寻泉石》:"总然借挥日阳戈,难挽西飞箭。"

挥戈能退日

朱德《赠友人》:"自信挥戈能退日,河山依旧战旗红。""退日"一语双关。

挥戈正

谓使偏斜的太阳回到正午。唐董思恭《咏日》:"更也人皆仰,无待挥戈正。"

挥鲁阳戈

丁复《燕集六县校官叶仲庸池上分韵已而互相为和次韵下字》:"谁挥鲁阳戈,请驻羲和驾。"

挥驻日之雕戈

宋王溥《唐会要》卷七:"提倚天之长剑,拯望炭于游魂;挥驻日之雕戈,畅怀生于仁寿。"

回戈术

指扭转乾坤的本领。南朝宋谢灵运《豫章行》:"苟无回戈术,坐观落崦嵫。"

回日

三国魏曹植《升天行》:"愿得纡阳辔,回日使东驰。"

回日戈

指力挽危局的手段、力量。明汤显祖《紫钗记·还朝》:"你倚天剑,回日戈,一卷《阴符》万揣摩。"

回日鲁阳

柳亚子《三哀诗》之二:"填波精卫意,回日鲁阳谋。"

回日轮

清归庄《读心史七十韵》:"一夫挥长戈,力能回日轮。"

回日向三舍

同"回天倒日"。晋郭璞《游仙诗》之四:"愧无鲁阳德,回日向三舍。"

回日驭

唐李商隐《玉山》:"何处更求回日驭,此中兼有上天梯。"

回天倒日

源见"挥戈回日"。指扭转乾坤，力挽危局。形容力量极大。晋陆机《吊魏武帝文》："夫以回天倒日之力，而不能振形骸之内；济世夷难之智，而受困魏阙之下。"

回天戈

景耀月《送友人之贵州》："我无彭聃寿，焉得回天戈！"

回天却日

宋陈师道《奉陪内翰二丈》："回天却日有余力，小试席间留翰墨。"

回天挽日

清赵翼《题黄陶庵手书诗册》："回天挽日何等事，岂出区区措大手。"

鲁戈

元马麐《独酌谣》："鲁戈莫麾斥，羲车莫招摇。"

鲁戈挥

傅尃《次韵答今希》之三："宿诺尚虚吴剑挂，斜阳空付鲁戈挥。"

鲁戈挥日

明李东阳《登五显庙瑞芝亭》："鬼斧凿空通鸟道，鲁戈挥日驻云梯。"

鲁戈回日

清丘逢甲《和平里行》："鲁戈回日难中天，潮生潮落穿碑前。"

鲁人回日

南朝梁江淹《萧拜太尉扬州牧表》："徒怀汉臣伏阙之诚，竟无鲁人回日之感。"

鲁日

指太阳。南朝梁刘孝威《塘上行苦辛篇》："秦云犹变色，鲁日尚回轮。"

鲁氏挥戈

王季烈《点绛唇·题涧上草堂图》套曲："可有个鲁氏挥戈神力矫，坠虞渊日光重耀。"

鲁阳戈

指回天之力或力挽危局的手段。南朝梁萧纪《同肃长史看妓》："想君愁日暮，应羡鲁阳戈。"唐杜甫《伤春》诗之五："难分太仓粟，竟弃鲁阳戈。"

鲁阳戈转

清方文《即事》："力似鲁阳戈转日，精如邹衍笛生春。"

鲁阳挥戈

谓人力回天，力挽颓局。晋左思《吴都赋》："酣湑半，八音并，欢情留，良辰征。

鲁阳挥戈而高麾,回曜灵于太清,将转西日而再中,齐既往之精诚。"刘逵注:"此言酣饮与音乐,盖是其中半并会之际,欢情之所以留连,良辰之所以觉也。故追述鲁阳回日之意,而将转西日于中盛之时,以适己之盛观也。"

鲁阳挥日暮

明李东阳《得文敬双塔寺和章招之不至四叠韵奉答》:"我歌又竟君不来,欲效鲁阳挥日暮。"

鲁阳挥后日

喻指迟暮之年。清赵翼《晴岚以余六十枉诗称祝次韵奉答》之二:"年命鲁阳挥后日,功名邓禹笑中人。"

鲁阳麾戈

唐杨炯《浑天赋》:"鲁阳麾戈兮转西日,陶侃折翼兮登于上玄。"

鲁阳指日

清吾庐儒《京华慷慨竹枝词·电灯》:"大地茫茫日暮时,鲁阳指日日仍驰。"

落日戈

清袁枚《题史阁部遗像》诗之二:"已断长淮臂,难挥落日戈。"

落日挥戈

清杨钟羲《腊日集身云斋中赋呈》:"飘风压瓦初无怨,落日挥戈竟不回。"

却日戈

宋陆游《喜郑唐老相过》:"方挥却日戈,耻窥及肩墙。"

天戈

清丘逢甲《春感次许蕴伯大令韵》十首之四:"濛濛海气遍东西,何日天戈许再提!"

挽鲁戈

柳亚子《痛哭八首为浙事作》之六:"落日犹堪挽鲁戈,吾谋不用复如何。"

挽日挥戈

喻指为挽救国家危局而致力。吴恭亨《得君复上海书却寄二首》之一:"挽日挥戈人扰攘,看山觅句我蹉跎。"

阳戈

柳亚子《赋诗遥奠邓择生先烈》诗之二:"孽子孤臣吾未死,阳戈邓杖汝宁虚?"

驻白日

唐聂夷中《公子行》二首之一:"唯恨鲁阳死,无人驻白日。"

驻日

使太阳停留不行。多形容气魄雄伟。宋周密《齐东野语·洪君酬》:"一时声焰,真足动摇山岳,回天而驻日也。"

驻日逐戈锋

南朝梁庾肩吾《奉使北徐州参丞御》:"回天随辇道,驻日逐戈锋。"

驻景挥戈

指能使时光停留。唐李白《日出行》:"鲁阳何德,驻景挥戈。"

转日回天

形容力量大,能扭转很难挽回的局面。唐卢照邻《长安古意》诗:"别有豪华称将相,转日回天不相让。"明高明《琵琶记·官媒议婚》:"他势压朝班,威倾京国,你却与他相别。只怕他转日回天,那时须有个决裂。"

…………

由此可见,《淮南子·览冥训》中"挥戈使太阳返回"的鲁阳典故,流传之久,传播之广,影响之大,是《国语·楚语下》中"华而不实"的王孙胜(白公胜)无论如何无法比拟的,难怪《毛泽东早期文稿》的原注释误上加误了。

如此看来,《毛泽东早期文稿》的这条注释可以修改为:

> 鲁阳,应为"王孙胜",即熊胜(？—前479年),芈姓,春秋末期楚国太子熊建之子,楚平王之孙。其父熊建遭权臣费无忌陷害,出奔宋国、郑国,因欲兵变而为郑人所杀。熊胜随伍子胥逃奔吴国。楚惠王二年(前487年),楚令尹子西招其回国,封在白邑(今河南省息县东南),称为"白公胜",曾被楚国令尹沈诸梁(字子高)评为"华而不实"。白公胜欲伐郑报仇而未能,遂恨楚之君臣,于公元前479年7月带兵入郢,杀楚国大臣子西、子期,劫走楚惠王,史称"白公之乱"。后被叶公高打败,自缢而死。

附记:本文所引《国语·楚语下》,经友生刘江涛核校,特此鸣谢。

(任继昉:中南大学文学院,410083,长沙)

"韩卢逐块"的意义及结构源流考

史光辉

提要："韩卢逐块"是一条源于汉译佛经的成语，是一种比喻表达式，比喻"修行者心思不静，未能专注一境"，后引申出"因未抓住主要矛盾，而白费精力"意思。其语源可上溯至东汉，其结构定型过程经历了比喻表达式的逐渐替代，又因为中土文化的影响，使得"狂狗""狂犬"等表达被"韩獹"取代，最终于宋代定型，还形成了变体"逐块"及分化成语"逐块韩獹"。

关键词：韩卢逐块　比喻表达式　逐块　逐块韩獹

佛教善用比喻说理，"韩卢逐块"是一条源于汉译佛经的成语，是一种比喻表达式。该成语《辞源》《辞海》及刘洁修《汉语成语源流大辞典》等大型辞书均未收，《汉语大词典》收录"韩卢逐块"这一成语，释义为："古代骏犬韩卢追逐土块。比喻白费力气，徒耗精神。"书证引宋道原《景德传灯录·王敬初常侍》："供养主才坐，问云：'昨日米和尚有什么言句，便不得见？'王公曰：'师子龁人，韩獹逐块。'米师窃闻此语，即省前谬。"[1]今案，《汉语大词典》"韩卢逐块"条释义和书证均存在一定的问题。

《汉语大词典》是所引书证未及其源，其所引为成语定型式的书证。其实汉代译经早已有此成语的比喻表达式，高列过将该成语之语源追溯至东汉支娄迦谶所译《佛说遗日摩尼宝经》，是。该成语之意义，她释为"比喻不抓本质、要害，只关注表面的、非本质的方面"。与《汉语大词典》"古代骏犬韩卢追逐土块。比喻白费力气，徒耗精神"解释稍异。[2]"白费力气，徒耗精神"往往是因为没有抓住要害、本质，此解释强调"不抓本质，只关注表面"这一用法，比辞书解释进了一步，该成语的佛教意义和结构流变，还值得进一步探讨。

一　"韩卢逐块"的意义

战国时期韩国黑色良犬名"韩卢"，早在《战国策》中已这样称呼。如：西汉刘向

《战国策·秦策三》:"以秦卒之勇,车骑之多,以当诸侯,譬若驰韩卢而逐蹇兔也。"鲍彪注:"韩卢,俊犬名。《博物志》:'韩有黑犬,名卢。'"或称"韩子卢",如:西汉刘向《战国策·齐策三》:"韩子卢者,天下之壮犬也。"后又称"韩獹"。如:《广雅·释兽》:"韩獹。"王念孙疏证:"《初学记》引《字林》云:獹,韩良犬也……獹,通作卢。"上古称黑为卢,汉语中有很多从"卢"得声的字有黑义。黑眼珠叫"矑",黑色的鱼鹰叫"鸬",泸水黑,故亦曰"泸"。[1]P163用来形容犬之黑的最初字亦当是"卢",后专为此义造了一个分化字,即在本表黑色义的"卢"字上加一犬旁而成"獹",故"韩卢"亦作"韩獹",[3]指称良犬。如:

宋辛弃疾《满江红·和廓之雪》词:"记少年,骏马走韩卢,掀东郭。"
明梁辰鱼《浣纱记·问疾》:"怜你依林越鸟,走险韩卢,喘乳吴牛。"

"韩卢"比"韩獹"更通行。经检索中国古籍基本数据库,中土文献未见"韩獹逐块"的用例,"韩卢逐块"在中土文献凡三见,为:明王元翰《王谏议全集·谒普贤大士》、清陈世英《丹霞山志·卷五·乘拂》、清汪缙《汪子文录·卷六·书问二·与彭允初五》,均与佛教有关。其余均用在佛教文献中,可见该成语佛教渊源。

佛教主张修行须专注一境,不受外界世俗牵累,否则就难以达到修行的目的,不能求得"正果"。在说理时常以各种比喻来形容不能专注一境、克服外界诱惑会导致不好结果,以此劝诫佛门弟子要专注一境,要抵御外界各种诱惑,不为尘世牵累,常用"心猿""意马""出污泥而不染"等语来喻要心静,"韩卢逐块"之喻也正如此。如:

后汉支娄迦谶译《佛说遗日摩尼宝经》卷1:"佛语迦叶言:'自求身事莫忧外事,后当来世比丘辈,譬如持块掷狗,狗但逐块不逐人。当来比丘亦尔,欲于山中空闲之处,常欲得安隐快乐,不肯内自观身也。'"(12,192b)又卷1:"佛语迦叶言:'比丘如狗逐块,人骂亦复骂之,人挝亦复挝之。不制心者亦如是,譬如调马师,马有跳踯者,当数数教之,久后调好。'"(12,192b)

"欲于山中空闲之处,常欲得安隐快乐"义即心不静,未能专注一境,而贪图安逸享乐。"不制心者亦如是",表意更明,"制心"即使心静,后又以"调马"之喻,其义自明。这些比喻表达正是佛教用来劝诫佛门弟子在修行时要"专注一境",不要被外物所迷惑和牵累,体现了佛教文化自身的特点。后世译经或撰经亦常用此义。如:

刘宋沮渠京声译《治禅病秘要法》卷1:"犹如狂狗,见人见木,乃至鸟兽,随逐啮之。"(15,336c)

隋智顗《四念处》卷2:"其心浮逸,如犬逐块。"(46,564a)

"见人见木,乃至鸟兽,随逐啮之",即心不静,未能专注于修道。"其心浮逸,如犬逐块",其义更明。

该成语之定型式也见此义。如:

明德清《观楞伽经记》卷4:"处处贪着,如韩卢逐块。"(17,387b)

清陈世英《丹霞山志·秉附》:"历代祖师、天下老和尚各立门庭,互相施设。总是无风匝匝之波,引得大地儿孙尽属韩卢逐块。"

修行之众生贪着于名利等"外境",如"韩卢逐块"一样。

我们认为,"韩卢逐块"本喻"不能专注一境,常常被外物所牵累"。在此义的基础之上,引申出"因未找准方向或未抓住本质,徒伤精神"。

佛教文献中,在说理时前后反复说明,意义更为明确。如:

隋灌顶《观心论疏》卷2:"亦如治塘不塞其穴,漏终不断。亦如痴狗逐块,不知逐人,块终不息。"(46,597a)

唐宗密《圆觉经大疏》卷3:"唯观于果,不观于因。如狗逐块,不逐于人。"(09,403b)

唐道世《法苑珠林》卷79:"迷圣道者,不知理道从自心生,唯常苦身以求解脱,如犬逐块,不知寻本。"(53,871b)

上引诸例中"不知逐人""不逐于人""不知寻本",均指未抓住本质。又:

明瞿汝稷《指月录》卷13:"公曰:师子龁人,韩卢逐块。米闻此语,即省前缪。"(83,549a)

狮子因肚子饿的缘故才咬人,人作为其美食,能够解决狮子肚子饿的问题,因此,狮子咬人是抓住本质,韩卢逐块则与此相反。

二 "韩卢逐块"结构的形成过程

(一)"韩卢逐块"的比喻表达式

汉译佛经中经常见到"如狗逐块""狂狗逐块""痴狗逐块"等,这些就是"韩卢逐块"在定型以前的众多比喻表达式。如:

如狗逐块

后汉支娄迦谶译《佛说遗日摩尼宝经》卷1:"佛语迦叶言:比丘如狗逐块,人骂亦复骂之,人挝亦复挝之。"(12,192b)

宋延寿集《宗镜录》卷40:"如狗逐块,岂达自宗。"(48,652a)

如犬逐块

　　后魏菩提流支译《大宝积经论》卷4:"迦叶,有当来比丘如犬逐块者,是中向外道如犬者。"(26,224b)

　　后魏菩提流支译《大宝积经论》卷4:"或余处念见贪等,随逐如犬逐土块,以块打故唯逐块。"(26,225a)

痴狗逐块

　　隋灌顶《观心论疏》卷2:"亦如治塘不塞其穴,漏终不断,亦如痴狗逐块,不知逐人块终不息。"(46,597a)

痴犬逐块

　　宋延寿集《宗镜录》卷9:"言语从觉观生,心虑不息,语何由绝?如痴犬逐块,徒自疲劳,块终不绝。"(48,462a)

狂狗趁块

　　唐慧海撰《诸方门人参问语录》卷1:"又问曰:'夫经律论是佛语,读诵依教奉行,何故不见性?'师曰:'如狂狗趁块,师子咬人。经律论是自性用,读诵者是性法。'"(63,25a)

狂狗逐块

　　宋正受编《嘉泰普灯录》卷27:"狂狗逐块,瞎驴趁队,只许我知,不许你会。"(79,465b)

憨狗逐块

　　宋集成等编《宏智禅师广录》卷4:"只知憨狗怒逐块,谁见死蛇惊出草。着眼家林里许看,不萌枝上春阳早。"(48,35c)

如犬趁块

　　宋文智编《荐福承古禅师语录》卷1:"或云:'驴拣湿处尿。'或云:'春草绿蒙蒙,将上祖门风。却称提言教以为极则。'谓之轻心重教,弃本逐末,如犬趁块。"(73,47b)

上举比喻表达式,从东汉到了宋代一直并用,佛典中以使用"如狗逐块""如犬逐块"为多,"如狗逐块""如犬逐块""狂狗逐块"等均可看作"韩卢(獹)逐块"的变体成语,只是"韩卢(獹)逐块"出现以后,比喻表达式逐渐趋于稳定和统一,使用变体的情况减少了。

(二)"韩獹"与"如狗""如犬""狂狗"等的替换

佛教善于对比说理,经常将能专注一境、抓住本质的"狮子咬人"和心不能定、不能抓住本质的"狂狗逐块""如犬逐块"等进行正反对比。如：

隋智顗《妙法莲华经玄义》卷2："如痴犬逐块,徒自疲劳,块终不绝。若能妙悟寰中,息觉观风,心水澄清,言思皆绝,如黠师子放块逐人,块本既除,块则绝矣。"(33,697a)

宋善卿《祖庭事苑》卷8："大般若论云：有掷块于犬,犬逐块也,块终不止。有掷于师子,师子逐人,其块自止。"(64,429a)

"狮子"是一个双音节名词,"如犬""如狗""狂狗"等则是一个短语,从语言表达和结构上不相契和,而"韩獹"是一个双音节名词,正好与"狮子"相对。"韩獹"又是古语词,与"狂狗""痴狗"等相比,不那么直白浅俗,更符合汉语表述典雅含蓄的特点。因此,宋以后"韩卢逐块"便盛行开来,并常与"狮子咬人"相对举。如：

宋蕴闻《大慧普觉禅师语录》卷10："师子咬人,韩獹逐块。"(47,851c)

明通容集《五灯严统》卷22："山即颂曰：云门捏怪,不堪自败,狮子咬人,韩卢逐块。"(81,278a)

(三)"逐块"与"逐块韩獹"

高列过先生认为"韩獹逐块"亦省作"逐块"(用例极多)。[2]从文献用例来看,"逐块"指"未抓住本质,徒伤精神"的用法在唐前就已经出现,比"韩獹逐块"出现要早,宜"逐块"作为比喻表达式的约简凝固形式而非"韩獹逐块"的省略,"逐块"可看作"韩獹逐块"的变体。如：

唐裴休《黄檗山断际禅师传心法要》卷1："乃至于教法上悟,即轻心重教,遂成逐块,忘于本心。"(48,381c)

宋戒环《法华经要解》卷7："使学佛者皆如逐块之流,呵教执俗弃智绝行,直谓无修,则妙法始终复何所明,大事因缘亦几乎息矣。"(30,358b)

宋晓莹《云卧纪谭》卷1："一鏊平生专畏影,十方从此倦分身。君看逐块纷无数,孰与清源独角麟。"(86,670a)

此外,在"韩卢(獹)逐块"的基础上还形成了"逐块韩卢(獹)"这一成语,可看作"韩卢(獹)逐块"的分化成语,"韩卢(獹)逐块"是主谓式,"逐块韩卢(獹)"是定中式,其意义主要由中心语"韩卢(獹)"一词充当,凸显的是主体,指不得要领而徒劳者。如：

宋祖庆重编《拈八方珠玉集》卷3："佛海云阿呵呵,且道笑个什么？好个咬人师子,翻成逐块韩獹。"(67,681a)

明隆琦《费隐禅师语录》卷12："拈云：'两堂首座同时下喝,一个半勋,一

个八两,曾无彼此优劣。'僧问:'还有宾主也无?''逐块韩卢。'"(26,172a)

明真哲说、传我等编《古雪哲禅师语录》卷13:"宗旨分明为举扬,箭锋相直岂寻常。可怜逐块韩卢子,犹把虚空较短长。"(28,372a)

清集云堂编《宗鉴法林》卷35:"云汉满云:'忍俊不禁,逐块韩獹。作个撇脱,霜上加雪。'"(66,491a)

清净挺《阅经十二种》卷6:"岂得尽指菩提妙心,逐块韩卢,触途成滞。"(37,765a)

清李世熊《寒支集·初集·卷十·题永嘉集略注》:"若有出林狮子,岂甘逐块韩卢。"

参考文献

[1] 罗竹风主编.汉语大词典[Z].汉语大词典出版社,1986—1993.
[2] 高列过."韩卢逐块"辨正[J].宗教学研究,2006(03).
[3] 蒋绍愚.古汉语词汇纲要[M].商务印书馆,2005:163.

(史光辉:贵州师范大学文学院,550001,贵阳)

《史记》修订本志疑十则

王华宝

提要：中华书局版《史记》修订本于2013年9月推出，对原点校本分段进行优化、调整，改正破读之处，统一标点体例，纠正讹脱衍倒。共改标点符号约6000处，新增校勘记近4000条，恢复了被原底本删削的唐代司马贞《史记索隐》中的《补史记序》《补史记条例》和《三皇本纪》等。修订本学术质量有了显著的提高，但在校勘、标点方面也有可商之处，这里举出十例，分类加以讨论。

关键词：《史记》 修订本 校勘 标点 商榷

中华书局版《史记》修订本于2013年9月推出精装本，2014年8月推出平装本。修订本对原点校本分段进行优化、调整，改正破读之处，统一标点体例，纠正讹脱衍倒。共改标点符号约6000处，精装本新增校勘记3400余条，处理文字约3700字，改正点校本排印错误300多处，并且恢复了被原底本删削的唐代司马贞《史记索隐》中的《补史记序》《补史记条例》和《三皇本纪》等。平装本又做了部分改动，特别是《周本纪》增补了数十条校勘记。我们一方面充分肯定点校本的开创之功，另一方面也充分肯定修订本的学术质量有了显著的提高。

正如《史记》审订专家王继如教授所说"校点古书，是极其困难的事。漏校误点，要说一点都没有，是谁都难做到的"，武修成教授也指出修订本"校勘还留有可商榷之处也是在所难免"，并提出了少量可商之处。① 笔者再举出十例存疑，并分类探讨。

因点校本有明显的校改符号，故引文悉以点校本1985年10月第2版第9次印刷本为主，参见修订本2014年8月第1版第1次印刷本，同时括注页码，以便检核。

---

* 本文为教育部人文社科基金项目"《史记》金陵书局本与点校本校勘研究"（13YJA770032）、江苏省社科基金重点项目《〈史记〉异文的类型特点与价值研究》（14YYA002）阶段性成果。

① 参见"《史记》研究的新平台"，《中华读书报》，2013年11月27日第9版。

一　对点校本的修改或可再商

例一　《礼书》《正义》："楚昭王徙都鄀，(庄蹻王滇)楚襄王徙都陈，楚考烈王徙都寿春，咸被秦逼，乃四分也。然昭王虽在庄蹻之前，故荀卿兼言之也。"(点1165，修1380)

按：清张文虎《校勘史记集解索隐正义札记》(以下简称《札记》)："警云四字复文，疑误衍。"点校本据钱泰吉说删。修订本恢复了四字，校记【九】说"张校误，'战国楚威王时，庄蹻王滇'云云，乃引《括地志》文；'楚昭王徙都鄀'以下，为张守节按语，释正文'庄蹻起，楚分而为四'，若不列庄蹻，则与'楚分而为四'不合"(1368页)。笔者认为，没有新的资料就恢复四字的做法似可商。《史记》正文"楚分而为四参"，修订本出校记【八】"'四参'，《荀子·议兵》作'三四'"，并不坚信"楚分而为四"之说；"庄蹻"是楚威王将，《议兵》中称为"世俗之所谓善用兵者"之一，曾率兵夺取巴蜀黔中，西至滇池，不宜阑入"楚昭王徙都鄀，楚襄王徙都陈，楚考烈王徙都寿春"之中；即便紧扣"四分"之说，张守节下句有"然昭王虽在庄蹻之前，故荀卿兼言之也"的"兼言"说，故无此四字，文义仍通。

例二　《礼书》《索隐》："礼始于脱略，终于税，税亦杀也，杀与脱略，是始终相应也。"(点1171，修1382)

按：始终，修订本校改为"终始"，校记【二三】说："据《索隐》本改。按：作'终始'，与正文合。《荀子·礼论》杨倞注引司马贞说亦作'终始'。"然此处《索隐》先释"始"，后释"终"，"始终"一词未必误，且除单《索隐》本外诸本多作"始终"。故此类异文，出校存疑最为可取，有倾向性意见亦可，最好不改字。

例三　《历书》《正义》："大余五十四者，第岁除小月六日，则成三百五十四日，除五甲三百日，犹余五十四日，为未满六十日，故称'大余五十四'也。"(点1264，修1504)

按：张文虎《札记》出"大余五十四者"，云："'者'原误'日'，吴校改。"作为点校本底本的金陵书局本已作"者"字，故点校本无改动。修订本出校记【一三】"大余五十四者"条："'者'原作'日'，据黄本、彭本、殿本改。按：'大余五十四者'与下'小余三百四十八者'相对。"当属误读《札记》，又未细核局本，致以不误为误，再出校，误甚。

例四　《天官书》《正义》："舆鬼四星，主祠事，天目也，主视明察奸谋。"(点1302，修1548)

按：张文虎《札记》与点校本无校改。修订本将"四星"改为"五星"，出校记

【三〇】:"据殿本及《集解》改。"此改可疑。理由如下:一,《集解》引晋灼曰:"舆鬼五星,其中白者为质。"是总说。《正义》此处是分说,参下文"东北星主积马,东南星主积兵,西南星主积布帛,西北星主积金玉,随其变占之。中一星为积尸,一名质,主丧死祠祀",可知是将"四星"与"中一星"分开来谈的,"四星""主视明察奸谋","中一星""主丧死祠祀"。二,前文"其西曲星曰钺"下《正义》,也有"舆鬼四星,一星为质"的用法(参见修订本1548页第4行),修订本未作订正。三,殿本是两处都做了改动,体现了它的一致性,然未必可取。笔者认为,此类异文,交待殿本两处作"五星"即可,不必改字。

二 改动造成与局本差别较大

例五 《礼书》《索隐》:"县一钟尚拊隔。隔,悬钟格。拊音抚。〔拊〕隔,不击其钟而拊其格,不取其声,亦质也。"(点1170,修1377)

按:张文虎《札记》:"'隔'上疑脱'拊'字。"点校本据此补字。修订本将"隔,悬钟格。拊音抚隔"8个字,替换为"县音悬。拊音抚。膈音格。膈,悬钟格也"14个字,校记【一九】说"据耿本、黄本、彭本、柯本、凌本、殿本补改"。实际上,《索隐》的"抚隔",与正文"抚膈(《荀子·礼论》同)"形成异文关系,均为古乐器名。"拊音抚隔"是以"抚隔"为"拊"注音的一种方式,指"拊"与"抚"音同,义自可通,不烦补字。点校本因误信张文虎之说,又未明古代注音方式而补一字;修订本大量补改,义虽可通,但明显属于以他本改局本,忽视了局本与诸本差异较大这一基本事实。

例六 《礼书》《索隐》:"大瑟而练朱其弦,又通其下孔,使声浊且迟,上质而贵本,不取其声文。"(点1170,修1386)

按:修订本改"文"作"又",属下读,校记【二二】说"据耿本、黄本、彭本、柯本、凌本改"。改"又"字于文义似顺。而殿本与局本等作"文",似亦通。"声文"为一词,指声调。不取其声文,即不取其声调,"上质""贵本",可以不成调,与《荀子·礼论》"三年之丧,哭之不文"义近。此类版本异文,无其他坚实依据,出校不改,可能更为稳妥。

例七 《天官书》《索隐》:"又马融注《尚书》云'七政者,北斗七星,各有所主:第一曰正日;第二曰主月法;第三曰命火,谓荧惑也;第四曰煞土,谓填星也;第五曰伐水,谓辰星也;第六曰危木,谓岁星也;第七曰剽金,谓太白也。日、月、五星各异,故曰七政也'。"(点1292,修1542)

按:"第一曰正日;第二曰主月法",张文虎《札记》云:"各本并作'第一曰主日法天,第二曰主月法地',与单本异。案:《晋志》引石氏云'第一正星,二曰法星',又'一主天,二主地',疑此注有脱字。"又云:"此以下五'谓'字皆不可通,疑'法'字之误。下文《集解》引孟康曰'传曰斗第七星法太白',又曰'斗第一星法于日'是其证也。"点校本未作改动,修订本据耿本、黄本、彭本、柯本、凌本、殿本改补为"第一曰主日法天,第二曰主月法地",即改"正日"为"主日",补"法天""地"字。修订本所用六本,与《札记》"各本"之意近,而这种改动,与张文虎取单《索隐》本的用意正好相反。这类情况,笔者认为出校不改,更为稳妥。

三 异文宜出校而未出

例八 《袁盎晁错列传》:"盎曰:'臣闻千金之子坐不垂堂,百金之子不骑衡,圣主不乘危而徼幸。'"(点2740,修3300)

按:张文虎《札记》:"《志疑》云:'《水经注》十九引作"立不依衡",依上"坐不垂堂"句,似失"立"字。'案:《汉书》'坐'字'立'字皆无。"本文"坐不垂堂"与"不骑衡"不对称,似宜皆无"坐""立"二字,或参上"坐"字补"立"字,上下句式统一。李人鉴《太史公书校读记》据《太平御览》卷五三与《水经·渭水注》引此文均有"立"字,认为脱"立"字。① 亦为一说。

对此类异文如何处理,吴金华先生认为:"是不是一定要根据后出的《汉书》无'坐'字而删《史记》之'坐'? 不一定;同样,是不是一定要根据后出的《御览》有'立'字而补《史记》之'立'? 当然也不一定。古代的俗语是'家累千金,坐不垂堂',《汉书》说'千金之子不垂堂,百金之子不骑衡',不会因为没有'坐''立'二字而引发误解。在现有条件下,《史记》的原文是什么样子,还难以推定,所以,到底是应删'坐',还是应增'立',眼下还难于锁定。既然难以锁定,当然只宜采取出校记而不改字的方式。"修订本对此"坐不垂堂"与"不骑衡"明显不对称、史有异文、今人多有讨论之处未出校记,似乎可商。

四 标点可商之处

例九 《平津侯主父列传》:"故兵法曰'兴师十万,日费千金'。"(点2955,修3555)

按:"兵法",此处指《孙子兵法》。中国古代的军事名著,春秋末年孙武著。引

---

① 李人鉴《太史公书校读记》,甘肃人民出版社,1998年,第1366页。

文见于该书《用间》,原文为"凡兴师十万,出征千里,百姓之费,公家之奉,日费千金"。可知"兵法"非泛称,宜加书名号。

五　存在的排印问题

点校本存在一定数量的排印讹误,笔者《〈史记〉校勘研究》[①]多有揭示,修订本多数已改正,但仍有少量未改。下举数例。

例十　《吴太伯世家》《索隐》:"《左传》曰:'楚公子围将聘于郑,未出竟,闻王有疾而还。入问王疾,缢而杀之,孙卿曰:以冠缨绞之。遂杀其子幕及平夏。'"(点1460,修1756)

按:三家注中有许多引文中夹注,点校本通常将夹注排为小字,以示区别,但有部分遗漏。如下文"杜预曰:州于,吴子僚也",原误为大字,今改为小字。此处《左传》事,见昭公元年,"孙卿曰:以冠缨绞之"8字,属于注文,非《左传》正文。故此8字属误排,当改为小字。

此外,文中疑为排印问题或技术处理问题的还有一些,如《秦楚之际月表》《索隐》:"赵歇前为赵王已二十六月,今徙王代之二月,故云二十七月。"徙,局本作"从",疑排印之误。《廉颇蔺相如列传》:"赵括既代廉颇,悉更约束,易置军史。"(点2447,修2952)军史,局本作"军吏"。点校本第一版作"吏",不误;第二版作"史",当系排印之误。《史记点校后记》所引《高祖本纪》"忽闻汉军之楚歌",《高祖本纪》原文"忽"作"卒",亦属排印之误。《主要参考文献》中"《史记》一百三十卷,《中华再造善本》影印中国国家图书馆藏南宋淳熙三年张杅桐川郡斋刻八年耿秉重修本"(4080页),即《修订凡例》中所指通校本的第一种"耿本"(第2页),耿本为二家注本,此处当与《修订凡例》一致,改正为"《史记集解索隐》一百三十卷"。

(王华宝:东南大学人文学院,211197,南京)

---

① 花木兰文化出版社,2013年。

儒藏本《群经平议》点校商补

王其和

提要：儒藏本《群经平议》是目前国内第一部整理点校本，但在校勘和标点方面存在诸多值得商榷之处。本文在《儒藏本〈群经平议〉点校商兑》的基础上，进一步从校勘和标点两个方面对儒藏本《群经平议》加以辨正，其中校勘方面十三条，标点方面二十三条，以正于方家。

关键词：儒藏本《群经平议》　校勘　标点　辨正

《群经平议》是晚清训诂学家俞樾（字荫甫）的代表作之一。儒藏本《群经平议》(《儒藏》精华编第 102 册，北京大学出版社，2014 年，以下简称"儒藏本"）是目前国内第一部点校本，此书的整理出版为研究俞樾的训诂学、经学思想提供了很大便利。但我们发现，儒藏本在校勘和标点方面存在诸多值得商榷之处，笔者曾撰《儒藏本〈群经平议〉点校商兑》一文（发表于《中国经学》，2015 年）对其中的四十三则点校问题加以辨正。因受篇幅所限，拙文对儒藏本的其他一些点校问题未能涉及。今加以整理辨正，以正于方家。

一　校勘方面

据儒藏本《群经平议·点校说明》，儒藏本所用底本为《续修四库全书》影印的光绪二十五年《春在堂全书》本，校本为南菁书院所刻《皇清经解续编》本。在校勘方面，儒藏本存在诸多当校而未校之处。如：

(1) 匪其彭，无咎。《大有》九五　　（《周易平议》"匪其彭"条，23 页）①

按：儒藏本无校。据阮元刻注疏本《周易正义》，"匪其彭，无咎"出自《周易·大

---

* 本文系全国高校古籍整理研究工作委员会重点项目"《俞樾全集》整理点校(1352)"、教育部人文社科研究青年基金项目(12YJC740103)、山东省社科规划研究青年项目(11DWXJ05)、山东省高等学校人文社科研究项目(J11WD22)成果之一。

① 括号内数字为儒藏本的页码。

有》九四①,《周易平议》"四"误作"五",当校之。

（2）患至掇也。《讼》九三 （《周易平议》"患至掇也"条,47页）

按：儒藏本无校。据阮元刻注疏本《周易正义》,"患至掇也"出自《周易·讼》九二②,《周易平议》"二"误作"三",当校之。

（3）枚传曰："众庶皆明其教令,而自勉励,翼戴上命。"（《尚书平议》"庶明厉翼"条,77页）

按：儒藏本无校。"众庶皆明其教令",阮元刻注疏本《尚书正义》③、四库本《尚书注疏》枚传均无"令"字,当出校记。

（4）《后汉书·文苑传》杜笃《论都赋》曰："盘庚去奢,行俭于亳。"李贤注引《帝王世纪》曰："盘庚以耿在河北,迫近山川,自祖辛以来,奢淫不绝,盘庚乃南渡,徙都于亳。"（《尚书平议》"盘庚迁于殷,民不适有居"条,92页）

按：儒藏本无校。"盘庚乃南渡",四库本《后汉书》及中华书局《后汉书》李贤注"渡"作"度"④,"度"下均有"河"字,《群经平议》脱此字,当出校记。

（5）我其发出狂？我家耄逊于荒？今尔无指告,予颠隮,若之何其？（《尚书平议》,112页）

按：儒藏本无校。此文出自《尚书·微子》篇。"我家",阮元刻注疏本《尚书正义》⑤、四库本《尚书注疏》均作"吾家",《清经解续编》本亦作"吾家"⑥,当据以订正。

（6）焦氏《易林·蛊卦》云："下泉苞粮,十年无王,荀伯遇时,忧念周京。"（《毛诗平议》"四国有王"条,244页）

按：儒藏本无校。今检四库本《焦氏易林》,"下泉苞粮"句出自"姤卦",而非"蛊卦",当据以订正。

（7）《史记·匈奴传》韩王信降匈奴,因引兵南踰句注,攻太原,至晋阳下。（《毛诗平议》"侵镐及方",256页）

按：儒藏本出校记云："'王'原脱,今据《史记》补。"当是。但今检《史记·匈奴列传》,"因引兵南踰句注"上有"匈奴得信"四字⑦,俞樾漏引。若无此四字,则"因

---

① 阮元:《十三经注疏·周易正义》,上海古籍出版社,1997年,第30页。
② 同上,第24页。
③ 阮元:《十三经注疏·尚书正义》,上海古籍出版社,1997年,第138页。
④ 《后汉书》,中华书局,1965年,第2596页。
⑤ 阮元:《十三经注疏·尚书正义》,上海古籍出版社,1997年,第177页。
⑥ 王先谦:《清经解续编》卷一三六五,上海书店,1988年,第1047页。
⑦ 《史记》,中华书局,1982年,第2894页。

引兵南踰句注"的主语变为"韩王信",与原文不合。因此当据《史记·匈奴列传》在"因引兵"上补"匈奴得信"四字。

(8)《周语》曰:"天子大采朝日,与三公九卿,祖识地德,日中考政,与百官之政事。师尹维旅牧相,宣序民事。"(《周官平议》"一曰牧,以地得民。二曰长,以贵得民"条,316页)

按:儒藏本无校。今检《国语》,"天子大采朝日"句出自《国语·鲁语下》①,"周"为"鲁"字之误,当加以校正。

(9)《既夕》篇曰"祝入尸谡",注曰:"祝入而无事,尸则知起矣。"(《仪礼平议》"尸谡祝前"条,432页)

按:儒藏本无校。此文《清经解续编》本亦作"既夕"。然检阮元刻注疏本《仪礼注疏·既夕》篇无"祝入尸谡"之文,此文出自《士虞礼》篇②,俞樾引文出处有误,当予以校正。

(10)王氏引之曰:"'氏产青阳'之氏读为是,古书是字多作氏,说见惠氏《仪礼古义》。后几'氏产'二字相连者放此。"(《大戴礼记平议》"黄帝娶于西陵氏之子,谓之嫘祖氏,产青阳及昌意"条,462页)

按:儒藏本无校。"后几"二字难解。"几",《清经解续编》本③、王引之《经义述闻》④俱作"凡","凡"字当是。《续修四库全书》本因"凡""几"字形相似而误,当予以订正。

(11)正义曰:"此经因昏礼为诸礼之本,遂广明礼之始终。始则在于冠昏,终则重于丧祭,其间有朝聘、乡射,是礼之大体之事也。"然则礼之大礼所包者广,若敬慎重正而后亲之即为礼之大体,则与正义所说不合矣。(《礼记平议》"敬慎重正后亲之,礼之大体而所以成男女之别,而立夫妇之义也"条,583页)

按:儒藏本无校。然"礼之大礼"义不可通。经文及正义俱言"礼之大体",不言"礼之大礼","礼"当为"体"字之误。俞樾承接正义言"然则礼之大体所包者广",正与上下文相合。"体(體)""礼(禮)"繁体字形相似,因而致误。《清经解续编》本正

---

① 《国语》,上海古籍出版社,1988年,第205页。
② 阮元:《十三经注疏·仪礼注疏》,上海古籍出版社,1997年,第1170页。
③ 王先谦:《清经解续编》卷一三七九,上海书店,1988年,第1128页。
④ 王引之:《经义述闻》卷十二,江苏古籍出版社,2000年,第293页。

作"体"①,不作"礼",当据以订正。

(12) 阮《校勘记》曰:"淳熙本'溢'误'益'。"(《春秋左传平议》"道殣相望,而女富溢尤"条,691页)

按:儒藏本无校。据《群经平议》全书文例,凡涉及阮元《校勘记》之处,或曰"阮元《校勘记》",或曰"阮氏《校勘记》",无作"阮《校勘记》"者。《清经解续编》本此条正作"阮元《校勘记》"②,应据全书文例及《清经解续编》本补"元"字。

(13) 淮、汦是韵,无烦改读为潍,诚如孔氏之说矣。至坻为山名,古籍无征。(《春秋左传平议》"有酒如淮,有肉如坻"条,698页)

按:儒藏本无校。然"汦"字不知所出。"汦"当为"坻",经文及俞樾此条下文只作"坻",不作"汦",盖因字形相似而误。《春在堂全书·校勘记》亦云"汦"当为"坻"③,当据以订正。

二 标点方面

(一) 引文标点不当

俞樾在《群经平议》中引用了大量的古籍文献数据对群经进行校勘或释义。在点校时,点校者应要尽量核查原书或参考已有整理本,弄清楚所引内容的起止部分,避免发生加错引号的情况。儒藏本出现了较多引文标点使用不当的情况,主要分为三个方面:一是非引文内容而误加引号;二是本为引文内容而漏加引号;三是俞樾引文时选取古代文献原文不同章节的内容,而点校者只用一个引号。其中第一种的情况最为常见。这主要是由于点校者未加认真核对原书,不明所引内容起讫,以己意标点所致。如:

(1)"六位时成",犹《诗》云"百禄是遒,百禄是总"也。(《周易平议》"六位时成,时乘六龙以御天"条,43页)

按:《平议》所引《诗》之文,出自《诗经·商颂·长发》。《长发》共七章,"百禄是遒"在第四章:"受小球大球,为下国缀旒。何天之休?不竞不絿,不刚不柔。敷政优优,百禄是遒。""百禄是总"在第五章:"受小共大共,为下国骏厖。何天之龙?敷奏其勇。不震不动,不戁不竦,百禄是总。"两句分属两章,非一章中连续两句,因此不当用一个引号,否则容易引起读者误解。原文当标点为:"六位时成",犹《诗》云

---

① 王先谦:《清经解续编》卷一三八三,上海书店,1988年,第1156页。
② 王先谦:《清经解续编》卷一三八八,上海书店,1988年,第1180页。
③ 《春在堂全书·校勘记》,凤凰出版社,2010年,第691页。

"百禄是遒""百禄是总"也。

(2)《微子》篇"卿士师师非度",《梓材》篇"我有师师",《司徒》、《司马》、《司空》、亚旅凡言师师,皆众也。(《尚书平议》"百僚师师"条,79页)

按:此条俞樾引《尚书·微子》《梓材》二篇以证"师师"之义。《梓材》篇原文为"汝若恒,越曰:'我有师师。'司徒、司马、司空、亚①旅曰:'予罔厉杀人。'"②。据此,"司徒、司马、司空、亚旅"皆为《梓材》原文,当放入引号之内。"凡言师师,皆众也"乃俞樾之语。点校者不明乎此,误以"司徒、司马、司空"为篇名,故加书名号,而"亚旅"属下读。然"亚旅凡言师师",义不可通。原文当标点为:《微子》篇"卿士师师非度",《梓材》篇"我有师师,司徒、司马、司空、亚旅",凡言师师,皆众也。

(3)《史记·司马相如传》"阜陵别岛",正义曰:"水中山曰岛,字亦作隯。"《文选·西京赋》"长风激于别隯",注曰:"水中之洲曰隯,音祷。"(《尚书平议》"阳鸟攸居"条,85页)

按:《史记正义》原文为:"高平曰陆,大陆曰阜,大阜曰陵,水中山曰岛。"③"字亦作隯"非《史记正义》之文,不当在引号内。此四字当是俞樾之言,故下文引《文选·西京赋》之例证明"岛"亦作"隯"。除此例外,类似的标点错误还有多处,如《尚书平议》"承女俾女"条(101页):《说文·人部》:"俾,益也,字亦作朇。"《會部》曰:"朇,益也,又通作埤。"《广雅·释诂》曰:"埤,益也。"又如《春秋公羊传平议》"子揖师而行"条(597页):《王莽传》"大众方辑",师古注曰:"辑与集字同,字又作'楫'。"在这两条中,"字亦作朇""又通作埤""字又作'楫'"皆为俞樾之言,不当在引号内。此由点校者不明《群经平议》之文例而致标点失误。

(4)"四隩既宅",即《尧典》所谓"宅嵎夷,宅南交,宅西,宅朔方"者也。(《尚书平议》"四隩既宅"条,87页)

按:《尚书·尧典》原文为:"分命羲仲,宅嵎夷,曰旸谷。寅宾出日,平秩东作。日中,星鸟,以殷仲春。厥民析,鸟兽孳尾。申命羲叔,宅南交。平秩南讹,敬致。日永,星火,以正仲夏。厥民因,鸟兽希革。分命和仲,宅西,曰昧谷。寅饯纳日,平秩西成。宵中,星虚,以殷仲秋。厥民夷,鸟兽毛毨。申命和叔,宅朔方,曰幽都。"④据此,俞樾引此文并非全引,而是选取其中的几句,"宅嵎夷,宅南交,宅西,

---

① "亚",注疏本《尚书正义》、四库本《尚书注疏》均作"尹"。儒藏本未出校记。
② 阮元:《十三经注疏·尚书正义》,上海古籍出版社,1997年,第208页。
③ 《史记》,中华书局,1982年,第3023页。
④ 阮元:《十三经注疏·尚书正义》,上海古籍出版社,1997年,第119页。

宅朔方"并非相连的句子,因此不宜用一个引号。原文当标点为:"四隩既宅",即《尧典》所谓"宅嵎夷""宅南交""宅西""宅朔方"者也。

(5)《孟子·公孙丑》篇"是集义所生者",赵注曰:"集,杂也,古谓一匝为一杂。"(《周官平议》"缫藉五采五就"条,341—342页)

按:今检阮刻《孟子注疏》赵岐注此句云:"集,杂也。"①"古谓一匝为一杂"乃俞樾之言,非赵岐注文,此句不当在引号内。此句当标点为:《孟子·公孙丑》篇"是集义所生者",赵注曰:"集,杂也。"古谓一匝为一杂。

(6)《士冠礼》"宾降,主人降。宾辞,主人对",注曰"辞对之辞未闻,不知辞对之辞",即此是也。(《仪礼平议》"辞曰'非礼也敢',对曰'非礼也敢'"条,419页)

按:"不知辞对之辞"一句非郑注之文,乃俞樾之语,承上郑注"辞对之辞未闻"而言,意即郑注言"辞对之辞未闻",却不知"辞对之辞"即是《仪礼》"辞曰'非礼也敢',对曰'非礼也敢'"之文。原文当标点为:《士冠礼》"宾降,主人降。宾辞,主人对",注曰:"辞对之辞未闻。"不知辞对之辞,即此是也。

(7)《国语·晋语》秦穆公使公子絷吊公子重耳于翟,重耳再拜不稽首,此即不得有父之义也。"穆公曰:'吾与公子重耳。'重耳仁,再拜,不稽首,不没为后也",韦注曰:"没,贪也。"(《春秋公羊传平议》"父有子,子不得有父也"条,610页)

按:依儒藏本标点,穆公之语只有"吾与公子重耳"一句。今检《国语·晋语二》原文作:穆公曰:"吾与公子重耳,重耳仁。再拜不稽首,不没为后也。起而哭,爱其父也。退而不私,不没于利也。"②因此,自"重耳仁"后诸句皆为穆公之语,点校者不明乎此,故致标点不当。原文当标点为:"穆公曰:'吾与公子重耳,重耳仁。再拜,不稽首,不没为后也。'"韦注曰:"没,贪也。"

(二)当属上而误属下

点校者在标点时因不明古书体例或不解文意,将本属上文的文字误属下读,这种情况在儒藏本中较为常见。如:

(1)"宽而栗"犹宽而秩也,言宽大而条理秩然也。《尔雅·释训》曰"条,条秩。秩,智也",是其义也。(《尚书平议》"宽而栗"条,76页)

---

① 阮元:《十三经注疏·孟子注疏》,上海古籍出版社,1997年,第2685页。
② 《国语》,上海古籍出版社,1988年,第313页。

按：《尔雅·释训》被释之词多为叠音词，如"明明、斤斤，察也""穆穆、肃肃，敬也"之类。原文标点为"条，条秩。秩，智也"，文意不通，点校者因不明《尔雅·释训》之体例而致标点失误。原文当标点为：《尔雅·释训》曰"条条、秩秩，智也"，是其义也。

(2)《文选·东京赋》"降至尊以训，恭送迎拜乎三寿"，薛综注曰："三寿，三老也。言天子尊而养此三老者，以教天下之敬，故来拜迎，去拜送焉。"(《毛诗平议》"三寿作朋"条，309页)

按："降至尊以训，恭送迎拜乎三寿"，上下两句字数不等，不合赋体特点。"恭"字当属上读，即"降至尊以训恭，送迎拜乎三寿"。"恭"即"敬"之义。薛综注"以教天下之敬"，正释"以训恭"三字。点校者常见"恭送"连文，故误将"恭"字属下读。

(3)里布者，以二十五家为里，计之一里应有如干布，则知此不毛之宅应有如干布矣。屋粟者，以夫三为屋，计之一屋应出如干粟，则知此不耕之田应出如干粟矣。(《周官平议》"凡宅不毛者有里布，凡田不耕者出屋粟"条，332页)

按：里布、屋粟皆为古代税名。俞樾于此条解释"里布""屋粟"的名目含义，原文"计之"二字当属上读，即："里布者，以二十五家为里计之，一里应有如干布，则知此不毛之宅应有如干布矣。屋粟者，以夫三为屋计之，一屋应出如干粟，则知此不耕之田应出如干粟矣。"故下文俞樾又云"里布以里计，夫布以夫计"，正与此相对。

(4)孔氏广森《礼学卮言》曰："《周官·司巫》祭祀则共匰，主匰筐也。礼，丧主于虞，吉主于练。"(《礼记平议》"君里椁虞筐"条，556页)

按："主匰筐也"，文意难解。今检《周礼·春官·司巫》原文作"祭祀则共匰主"①，"主"当属上读，乃《周礼》原文，"匰，筐也"乃孔广森之语，点校者不明乎此，故致标点失误。当标点作：孔氏广森《礼学卮言》曰："《周官·司巫》'祭祀则共匰主'，匰，筐也。礼，丧主于虞，吉主于练。"

(5)《集解》曰："《传》例曰：诸侯时葬，正也。月葬，故也。日者忧危最甚，不得备礼葬也。"疏曰："时葬，正也。襄七年《传》文'月葬，故也'，隐五年《传》文'日者忧危最甚'，此《传》云'日葬，故也，危不得葬也'是也。"(《春秋榖梁传平议》"日葬，故也，危不得葬也"条，613页)

按：今检阮刻本《十三经注疏·春秋榖梁传注疏》，"月葬，故也"非襄七年《传》

---

① 阮元：《十三经注疏·周礼注疏》，上海古籍出版社，1997年，第816页。

文,而是隐五年《传》文①;"时葬,正也"属于襄七年《传》文②;"日者忧危不甚"非隐五年《传》文,而是引范宁《集解》之文③。儒藏本标点错误。原文当标点为:疏曰:"'时葬,正也',襄七年《传》文。'月葬,故也',隐五年《传》文。'日者忧危最甚',此《传》云'日葬,故也,危不得葬也',是也。"

(6)"类"之言"比类"也。《礼记·月令》曰"必比类",《国语·周语》曰"象物天地比类百",则"比类"盖古语,犹今言"比例"也。《周语》又曰"度之天神,比之地物,类之民则,方之时动",是重言之则曰比类,单言之则或曰比,或曰类。(《孟子平议》"此之谓不知类也"条,868页)

按:"象物天地比类百"文意不明。今检《国语·周语》原文作"象物天地,比类百则,仪之于民,而度之于群生"④。"则"当属上读,"百则"即各种法则之意,"象物天地,比类百则",四字为句。下文《周语》云"类之民则",亦可证"则"当上读。点校者误以"则"为连词,故属下读,不确。原文当标点为:《礼记·月令》曰"必比类",《国语·周语》曰"象物天地,比类百则","比类"盖古语,犹今言"比例"也。

(7)赵氏训嘐嘐为志大,言大是踽踽凉凉,正与相反也。(《孟子平议》"何以是嘐嘐也?言不顾行,行不顾言,则曰古之人,古之人,行何为踽踽凉凉"条,877页)

按:"言大是踽踽凉凉",文意不明。《孟子·尽心下》:"其志嘐嘐然,曰'古之人,古之人'。"赵岐注:"嘐嘐,志大言大者也。"⑤据此,"言大"当属上读,与"志大"连文。俞樾此条云"踽踽者,独也""凉凉者,薄也","独与薄皆有小义",而"嘐嘐"为"志大言大"之义,故云"正与相反也"。原文当标点为:赵氏训"嘐嘐"为"志大言大",是"踽踽凉凉",正与相反也。

(8)《释亲》曰:"来孙之子为昆。"孙注曰:"昆,后也。"(《尔雅平议》"昆,后也"条,896页)

按:"孙注"未闻何人所注。《尔雅·释亲》:"玄孙之子为来孙,来孙之子为晜孙。"⑥"孙"当属上读。"昆,后也"乃郭璞所注。原文当标点为:《释亲》曰:"来孙之子为晜孙。"注曰:"昆,后也。"

---

① 阮元:《十三经注疏·春秋穀梁传注疏》,上海古籍出版社,1997年,第2369页。
② 同上,第2426页。
③ 同上,第2368页。
④ 《国语》,上海古籍出版社,1988年,第103—104页。
⑤ 阮元:《十三经注疏·孟子注疏》,上海古籍出版社,1997年,第2779页。
⑥ 郝懿行:《尔雅义疏》,上海古籍出版社,1983年,第602页。

（三）当属下而误属上

儒藏本也有将本属下文的文字误属上读的情况，但不多见。如：

(1) 言病日臻既弥留，恐不获陈言辞兹，故审训命女也。（《尚书平议》"恐不获誓言嗣"条，162页）

按："恐不获陈言辞兹"，文意不明，"兹"当属下读。《尚书·顾命》："恐不获誓言嗣，兹予审训命汝。"俞樾认为"誓"通"矢"，乃"陈"之义，"嗣"乃为"辞"字，因此"恐不获誓言嗣"即"恐不获陈言辞"，"兹"属上读，误。"兹故审训命女也"乃释"兹予审训命汝"之文。

(2) 惟"要"之义难解，即从孔注作恶义，亦难通。"要"疑"栗"字之误。（《周书平议》"三哀：一要不赢，二丧人，三摈厥亲"条，180页）

按：《逸周书》孔晁注："哀敌人之困穷如此。要当为恶。"①即孔注认为"要"为"恶"字之误，所以俞樾说"即从孔注作恶，义亦难通"。"义"当属下读。若属上读，不但"作恶义"前无所承，也与孔注所言不合。

(3) 传曰："庭，直也。"笺云："众谷生尽，条直茂大。"（《毛诗平议》"既庭且硕"条，268页）

按："众谷生尽"与"条直茂大"不合，"尽"当属下读，即"众谷生，尽条直茂大"，正释"既庭且硕"句，故俞樾下文云："'既庭且硕'，谓百谷既生，又且硕大也。""尽"为"皆、都"之义，点校者误解为"完"之义，故属上读，不当。

(4) 《朝士职》曰"凡有责者，有判书以治则听"，注曰"判，半分而合者"，疏曰："即质剂傅别分支，合同两家，各得其一者也。"（《周官平议》"媒氏掌万民之判"条，334页）

按："合同两家"，文意不明。此文注疏皆释"判"之义，判书即古代的契约文书。疏中所提到的质剂、傅别、分支、合同都是指契约一类的东西。《周礼·天官·小宰》："七曰听卖买以质剂。"郑玄注："质剂，两书一札，同而别之，长曰质，短曰剂。傅别、质剂，皆今之券书也。"分支，据《魏书·卢同传》，北魏肃宗时，尚书左丞卢同为防窃冒军功，奏准凡立有军功者，由行台发券为证。其券当中一行大书行台、统军位号，立功人姓名，斩三首及被伤成阶以上军功，尽一行。复竖裂此行，分为二支，以便对举合勘。左右各支均载年号日月、破阵处所、某官某勋，并加盖印记为验。此二支，一给立功者，一送京存档。此即所谓分支。合同，亦指各方执以为凭

---

① 文渊阁四库全书《逸周书》卷二。

的契约、文书。清翟灏《通俗编·货财》:"今人产业买卖,多于契背上作一手大字,而于字中央破之,谓之合同文契。商贾交易,则直言合同而不言契。其制度称谓,由来俱甚古矣。"点校者不明"质剂""傅别""分支""合同"之义而致标点失误。此句当标点为:疏曰:"即质剂、傅别、分支、合同,两家各得其一者也。"

(5)《群书治要》作"执仁义而不闻此",由不知"明"字之义而臆改之,不可从也。(《大戴礼记平议》"故士执仁与义而明行之"条,455页)

按:四部丛刊本《群书治要》卷三十五作"故士执仁与义而不闻,行之未笃也"。"此"非《群书治要》之文,当属下读,即:《群书治要》作"执仁义而不闻",此由不知"明"字之义而臆改之,不可从也。

(四)当断而未断或不当断而断

儒藏本在标点时有时会出现当断而未断或不当断而断的情况,从而造成文意不明或句意错误,这也是由于点校者对于古书文例或句意理解不当而造成的。如:

(1)此诗两章并言"遵大路兮",而一入韵,一不入韵,正与彼同,但彼在末此在首为小异耳。(《毛诗平议》"遵大路兮,掺执子之手兮"条,222页)

按:"但彼在末此在首为小异耳"此句未加点断,文意不明。"彼"指的是《诗经·驺虞》《权舆》篇。俞樾云:首章"路"字入韵,次章"路"字不入韵,犹《驺虞》篇首章"虞"字入韵,次章"虞"字不入韵;《权舆》篇首章"舆"字入韵,次章"舆"字不入韵也。但一个在章首,一个在章末,这是其不同之处,所以俞樾云:"但彼在末,此在首,为小异耳。"儒藏本未加断句,致使文意不明。

(2)耆得训养者,耆犹艾也。《尔雅·释诂》曰:"耆艾,长也。"是耆与艾同义。(《春秋左传平议》"耆昧也"条,663页)

按:"耆艾"连文不当。《尔雅·释诂》:"育、孟、耆、艾、正、伯,长也。"是"耆"与"艾"皆有"长"之义,故俞樾云"耆与艾同义"。"耆艾"中间当用顿号点断,即:《尔雅·释诂》曰:"耆、艾,长也。"

(3)《广雅·释训》曰:"无、虑、都,凡也。"《汉书·食货志》曰:"天下大氐无虑皆铸金钱矣",无虑与大氐同,古人自有复语耳。(《论语平议》"虑以下人"条,804页)

按:"无、虑、都,凡也"一句标点不当,当标点为"无虑,都凡也",故俞樾下引《汉书·食货志》"天下大氐无虑皆铸金钱矣"一句为证,又云"无虑与大氐同"。王念孙《广雅疏证》"无虑,都凡"条云:"《释诂》云'都,大也,聚也',《说文》'凡,最括也',合言之则曰都凡,犹今人言大凡、诸凡也。……无虑亦大数之名。"①无虑、都凡皆为大约、总共之义。《广雅·释训》所释皆为双音词,点校者不明此例,又因《论语》"虑以下人"句中单言"虑"而致标点失误。

(王其和:山东师范大学国际教育学院,250014,济南)

---

① 王念孙:《广雅疏证》,江苏古籍出版社,1984年,第197页。

《广东新语注》匡谬

王彦坤

提要:《广东新语》是清初广州籍著名诗人、学者屈大均的一部重要笔记体著作。全书 28 卷,分天、地、山、水、神、人、事、文等 28 类,于广东、广州之天文地理、经济物产、人物风俗诸多方面均有详细记述,历来被视为研究岭南文化及广府文化之极具参考价值之文献数据。屈氏国学根基深厚,是书文辞典雅、古奥,今人要完全读懂,并非易事。1991 年,遂有广东人民出版社出版之《广东新语注》面世,然其注释望文生义、穿凿附会、不得要领、错漏百出,简直到了俯拾皆是之地步。今仿颜师古《匡谬正俗》意,择其中错漏之显著者 28 例,匡而正之,以免ความ贻误,于《广东新语》之读者或文献利用者,或有助焉。

关键词: 屈大均 《广东新语》 李育中 《广东新语注》

本文匡谬之《广东新语注》,广东人民出版社 1991 年出版,注者为李育中、邓光礼、林维纯、熊福林、陈伟俊等。下为行文方便起见,但称所注为"李注"。

1. 郁仪

卷一《天语·日》:"南楼未必齐日观,郁仪自欲朝朱明。"(P1)

李注:"郁仪:或作'郁伊'。情有不伸之貌。"(P21 注[6])

彦按:"南楼"二句为屈氏引苏轼《游罗浮山一首示儿子过》语。南楼为罗浮山一石楼名,居延祥寺之上,日观指泰山日观峰,日观峰高而南楼之海拔并不算高,即首句所谓"南楼未必齐日观"也,然皆观日出之胜地。苏诗旧注称"刘梦得有诗记罗浮夜半见日事,山不甚高而夜见日,此可异也",指此。朱明者,指罗浮山朱明洞,洞在冲虚观后,道家尊之为蓬莱第七洞天;此借代罗浮山。郁仪者,(宋)王十朋《东坡诗集注》引《黄庭内景经》"高奔日月吾上道,郁仪、结邻善相保"注:"郁仪,奔日之仙也。"甚是。此引申而指日神。所谓"郁夷自欲朝朱明"(直译:日神自欲朝罗浮),乃诗人婉言罗浮山为观日胜地之确然性而已。李注不参旧注,任凭己意,又全不顾上下文义之关联,以"郁仪"为"情有不伸之貌",误释如此,未免离谱。

2. 尾闾

卷一《天语·日》:"俯瞰牂牁之洋,大小虎门之浸,惊涛怒飓,倏忽阴晴,洲岛萦回,远山灭没,万里无际,极于尾闾,诚炎溟之巨观也。"(P2)

李注:"尾闾:水之从海水出者也。在东海之中。在百川之下曰尾,闾者聚也。"(P22注[11])又:"炎溟:指南海之水。"(P22注[12])

彦按:李注以"炎溟"为"指南海之水",不误。然又称尾闾"在东海之中",则显然无的放矢。试问:此所俯瞰牂牁之洋、虎门之浸,皆不出南海范围,虽说"万里无际",又何得见其极于"东海之中"处乎?今谓屈氏文中"尾闾",但指海水排泄之处而已。此所谓"极于尾闾",无非称其到达南海尽头(海水排泄之处自然在海之尽头),无关乎东海事。至以"水之从海水出者也"释"尾闾",尤其含混而失当。考"尾闾"之语典,本出《庄子·秋水》:"天下之水,莫大于海,万川归之,不知何时止而不盈;尾闾泄之,不知何时已而不虚。"成玄英疏:"尾闾者,泄海水之所也。"移用于此,恰到好处。今之李注所释,当生搬硬套《文选·嵇康〈养生论〉》"或益之以畎浍而泄之以尾闾"李善注文而来。李善该注引司马彪曰:"尾闾,水之从海水出者也,一名沃燋,在东大海之中。尾者,在百川之下故称尾。闾者,聚也,水聚族之处,故称闾也。"司马彪于"尾闾"之释义并不准确,从文法论,"水之从海水出者也"犹言"从海水出者之水",即指水,非指处所。李注不加辨析,盲目搬用,难逃食古不化之讥。

3. 宾日

卷一《天语·戴日》:"盖南人最事日,以日为天神之主,炎州所司命。故凡处山者,登罗浮以宾日;处海者,临扶胥以浴日。所谓戴日之人也。"(P3—4)

李注:"宾日:对日而礼宾之,敬服之。"(P22注[22])

彦按:"宾日"之语典出自《尚书·尧典》:"分命羲仲,宅嵎夷曰旸谷,寅宾出日,平秩东作。"孔传:"寅,敬。宾,导。"孔颖达疏:"令此羲仲,恭敬导引将出之日。"是"宾日"即"导引将出之日"。此"宾"为导引之义,非礼敬之意,字实通"傧",《说文·人部》:"傧,导也。"段玉裁注:"导者,导引也。"同样的用法也见于《列子·黄帝》:"宾者以告列子。"张湛注:"(宾)本作'傧',导也。"可知李注所谓"礼宾之""敬服之",是错将"宾日"之"宾",当成《尧典》"寅宾出日"之"寅"字解释了。当然,所谓"导引将出之日",不过是"迎接将出之日"之不同说法而已。

4. 河戍

卷一《天语·星》:"按《星经》,河戍六星夹东井,当南北两河,各三星。南曰南戍,主越门。北曰北戍,主胡门。"(P5)

李注:"河戍:河,天河;戍,看守。河戍是天河看守者。"(P23 注[32])

彦按:"河戍"为星官名,凡六星,分居天河之南、北,其南三星称南戍,北三星称北戍。东井即二十八宿之井宿,凡八星,居天河中(见《通志》卷三八《天文略一》),故"河戍六星夹东井",实亦夹天河。李注于"河戍",只解释得名之因由,却不说明所指何物,可谓喧宾夺主、本末倒置,从而令读者困惑迷茫。

5. 北户

卷一《天语·戴日》:"日下者,《尔雅疏》云'去中国以南,北户以北,值日之下,其处名丹穴'是也。"(P4)

李注:"北户:指南方。言在日之南,以北户向日。"(P22 注[23])

彦按:《尔雅·释地》:"觚竹、北户、西王母、日下,谓之四荒。"郭璞注:"觚竹在北,北户在南。"邢昺疏:"北户者,即日南郡是也。"是北户为地名。虽说其地居中国南方,然屈氏文中"北户以北"之北户,则只能视为具体之地名,而不可能泛指南方,否则,"北户以北"便变成"南方以北",也就是说不在南方了,从而与上文"盖南人最事日,以日为天神之主,炎州所司命。故凡处山者,登罗浮以宾日;处海者,临扶胥以浴日。所谓戴日之人也。又日之所中,在其首上,故曰戴,其地亦曰日下"云云抵牾。李注谓"北户:指南方",误。

6. 溟海

卷一《天语·老人星》:"粤尽溟海,其次居丙丁,秋分之曙,南极老人见其位。"(P7)

李注:"溟海:水黑色之海。"(P24 注[42])

彦按:粤地尽处之海,即南海。李注以"水黑色之海"释"粤尽溟海"之"溟海",既与事实不符,而且文献中也从未有称南海为水黑色之海者。考其释义,当自《庄子·逍遥游》"北冥有鱼"(唐)陆德明《音义》或《列子·汤问》"终北之北,有溟海者"(唐)殷敬顺《释文》而来,前者曰:"(北冥)本一作溟,觅经反,北海也。嵇康云:'取其溟漠无涯也。'梁简文帝云:'窅冥无极,故谓之冥。'东方朔《十洲记》云:'水黑色谓之冥海,无风洪波百丈。'"后者曰:"《十洲记》云:'水黑色谓溟海。'"陆氏以"北海"释"北冥(溟)",甚是。"溟"之"海"义,古籍常见,不烦举例,《广韵·青韵》即曰:"溟,海也。"至所引嵇康、梁简文帝、东方朔《十洲记》云,意在探求"冥(溟)"之语源义,并非释词之概念义,此古人注疏之习尚也。即就语源义言,嵇康、梁简文帝均以为"冥(溟)"得义于邈远,而东方朔《十洲记》则以为得义于色黑,也不相同。李注不释词之概念义,而独取东方朔《十洲记》之说,生搬硬套,胶柱鼓瑟,可谓不善取

7. 丙丁

卷一《天语·老人星》:"粤尽溟海,其次居丙丁,秋分之曙,南极老人见其位。星书云:'老人星常于秋分见丙丁之位。'是也。"(P7)

李注:"丙丁:指火。其次居丙丁,谓处火之方位。"(P24 注[43])

彦按:丙丁,指正南方位。古人将十天干与五方位相配,甲乙属东方,丙丁属南方,戊己属中央,庚辛属西方,壬癸属北方。(宋)释昙莹《珞琭子赋注》卷下:"正北,壬癸之位,其卦属坎。正南,丙丁之位,其卦为离。"李注"丙丁:指火"云云,仅据丙丁方位之五行属性为释,虽不能说错,但未免隔靴搔痒,未达一间。又今《辞源》《辞海》《汉语大词典》均已收入"丙丁"一词,然皆不及此义,也属疏漏。

8. 飙·飓

卷一《天语·风》:"南粤之风,当寒时天明无雨,从西北暴至,为飙为飚,其名曰飙,亦曰飓。"(P9)

李注:"飙(chéng 橙):风声。一作'飚'。"(P24 注[52])又:"飓(lì 栗):风雨暴疾。"(P24 注[53])

彦按:"飙""飓"之义,屈文中已明白告知其为风名。而李注或释"风声",或释"风雨暴疾",实不应该。其意或欲释二词得名之由,然而如此表达,不亦远乎!又,"飚"字不见于字书,当为"飚"字之讹。飙与飚,一字而异构。

9. 日直其月

卷一《天语·风候》:"又以是日权水,水重则雨多,轻则雨少,日直其月,至十二日而止,以测十二月之水旱。"(P14)

李注:"日直其月:以日当月计。从元月初一日(元日)起至十二日而止。"(P25 注[64])

彦按:"日直其月"者,谓日期与月数相对应,即初一日对应正月,初二日对应二月,初三日对应三月,……十二日对应十二月。同书卷四《水语·潮》:"若以岁之十月,自朔至于十有二日候潮,朔日潮盛,则明年正月必有大水,二日则应二月,日直其月,至于十有二日皆然。"(P133)"日直其月",亦是此义,意甚显豁。李注释文,简直不知所云。

10. 怀襄

卷一《天语·雷风》:"州之南地濒于海,其陂塘堤岸不能自固,鲲鹏之所变化,瘴母之所凭陵,民日夜以怀襄为惧,疆域虽延袤千里,求一夕之安,未易数数然

也。"(P16)

李注:"'民日'句:襄是指日间每一时辰的更移。全句意谓老百姓每时每刻都在担心害怕。"(P25 注[68])

彦按:"怀襄"乃"怀山襄陵"之省,语出《尚书·尧典》"汤汤洪水方割,荡荡怀山襄陵",孔传:"怀,包;襄,上也。"原谓洪水包围并溢上山陵,此但指水灾耳!李注不知就里,强作解人,谬亦甚矣!

11. 丽·丹山·离明

卷一《天语·云》:"粤地每多赤云。盖粤本炎方,火之用事,火在地中则丽而为丹山,在水则澄而为碧海,在天则光怪而为赤云,是皆离明之所发也。"(P18)

李注:"丽:附着也。《易》之离卦有句云:'日月丽于中天。'"(P25 注[71])又:"丹山:有丹穴出丹砂之山。"(P25 注[72])又:"离明:指离卦。其象为火、为日、为电,故光明,因称。"(P25 注[73])

彦按:李注所言,多可商榷。先说"丽"。"火在地中则丽而为丹山,在水则澄而为碧海,在天则光怪而为赤云"三句,于文法为对句。而"澄"谓清澈,"光怪"犹斑斓(《汉语大词典》【光怪】词条收有"形容错杂斑斓"一义),皆形容词,今释"丽"为"附着",则为动词,颇不类。屈氏为文,不至拙劣如此。今谓此"丽"宜释绚丽,既与"澄"及"光怪"相类,亦与"丹山"之义相应,可谓两全。再说"丹山"。此"丹山"与"碧海""赤云"对文,山、海、云皆通名;碧(青色之深者。见《资治通鉴》卷二〇三《唐纪》十九"八品以下旧服青者更服碧"胡三省注)、赤状色,丹亦当为表示色彩之词。《广韵·寒韵》:"丹,赤也。"故此"丹山"宜以赤石山视之,无关乎"有丹穴出丹砂"。再说"离明"。李注以为"指离卦",则结句"是皆离明之所发也"突兀而离题,因为此段文字并不讨论离卦,而是叙述"火之用事"。笔者以为此之"离明"指火。《易·离》:"离为火。"火属离卦而光明,故得称"离明"。如此,则"是皆离明之所发也"犹言"是皆火之所发也",方与上文相应承。

12. 兑

卷一《天语·云》:"海,大泽也。大泽者,吐噏兑之精华,其气多白。"(P18)

李注:"兑:兑卦。八卦之一。象征沼泽。《易·兑》:'象曰:丽泽,兑。'"(P25 注[74])

彦按:李注以卦名释此"吐噏兑之精华"之"兑",非是。吐噏犹呼吸,所可呼出吸进者当为具体之物质,而绝不可能是八卦这种高度抽象化的东西。今谓此"兑"当释"水泽",《易·说卦》:"兑为泽。""大泽者,吐噏兑之精华",犹言"海呼吸水泽之精华"。李注既知兑卦象征沼泽,却不知此"兑"指水泽,亦胶柱鼓瑟、不知变通之病也。

13. 偏沴

卷一《天语·雾》:"虽一日之时,昼多燠而夜多寒,晴甚燠而阴甚寒,寒或多积雾,燠或多淫霖,而偏沴之气,方生即散,故为诸瘴绝少。"(P22—23)

李注:"'偏沴(lì 丽)'句:沴,气不和所生的灾害。此句说气候不正常。"(P26注[84])

彦按:李注所释之"沴",为"沴"之常用义,然用于此则不协,以此"偏沴"当为形容性合成词(修饰"气"),而"气不和所生的灾害"属名词性质,与"偏"不相匹配。今谓《庄子·大宗师》"阴阳之气有沴"郭象注:"沴,陵乱也。"又《集韵·铣韵》《屑韵》亦云:"沴,陵乱也。"若移其义以释此,文通词顺,恰到好处。"偏沴之气",谓偏颇陵乱之气。

14. 夹日

卷一《天语·半虹》:"又吐为犁头云,是曰飓云。先为虹而后为云,虹断而云作犁头状,夹日以翔于南,其色纯赤,此火之气也。"(P26)

李注:"夹日:即左右浮动于日边。"(P26注[91])

彦按:"夹"无浮动义,李注"浮动"二字为蛇足。

15. 终朝

卷一《天语·变风》:"风之始发,恒以月七八之日及早暮二时,过此即甚暴烈,多不终朝。"(P27)

李注:"终朝:自朝早食时为'终朝',或作'崇朝'。为时最多五六小时。"(P26注[94])

彦按:"自朝早食时为'终朝'",语略晦涩,但当自《诗·小雅·采绿》"终朝采绿"毛传"自旦及食时为终朝"语而来,此"终朝"之一义也。然用于此,却有未妥。以文中明言风之发,恒以"早暮二时",何以又言"多不终朝"(多不在早晨)?"过此即甚暴烈","过此"谓超过早暮二时,即其历时延长,而仍当包括早暮二时在内也。李注之误显然。今考"终朝",实尚有"终日"一义,意谓整天。如,陆机《答张俊》诗:"终朝理文案,薄暮不遑暝。"杜甫《冬日有怀李白》诗:"寂寞书斋里,终朝独尔思。"李渔《奈何天·巧怖》:"愿相同,终朝不离。"即是。"终朝理文案"不是说早上理文案,而是说整天理文案;"终朝独尔思"不是说一个早晨单单想着你,而是说一整天单单想着你;"终朝不离"也不是说一个上午不分离,而是说整日都不分离。"朝"之本义为早晨,又用以表示"日",故韩愈《次同冠峡》诗曰:"今日是何朝,天晴物色饶。"又李白《王昭君》其二:"今日汉宫人,明朝胡地妾。"前一例"今日是何朝","朝"用同"日",即改说"今朝是何日",义无不同。后一例"今日"与"明朝"对文,"朝"亦当作"日"解。推其因,初当属修辞学上部分代整体之借代用法,用之既久,也就成为词之引申义了。要之,上屈文"多不终朝"之"终朝",亦当作"终日"解,该句谓超过早暮二时之风,则甚暴烈,然也多不会持续一整天。故下文引谚曰:"朝三晚七,半夜下风无过日。""无过日",犹言"不终朝"。

16. 过造

卷一《天语·变风》:"谚曰:'七风八到,九日无来风过造。'"(P27)

李注:"过造:过了应至之时刻,不会再有之意。"(P26 注[95])

彦按:李注释"过造"为"过了应至之时刻",以此义解屈文,扞格而不通。谓"无来风过造"为"无来风过了应至之时刻",成什么话?今谓"过造"乃取"至"义,为同义复词。《吕氏春秋·异宝》"五员过于吴"高诱注:"过,犹至也。"又《周礼·地官·司门》"凡四方之宾客造焉,则以告"郑玄注:"造,犹至也。"此谚"七风八到,九日无来风过造",直译即是:七日、八日风到,九日则无来风到达。正与屈氏上文"风之始发,恒以月七八之日"相应。

17. 伏波

卷二《地语·铜柱界》:"《水经注》称:马文渊建金标,为南极之界。"(P39)

李注:"马文渊:即马援。东汉初扶风茂陵(今陕西兴平)人。公元41年任第一任伏波将军,征交趾,立铜柱以纪功。"(P56 注[26])

彦按:李注称马援"公元41年任第一任伏波将军","第一任"三字无据。考《汉书》《后汉书》,汉世曾有二位伏波将军,第一位是西汉武帝时的路博德,第二位是东汉光武帝时的马援(事迹各见二人本传)。马援任伏波将军在路博德之后,亦并无两任伏波将军之履历,何来"第一任"之说?或者为"第二任"之字误。然伏波将军乃为封号,非职官名,既非必设之位,也不会有继任之说,即称为"第二任",亦有未妥。同书卷二《地语·三关》:"伏波出桂阳,下汇水为奇兵,即此道也。"(P33)李注:"伏波:即第一位伏波将军路博德。"(P55 注[12])称"第 n 位",比较合理。

18. 汤沐

卷二《地语·西场》:"其汤沐在锦石之山,其魂魄或尝游此。"(P44)

李注:"汤沐:即沐浴。有起居于此之意。"(P57 注[40])

彦按:李注以动词释"汤沐",与上下文意不谐。今谓此"汤沐"指汤沐邑,即封地、私邑。汤沐邑但称"汤沐",文献中并不罕见,《后汉书·班彪传》"又旧制,太子食汤沐十县"即其例。

19. 鳝多乌耳,蟹尽黄膏。香粳换取,下尔春醪

卷二《地语·茭塘》:"鳝多乌耳,蟹尽黄膏。香粳换取,下尔春醪。"(P45)

李注:"'鳝多'四句:鳝鱼以乌黑为佳,蟹以黄膏为上;以好米换来,下酒最妙。"(P57 注[45])

彦按:李注译文低劣,与屈氏本意迥异。"鳝多乌耳,蟹尽黄膏"二句,屈氏意在称赞茭塘市中海鲜皆为佳品,而译文则变成对鳝、蟹佳者之品鉴。又,以"乌黑"释"乌耳",则置"耳"字于不顾;以"下酒最妙"解"下尔春醪",则"最妙"属妄加。率意而为,莫此为甚!

20. 默相

卷二《地语·沙贝》:"昔白沙以江门钓台授甘泉,而甘泉以蒲葵笠与弼唐,以为传道之契。予亦垂竿人也,先哲神明,其必有以默相予哉!"(P45—46)

李注:"'予亦'句:沙贝有湛子钓台,屈大均钦佩湛若水甘泉之理学,很想继承道统。"(P57 注[47])又:"默相:暗中帮助。"(P57 注[48])

彦按:李注释"默相"为"暗中帮助",谬。大概误解"默相予"之"予"为第一人称代词"我"了。今谓此"予"取"给予"义,其用法、意义与上文"白沙以江门钓台授甘泉"之"授"、"甘泉以蒲葵笠与弼唐"之"与"同。屈氏羡慕湛甘泉得陈白沙之传授、庞弼唐得湛甘泉之传授,也希望陈、湛等先哲神明对自己有所授予,故有此言。只有如此解释,方与上文"昔白沙"云云密切关联;若按李注之解,则两者脱节。要之,"默相予"意谓"默予我","予"非为人称代词,而是动词,"相"也不是表示"帮助"义的动词,而是兼有指代动作承受方作用的副词。据此再反观李注对"予亦"句之解释,其空洞、率意,也就显而易见了。

21. 汤沐地

卷二《地语·梅村》:"岭之上有红梅驿、红梅村,翁源则有梅村,是皆铜之汤沐地也。"(P46)

李注:"汤沐地:即汤沐邑。为天子所留地。意谓供沐浴起居之处。"(P57 注[49])

彦按:"为天子所留地"者,天子之汤沐邑也。古代自天子至贵戚功臣,皆可有汤沐邑。《史记·高祖本纪》载,高祖置酒沛宫,酒酣,谓沛父兄曰:"游子悲故乡。吾虽都关中,万岁后吾魂魄犹乐思沛。且朕自沛公以诛暴逆,遂有天下,其以沛为朕汤沐邑,复其民,世世无有所与。"又《平准书》曰:"自天子以至于封君汤沐邑,皆各为私奉养焉。"可证。然梅铅非天子,其汤沐地自非"为天子所留地",而但"为天子所赐食地"。李注不问对象,妄下雌黄,甚误。

22. 赔贩

卷二《地语·沙田》:"沙田既多荒弃,于是赔贩虚粮,为累未已。"(P52)

李注:"贩(mì 秘):加钱加物之意。"(P58 注[64])

彦按:"贩"字《广韵》音彼义切,今宜读 bì。李注释为"加钱加物之意",则"赔贩"不词。(明)孙锦标《南通方言疏证·释财》曰:"今凡以物与人者,淮西、淮南、吴、越皆言贩。"章炳麟《新方言·释词》亦曰:"今凡以物予人者,通语曰给,淮西、淮南、吴、越皆云贩,音转如把,或转如伯,广州乃正作彼义切。"笔者以为,此义正合屈文。"赔贩"犹赔予、赔给。沙田既荒弃,则不产粮,然而尚须向官府交粮,此所谓"赔贩虚粮"。"贩"用同"畀"(粤语常用字,表"给予"义),音亦相近,或即同词异字欤?

23. 赎锾

卷二《地语·买官田》:"东莞袁伯益令南安,欲捐赎锾买官田。"(P54)

李注:"赎锾(huán 还):赎金。锾,古代重量单位。引申为罚金的代称。"(P58—59 注[68])

彦按:李注以"赎锾"为"赎金",不误。然又称"引申为罚金的代称",则为蛇足。赎金与罚金毕竟不同,无须置辩。至以"古代重量单位"释"锾",于此尤为未当。"赎锾"之"锾",实取"钱"义,《广韵·删韵》:"锾,钱也。"考《说文·金部》曰:"锾,锊也。"又曰:"锊,十铢二十五分之十三也。"可知李注以"锾"为"古代重量单位",原非无据,唯用于此,则未免生搬硬套,无的放矢。

24. 谽谺·夷衍

卷二《地语·永安三都》:"县有古名、宽得、琴江三都,幅员几七百里,连嶐复嶂尽其地,徯隧谽谺少夷衍。"(P62)

李注:"谽谺(hánxiā 含虾):谷空貌。"(P60 注[86])

彦按:李注以"谷空貌"释此"谽谺",未妥。徯隧谓小路,《汉书·货殖传》"鹰隼未击,矰弋不施于徯隧"颜师古注:"徯隧,径道也。""谷空貌"不适于修饰"徯隧"。笔者以为:其地既皆连嶐复嶂,则所谓小路为山间小路。又从"谽谺少夷衍"这一表达方式看,"少夷衍"应是对徯隧之谽谺貌从反面作进一步之强调,也即是说:谽谺即少夷衍,少夷衍即谽谺,谽谺与夷衍是一对反义词;弄清楚夷衍之义,谽谺之义也就迎刃而解了。"夷衍"一词《汉语大词典》失收,其义当是平坦,属同义复词。《说文·大部》:"夷,平也。"《文选·宋玉〈高唐赋〉》"箕踵漫衍"李善注:"衍,平貌。"则此嵞衍之义宜为崎岖。《汉语大词典》《汉语大字典》于"嵞衍"词下均收有"山石险峻貌"一义,由山石险峻貌引申而为山路崎岖貌,应是顺理成章之事。

25. 李侗

卷三《山语·五岭》:"唐李侗以衡阳为五岭门,以五岭之中,皆南岳之奥室也。"(P68)

李注:"李侗:《新语》谓唐人。查唐无其人。宋代有名李侗者,字愿中,剑蒲人。生活于元祐至绍兴年间。朱熹尝师事之,著有《延平问答》及《语录》。终年七十一岁。"(P108 注[12])

彦按:李注所言不确。(宋)董逌《广川书跋》卷八《衡州门记》:"《衡州记》:'唐大中四年,李侗为刺史,因治郡署,立通门,刻石记其封域。'所本不见书撰人名,盖侗所为也。其言'衡阳当五领门',考于书,盖古文岭字为领。五领皆在今广南,以衡岳为五岭门。"屈氏书中所称,即此李侗。

26. 阮俞

卷三《山语·二禺》:"沿涧西行,竹林中有阮俞径。昔二帝子善音,采阮俞之竹吹之,凤凰来集。至今月明,犹仿佛闻其遗响焉。"(P72)

注:"阮俞:上古传说人物。"(P108 注[22])

彦按:李注以阮俞为人名,并无根据。(清)汪灏等辑《佩文斋广群芳谱》卷八二《竹谱·竹一》引《广东志》:"清远县五十里曰峡山。相传黄帝二庶子南采阮俞竹为黄钟之管,与二臣俱隐此山。祠在广庆寺东庑。今山上小竹,节间长九寸,圆径三分。疑此山即阮俞。旧志误为昆仑耳。"《骈字类编》卷二〇一《草木门·竹·竹管》记载同。据此,则阮俞当为山名。而屈文中之阮俞径,则是借山之名以名其径。

27. 哮豁靓深

卷三《山语·三洲岩》:"三洲岩,在德庆州东七十里,哮豁靓深,如堂如房者半。"(P115)

李注:"'哮豁'句:哮豁,指岩之空洞有声如兽哮。靓深,《辞海》音静,同'静'。《汉书·扬雄传》:'稍暗暗而靓深'。此即岩中静而深之义。"(P113 注[92])

彦按:李注释"哮豁靓深",既谓"哮豁,指岩之空洞有声如兽哮",又称"靓深,《辞海》音静,同'静'。……此即岩中静而深之义",自相抵牾,令人费解,不知注者有何高招,可使"有声如兽哮"与"静"相安无事。今谓此"哮"当读为"庨"。《集韵·爻韵》:"庈,宫室高邃皃。"又:"庈谿,宫室高皃。"则此"哼谿靓深",乃形容三洲岩洞穴高敞、深邃而又幽静之词。

28. 吭背之区

卷三《山语·南岭》:"盖新田、南岭在万山中,昔为巨贼某某窟穴,诸巢环布,膏壤沃野,诚吭背之区,而扃镭不可缓也。"(P122)

李注:"吭背之区:咽喉险要之地也。"(P113 注[100])

彦按:李注以"咽喉险要之地"释"吭背之区",只释"吭"(咽喉,此喻指要害之地)不释"背",不妥。今谓"背"即背部,以其在后,目所不见,难以照顾,故得喻指难于防卫之地。要之,吭背之区,以释"重要而难防之地"或"难于防卫之要害之地",方为周全。

(王彦坤:暨南大学中文系,510632,广州)

吐鲁番出土家书用语与文化传播[*]

夏国强

提要：吐鲁番地区出土家书是晋唐时期吐鲁番地区日常用语使用的活范例，通过对吐鲁番出土家书语言的考察，可以了解当时中原书信文化在吐鲁番地区的传播状貌以及接受情况。大概可以分为两部分，一是在语言形式上对中原书信文化的承袭和仿拟，包括书信格式和套语的使用。二是吐鲁番地区地域环境、文化及俗语言等原因在接受过程中所造成的影响在家书语言中也有反映。

关键词：吐鲁番 出土文书 家书 传播与接受

从中原地区人类社会发展史的角度来看，书信的写作是伴随人类迁徙与合作的需要诞生的。刘勰《文心雕龙·书记》就从政治生活的角度说明了这一问题："三代政暇，文翰颇疏；春秋聘繁，书介弥盛。"载于《春秋左氏传》中的《郑子家遗赵宣子书》《叔向使贻子产书》等书信是其实证。在内容上，这些书信仍是讨论公共事务或言明志愿，很少言及私人事务。[①] 秦汉以来，文书制度趋于完善，公文书与私文书的界限也得到确认。私人化的书信表达直接，少受约束，生活气息浓厚，是当时社会生活的剪影。相比传世文献记载的名人书信，出土文献中的家书史料未经修饰，更为朴实，其中使用的语言不仅具有当时口语词汇的特征，也是文化风尚的投射。吐鲁番所出土的晋唐家书可以为我们提供这样一个参照。

目前公布的吐鲁番出土文书中有 170 余件与晋唐家书有关的材料[②]，其主要内容和今天的家信相似，包括问候、报平安、家事安排等日常生活事务。其中使用

---

[*] 本文系教育部人文社科研究青年基金项目"唐天宝时期安西、北庭军政史地研究——以'吐鲁番出土文书'及岑参'西域诗'为中心"（12YJCZH220）研究成果。

[①] 《左传·成公七年》记载楚国巫臣诅咒杀其族人的子重、子反的书信，其中的内容虽与家庭事务有关，但不能等同于私人常务。

[②] 北京大学朱玉麒教授曾统计整理过吐鲁番出土家书的目录，此后，陕西师范大学韩香教授亦有所增补。笔者有幸从朱玉麒教授处得到此目录，此数字的统计是建立在两位学者的研究基础上的，特此申谢。由于有些书信过于残破，无法定为一件，故只取概数，除了晋唐家书之外，尚有元代及未明时代的书信 16 件，在此暂不讨论。

的词语与其他晋唐书信文本相比,可以呈现出吐鲁番出土家书的文化特征。王启涛论及吐鲁番出土书信文献语言特点曾用"雅俗共赏"来概括①,"雅"不妨看作中原地区已经形成的传统书信文化对吐鲁番地区的影响,而"俗"则是西北地区文化对书信文化的融汇和补充。

一 书信范本和书信用语所体现的文化传播

吐鲁番出土家书,或多或少遵循一些固定的体例,如起首有"启、某启",结尾用"谨启、再拜、不具、不宣"等谦敬用语。在行文中,也不乏问候月令,问候身体,表达愁思等套式用语。这些格式化词语的运用呈现出晋唐文化在西北地区的传播和接受面貌,吐鲁番出土的书仪是这一现象的集中表现。

吐鲁番地区出土的书仪概有以下几种:赵和平《敦煌表状笺启书仪辑校》中收录吐鲁番出土写本书仪三种:《高昌书仪》《高昌吉凶书仪》《唐人残书仪》②,中村不折所藏吐鲁番出土130号抄本《月令》(朋友书仪)③。其中《朋友书仪》与《高昌书仪》相对完整。由于《朋友书仪》的文学性较强,描写繁复,因此就出土家书中使用的语言来看,其内容较接近《高昌书仪》。

出土于吐鲁番阿斯塔那169号墓编号为72TAM169:26(b)的《高昌书仪》在框架和语言上对晋代月仪、南北朝内外书仪均有参照,与敦煌文书中杜友晋《吉凶书仪》、唐人月仪也有相似之处。可看作月仪与吉凶书仪的结合④。

索靖:月仪。

八月具书。君白。南昌应化。中秋告凉。敬想令问。福履多宜。山川缅邈。信理希寡。谈面既阔。音问又疏。倾首延怀。无日不劳。想笃分好。不孤其勤。亦见信忆旧。裁因数字。行人彭彭,俱数相闻。君白。⑤

高昌书仪:脩兄姊(姊)书。

32 五月具疏,某白:夏中感思洙(深)极热,不审兄姊(姊)禮(体)中

---

① 王启涛:《吐鲁番出土文献语言导论》,科学出版社,2013年,第148页。王启涛:《雅俗共赏:吐鲁番出土文书的语言系统》,项楚主编《中国俗文化研究》第五辑,巴蜀书社,2009年,第167页。
② 赵和平:《敦煌表状笺启书仪辑校》,江苏古籍出版社,1999年,第452—461页。
③ 矶部彰编:《台东区立书道博物馆所藏中村不折旧藏禹域墨书集成》,二玄社,2005年。吴丽娱、陈丽萍定为《朋友书仪》抄本。参见吴丽娱、陈丽萍《中村不折旧藏吐鲁番出土〈朋友书仪〉研究——兼论唐代朋友书仪的版本与类型问题》,《西域研究》,2012年第4期。
④ 吴丽娱、陈丽萍:《中村不折旧藏吐鲁番出土〈朋友书仪〉研究——兼论唐代朋友书仪的版本与类型问题》,《西域研究》,2012年第4期。
⑤ 严可均辑:《全上古三代秦汉三国六朝文·全晋文》,商务印书馆,1999年,第900页。

33 何如？不奉廻告驰约。即日某蒙恩谨白，疏不具。

34 某再拜。

35 某白：即日耶婆万福，伏宁待省。分违转久，驰情

36 日结。山川缅邈，奉集未期，望涂涕恋，惟兄珍重。信使

37 荎海，某白①

吉凶书仪：与祖父母书。

名言：违离已久，思恋无比，绝不奉诲，无慰下情。孟春犹寒，不审翁婆耶娘尊体何如？伏愿动止胜常。即日蒙恩，觐省未由，唯增驰结。②

虽然不能肯定这些书仪之间的继承关系，但也不能否认它们之间的联系。书仪中使用的书信套语，反映出中原主流文化对吐鲁番地区民间生活的影响，语言使用上多采用四字格，承袭了晋代的韵文书仪写作模式，在语义也有较明显的顺承关系。《与叔书》中有"川途缅邈"、《脩兄姊（姊）书》中有"山川缅邈""望涂涕恋"。取意于索靖《月仪帖》"八月"中的"山川缅邈"；"十一月"中的"望途延思"。这一用语特点也同样保留在具体的家书中：

1 启：违径二贰（载），思暮（慕）无宁，比不奉

2 海（诲），夙夜皇（惶）悚，惟增恋结。仲春顿热，

3 不审婆□耶娘体内，起君（居）胜常，

4 伏愿侵（寝）善（膳）安和，伏惟万福。③

本件文书为阿斯塔那出土 2004TAM396:14 背面《唐开元七年（719）洪奕家书》，其结构与语言都与唐代书仪内容相近。吐鲁番出土书信涉及的双方，既有如《洪奕家书》从西州寄往外地的边地暂居士兵的书信，也有从迁居内地的居民寄来西州的家信，如《唐贞观二十年（646）赵义深自洛州致西州阿婆家书64TAM24:27(b)》。

1 _____言疏，违离累载，思慕无宁，奉_____

2 _____不审 阿婆、南平阿祝、祝母、大兄等，尊体起居

3 _____常，即日居子等蒙恩且度朝夕，在此亲眷皆悉④

僧人家书也同样依照书仪书写，如《武周法惠思与阿伯、伯母等书稿

---

① 唐长孺主编：《吐鲁番出土文书》（壹），文物出版社，1992年，第234—235页。
② 赵和平：《敦煌写本书仪研究》，新文丰出版社，1993年，第179页。
③ 荣新江、李肖、孟宪实主编：《新获吐鲁番出土文献》，中华书局，2008年，第16页。
④ 唐长孺主编：《吐鲁番出土文书》（贰），文物出版社，1994年，第172页。文中出现吐鲁番家书用例，除特别说明外，均出自唐长孺主编《吐鲁番出土文书》四册本。

73TAM193:1(b)》。

1 法惠、思☐☐☐条(参)阿伯、伯母、大姊、贰

2 姊、肆姊等，别面已久，眷恋实

3 深，仲秋渐凉，未审阿伯、伯母、阿

4 姊习等体内如何？但法惠已下

中原与西域的社会审美的趋同性在《书仪》的使用上窥见一斑。也与而在出土文书中，受其影响写作出的家书的使用者和阅读者涉及普通百姓、戍边将士、僧人等，显示了当时普通百姓的社会审美需求，而这一需求也是根植在中原文化流播的基础之上的。

二 书信及书信范本用语体现的文化接受

作为应用文体的书信，除了审美需求之外，实用价值也是不可忽略的。在具体的写作当中，交代具体的事务，就不可避免地用到自己常用的语言。这包括地理环境对套语的选择和改造，俗语言的应用以及文化的影响。

（一）吐鲁番地区气候炎热，且地域偏远。因此在书信写作过程中，为了顺应地域环境的变化，也对书信套语作了有选择的继承和改造。我们在《高昌书仪》和吐鲁番出土《朋友书仪》中发现，节候用语中是不会选用敦煌文书《朋友书仪》中"暑雨、溽暑"此类表达①。更为有趣的是，《高昌书仪》中五月即用"夏中感思洙（深）极热"，六月使用"但热"来描摹气候，而敦煌文书《朋友书仪》至"六月下旬"才使用"极热"，七月使用"犹热，尚热"。这一改动，和吐鲁番地区的气候环境是相符合的。五月夏中（公历六月），吐鲁番盆地热度很高，已能用"极热"来表示。"但热"即"瘅热"，《黄帝内经素问》卷十云："但热而不寒……名曰瘅疟。"宋代林亿校正："瘅，热也，极热为之也。"有仅热无寒之意。六月（公历七月）吐鲁番地区热度不减反增，高温可达 40℃以上，低温也有 25℃，因此称为"但热"。

此外，对晋代月仪四字句的继承上，常选用"山川缅邈"（高昌书仪）、"关河隔阻"（唐□守德家书 72TAM184）、"远离积载"（唐僧净眼家书 72TAM150:39）、"违离累载"（唐贞观二十年（646）赵义深自洛州致西州阿婆家书 64TAM24:27(b)）等词语，也是吐鲁番地区远离中原，交通不便的实际体现。

（二）唐代继承并发展的俗词语，在吐鲁番出土家书中的应用也较为突出。如

---

① 赵和平:《敦煌写本〈朋友书仪〉残卷整理及研究》，《敦煌研究》，1987 年第 4 期。

"努力努力""千千万万""平安好在"等。试以"好在"为例：

出土家书的问候语中常用"平安好在""平安在""平安已不""平安以不"。而"好在"一词在唐人作品及口语中习见。

1.唐张鹭《朝野佥载》卷六："子恭苏，问家中曰：'许侍郎好在否？'"

2.唐刘肃《大唐新语》卷十二《劝励》："恻然呼曰：'皇后淑妃何在？复好在否？'"

3.《新唐书·宦者传下》："太上皇问：'将士各好在否？'"

此处的"在"为助词，与"已""以"可替换，表示已经存在的状态的持续。唐释道世《法苑珠林》卷七十二："梵志怜愍，相对啼哭，寻问家中平安以不？"在口语中的应用是显见的。在其他书信文书中，也可以找到使用"已"来表示某一阶段持续状态的例证：

《唐贞观二十年(646)赵义深自洛州致西州阿婆家书64TAM24:27(b)》有"从六月廿日已后，家中大小，内外亲眷悉平安否"句，前有"已后"，则后文问安时不再使用"平安已否"。说明在唐人的习惯用语中，"已"可以表示一种状态的维持。反之，则需要加上"在，在不，已不，以不"，如以下几个例子：

1.《唐贞观二十年(646)赵义深自洛州致西州阿婆家书64TAM24:27(b)》："问訸弟张隆训、妹㚖连尽得平安已否？"

2.《唐赵义深与阿婆家书64TAM24:30》："▢▢▢家大小，尽讯问平安已不？次问讯阿嫂男女奴婢尽平已安不？"

3.《唐㚖连、武通家书64TAM24:29》："㚖连此间平安好在。"

4.《唐□连家书64TAM24:31/2》："君妹处待在平安在。"

5.《唐总章元年(668)海堆与阿郎阿婆家书60TAM326:04/1(a),04/2(a)》："三仃(个)阿兄身马得平安已不？"

"好在"表示处于"好"的状态；"平安在"为处于"平安"的状态；"平安好在"为处于"平安且好"的状态。家书中活泼生动的用例是传世文献中难以见到的，其中所体现的中原地区俗语使用状况更是中原文化在边陲接受的真实再现。

（三）吐鲁番地区受到佛教文化和西北地域文化的影响。

通过家书中的用语，我们也能找到西北地域文化的一些痕迹。《高昌书仪》中使用"耶婆万福"一词，"耶婆"在唐代综合性书仪较少见，常用的同义词是"耶孃"，意思为父母。用"婆"来称呼母亲，见于北方民歌中，如《乐府诗集·横吹曲辞五·折杨柳枝歌二》："阿婆不嫁女，那得孙儿抱。"《魏书·节义传·汲固》也有用例："宪即为固长育至十余岁,恒呼固夫妇为郎婆。"今天的河北定县仍呼母为婆。"耶婆"这种叫法应在北方常见,高昌受西北地区文化影响,在书仪中出现这一称呼,也是词语使用地域化的一种表现。

吐鲁番地区向来是佛教传入和翻译的重要地区,大谷文书中《诸佛要集经残卷》的时间是西晋元康六年(296),可以证明在晋代佛教已在吐鲁番地区流行[①]。吐鲁番出土家书中也提到"诵经礼佛"等事,《唐海隆家书 72TAM152:31/1》有:"耶酿(孃)共海痛(诵)经,祖佛须敬。"《唐贞观二十年(646)赵义深自洛州致西州阿婆家书 64TAM24:27(b)》也有:"口云道共两个儿诵经念佛。"因此,家书在词语使用上有着源于佛教语言的特征,试以"孝慈""莫愁"为例:

《论语·为政》:"临之以庄则敬,孝慈则忠。"朱熹集解:"孝于亲,慈于众,则民忠于己。"这里的"孝慈"对尊长孝顺,慈爱后辈。而在佛经翻译中,偏指"孝"。如支谦译《佛说阿弥陀经》下:"常当孝慈于佛父母"。也可颠倒作"慈孝",失译人名今附东晋录《般泥洹经》卷上:"五当慈孝承事师长。受识教诲。"

吐鲁番出土家书中也常见此词:《唐海隆家书 72TAM152:31/1》:"海隆早愁耶酿(孃)兄弟姊妹,包海隆时好孝慈□。"《唐贞观二十年(646)赵义深自洛州致西州阿婆家书 64TAM24:27(b)》:"努力慈孝,看阿婆、阿兄,莫辞辛苦。"在词汇意义上的选用与佛经翻译相同。

再如"莫愁"。"某某莫愁"在秦汉传世文献中少见,南北朝诗歌中使用"莫愁"也多指"莫愁女"的典故,而以"某某莫愁"来表示"某人不要担忧",在南北朝撰写和翻译佛教文献时才大量出现。如昙无识译《金光明经》卷四"愿王莫愁";弗若多罗共罗什译《十诵律》卷十二"诸比丘言,居士莫愁";释僧祐撰《释迦谱》卷一"愿父莫愁"等[②]。唐代及以后又有"莫愁某事,莫愁某某"的用法,如五代释延寿《宗镜录》卷九十八"但知心是佛,莫愁佛不能语";宋释道原《景德传灯录》卷十六"前澧州夹山善会禅师法嗣"叙述夹山与元安禅师的问答时,有评注说:"兴化代云:'但知作佛,莫愁众生。'"[③]

吐鲁番家书中"莫愁"的使用与此类同:

1.《唐□文悦与阿婆、阿裴书稿 72TAM152:31/2》:"文悦在愁,阿裴莫愁。"

2.《唐李贺子上阿郎、阿婆书二 64TAM5:39》:"愿阿郎、阿婆、阿兄知,更莫愁

---

① 赵静:《浅谈佛教在吐鲁番地区的兴衰》,《丝绸之路》,2013年第14期。
② 经文均参见《大正新修大藏经本》,在《释迦谱》《杂阿含经》《大智度论》《大般涅槃经》中均有用例。
③ (宋)释道原:《景德传灯录》,四部丛刊三编景宋本。

举儿。虎憙来时得重小刀一合。"

3.《唐海隆家书 72TAM152：31/1》："□莫愁。海隆早愁耶酿（孃）兄弟姊妹，包海隆时好孝慈□。"

作为东西方文化的交汇点，吐鲁番出土家书中所使用的书信范本及日常用语固有其地域和文化特征，但我们可以看到，书信写作中"书仪"套式的使用和词汇的运用，都有着中原文化的背景。在描摹日常生活的书信中写入这些词汇，无疑是生活在该地区的民众对中华文化认同和归属感的表现。同时，书信中唐代俗语的运用，也是其时代通用语言在边疆影响的体现。这些语汇在书信中的继承及演变，可以反映出吐鲁番地区中原文化传播与接受历史的一个侧面。

（夏国强：新疆师范大学文学院，830054，乌鲁木齐）

《〈周氏冥通记〉研究(译注篇)》的几个问题

萧 红

提要：我们对照《〈周氏冥通记〉研究(译注篇)》(麦谷邦夫、吉川忠夫编,刘雄峰译,齐鲁书社,2010年,以下简称"译注本")与《周氏冥通记》(明沈士龙、胡震亨同校本,新文丰出版公司印行,1987年,以下简称"新文丰本"),辨析了其70余处不同,并对其中反映南北朝时代特点或地域特点的普通词语或宗教词语进行了自己的解释。

关键词：《周氏冥通记》 版本 差异 南北朝 道书

我们对照《〈周氏冥通记〉研究(译注篇)》(麦谷邦夫、吉川忠夫编,刘雄峰译,齐鲁书社,2010年,以下简称"译注本")与《周氏冥通记》(明沈士龙、胡震亨同校本,新文丰出版公司印行,1987年,以下简称"新文丰本"),发现有70余处不同。有如下情形：

一 文字差异

主要是字形相近而讹,或音近而讹,或义近而讹：

1. 译注本卷一：入此年十月便密自成辨窗户床帘。新文丰本："辨"为"办"。

按：新文丰本是。

2. 译注本卷一：卿既处此尘諠之中,仆等虽复数来。新文丰本："虽"为"难"。

按：按文意,应为"难"。

3. 译注本卷一：右一条即夏至夜所手记。新文丰本："手"为"受"。

按：译注本是。

4. 译注本卷二：按寻记,凡摽前云梦者,是眠中所见。新文丰本："摽"为"标"。

按：新文丰本是。

5. 译注本卷二：而后八日来说所改名字,即犹似此童也。新文丰本：即犹是此童也。

《〈周氏冥通记〉研究(译注篇)》的几个问题   115

按:两可。

6. 译注本卷二:按此前华阳中唯丞、帅及童来,而二君都未降,今此隐告,方为起始也。新文丰本:方为其始也。

按:两可。

7. 译注本卷二:右一条,十一日夜所手记,书一白藤纸。新文丰本:右一条,十一日夜所受记,书一白籐纸。

按:籐、藤异体字。两可。

8. 译注本卷二:子良〈敛〉[歛]手而别。

按:据 P87 当页注①:"依文意,将'敛'字改为'歛'字。"愚以为"歛"同"敛",表示收拢、聚集义,不须改。

9. 译注本卷二:若更能朝踰往此,则二府希之难矣。新文丰本:若更能超踰往此,则二府希之难矣。

按:从文意看,"朝"系"超"误。

10. 译注本卷二:闻其在西廨,及移朱阳,索眠一床,绝恶人近身,少游杂。新文丰本:所眠一床。

按:此难断。

11. 译注本卷二:早至师间,师赐食,谓食甘果,不以为欺。新文丰本:早至师间,师赐食,谓是甘果,不以为欺。

按:两可。

12. 译注本卷二:〈歛〉[敛]手而去。新文丰本:敛手而去。

按:译注本此处与前一处 P87 注释①有矛盾。据本页 P116 注释①:"按文意,将'歛'改为'敛'字。"本不须改。

13. 译注本卷三:刘夫人曰:"必修学稍得新业邪,吾旦往东华,今始还。……"新文丰本:比修学稍得新业邪。

按:从后面译文看:"近来修行,一定有新的业绩","比"是"近来"义。当以新文丰本为是。

14. 译注本卷三:上中真者二十八人,〈一〉[已]落七人,二人补下仙,五人复选人中,唯上一人补耳。新文丰本:五人复还人中。

按:新文丰本是。

15. 译注本卷三:其长少男女南北亦复数人,或有德行,或有信识,但于学功夫深耳。(翻译:有老少男女南北数人,其中有的有德性,有的有信念见识,只是修行的功夫还较浅。)新文丰本:但于学功未深耳。

按:按"但"语义转折,应有"未"字表示否定。译注本翻译也映证此处为语义转折。当以新文丰本为是。

16. 译注本卷三:今犹在鬼伍,昼夜辛苦,诸如此事,可不慎乎。新文丰本:昼夜辛勤,……。

按:"辛勤"系中古常见词,意义同"辛苦"。两可。据麦谷邦夫编《周氏冥通记索引》,同书有两处"辛勤",一处"辛苦"。

17. 译注本卷三:因相随而去,此二更中来人,四更乃去,言语多,亦不能尽得记忆也。新文丰本:……,此二更中来,人四更乃去,……。

按:"人""入"常形似而讹。两可。

18. 译注本卷三:名已果上东华,定为宝晨司,甚助欣庆。新文丰本:定为保晨司,……。

按:译注本疑误,同书前后俱为"保晨司"。

19. 译注本卷三:理有丹龙绿车,衣羽之盖,素毛之节,……(翻译:按理是有丹龙拉着的绿车,并有玄羽的华盖和素毛节,……)新文丰本:理有丹龙録车,玄羽之盖,素毛之节,……

按:録,《说文》:金色也;《玉篇》:贝文。也借作"绿"。《汉语大词典》:绿车,汉皇孙所乘车。两可。又,新文丰本"玄羽"是,意义是黑色羽毛。

20. 译注本卷三:自发上道心,察老君诫,解其性理,习望相怀,于一切有为,无复执者。(翻译:自发起成为上道的心念,受授老君的戒律,并理解它的本质道理,时刻铭记于心怀,对一切有为,不去执著。)新文丰本:……,无复执著。

按:新文丰本是。

21. 译注本卷三:西廨此后至今,顾蒙安稳也。新文丰本:顾蒙安隐也。

按:安隐,即安稳,平安义。"隐""稳"古今字。为此期常见词语。两可。麦谷邦夫编《周氏冥通记索引》此句亦为"安隐"。

22. 译注本卷四:闻人隐告坐卧堰房事,云云。新文丰本:闻人隐告坐卧偃房事,……。

按:译注本未对词语"堰房"做出解释。窃以为"偃""堰",通"匽",义指厕所。《广雅疏证·卷七上·释宫》"圊、圂、庰,厕也"条:……宴亦厕也,字本作匽,又作偃,匽与庰皆取隐蔽之义。

23. 译注本卷四:中岳真人冯君、萧闲堂主张君……。新文丰本:萧闲受主张君……。

按：译注本是。

24. 译注本卷四：中岳洪先生授《洞房经》。新文丰本：中岳共先生授《洞房经》。

按：译注本是。

25. 译注本卷四：乙未年六月二十四日，……〔今阙此事。〕新文丰本：……〔今阙此记。〕

按：从文意无法判断，但全文其他处均为"今阙此记"，只此一处不同。新文丰本为宜。

26. 译注本卷四：但且混人事，勿为异应。（翻译：首先不要混在世人中间，不要有异常的反应）新文丰本：但且混人世，勿为异应。

按：两可。

27. 译注本卷四：因又告太元，太元示以仙籍，云云。新文丰本：因又告太玄，太玄示以仙籍，云云。

按：据陶弘景编《真诰》，有太玄仙女，太元真人司命君，另据陶弘景《洞玄灵宝真灵位业图》有司命东岳上真卿太元真人茅君，太玄仙女西灵子都，太玄丈人，此处当指太元真人，译注本是。

28. 译注本卷四：周大夫即太宾。新文丰本：周大夫即大宾。

按：译注本是。《真诰》有道士周太宾。

29. 译注本卷四：梦与范监、赵丞至大衡山。新文丰本：梦与色监、赵丞至大衡山。

按：译注本是。

30. 译注本卷四：咨：来年十月可保得申延不？新文丰本：谘：来年十月可保得申延不？

按："谘"同"咨"，两可。

31. 译注本卷四：此前及后屡道名简事。新文丰本：此前及后屡道明简事。

按：译注本是。

32. 译注本卷四：易迁，女仙宫，童初，男仙宫，而未知东西列，为南北列耳也。新文丰本：……而未知东西引为南非列耳也。

按：译注本是。

33. 译注本卷四：既亟有上落，实宜恒加精勤也。新文丰本：既丞有上落,……。

  按:译注本是。

  34. 译注本卷四:云闇星没,唯宜瞩南山坐耳,此虽可瞻而非求真之体。(翻译:暗淡的云彩覆盖着星宿,星宿也看不见了,一心坐在南山观看,此处虽能看到但却不是求真的本质。)新文丰本:唯宜瞩南山坐耳。

  按:从文意看,新文丰本是。

  35. 译注本卷四:但以意作之,尔其去矣,以遗来者。(翻译:值得注意的是,你仙去后时要留给后人的。)新文丰本:但以意作之,尔其去矣,以遗来者。

  按:从文意看,新文丰本是。

  36. 译注本卷四:周今定葬东窠,正南向。新文丰本:周令定葬东窠,……。

  按:两可。

  37. 译注本卷四:但尔比亦喧然多诸杂想。新文丰本:但尔比亦喧然多诸杂相。

  按:译注本是。

  38. 译注本卷四:至于周欲别立屋,使虚心相许。新文丰本:……,便虚心相许。

  按:新文丰本是。

  39. 译注本卷四:今日方见事迹如此。新文丰本:今日方见事亦如此。

  按:译注本是。

  40. 译注本卷四:见徐、隥[应作邓字]二君。新文丰本:见徐、登[应作邓字]二君。

  按:两可。

  41. 译注本卷四:应是韩太华。新文丰本:应事韩太华。

  按:译注本是。

  42. 译注本卷四:隐居已与我欲助其功夫以献王,主正尔。(翻译:隐居已让我帮助他将功力来献给主,主正是你。)新文丰本:隐居已与我欲助其功夫以献主,主正尔。

  按:新文丰本是。

  43. 译注本卷四:此王屋山清虚王君,为下教二十四真人之首。新文丰本:此王屋三清虚上君,为下教二十四真人之首。

  按:译注本是。

44. 译注本卷四：伊云不取。新文丰本：伊云不敢。

按：译注本是。

45. 译注本卷四：二十七日。新文丰本：二十七夕。

按：两可。

46. 译注本卷四：二条云梦。新文丰本：三条云梦。

按：译注本是。

47. 译注本卷四：某人彭公在此不？新文丰本：其人彭公在此不？

按：难断。查CCL语料库古代汉语部分，"某人"1206例，"其人"12000余例。"姓氏＋某人"到清代小说等近代汉语文献中多见。似乎"其人"略优。

48. 译注本卷四：其是二十三日还至山，意殊不许游行人间。新文丰本：其是二十三日还至，由意殊不许游行人间。

按：译注本意义通达。

49. 译注本卷四：八日，见赵丞，云。新文丰本：八日，见赵丞垂。

按：译注本是。《周氏冥通记》中记录神仙话语，转述时称为"垂旨、垂告"，面谈时说话人用"云、曰、告、问"更多见，此处应为"云"。

50. 译注本卷四：书人度细色纸凡四纸半。新文丰本：书大度细色纸凡四纸半。

按：译注本是。

51. 译注本卷四：虽无如人何，交尔不好。新文丰本：雎无如人何，……。

按：译注本是。

52. 译注本卷四：远近多温病。新文丰本：远近多瘟病。

按：译注本是。此期文献"温病"即瘟疫。

53. 译注本卷四：此别一纸，无日月。新文丰本：此别一纸，无明月。

按：译注本是。

54. 译注本卷四：又内玉浆一斗。新文丰本：又丙玉浆一斗。

按：译注本是。

55. 译注本卷四：封山山开，封人人伏。新文丰本：封山山开，封人人俟。

按：译注本是。

56. 译注本卷四：亦不闻木杵捣声。新文丰本：亦不闻木臼捣声。

按：译注本是。

57. 译注本卷四：亦或假以乱之耳言。新文丰本：亦或攸以乱之耳言。

按：译注本是。

58. 译注本卷四：唐丞论北台事极多，亦可书铭。（唐丞关于北台的事讲了很多，不可能全记下。）新文丰本：……，非可书铭。

按：按文意，新文丰本是。

59. 译注本卷四：世路多淫浊，真诚不可搜。促驾还游岭，人间无与酬。（世途中污浊的东西太多，真诚的事物很难得到。启驾匆匆赶回陆浑的山岭，人世间没有志同道合者。）新文丰本：……。促驾还陆岭，……。

按：新文丰本是。根据是《梁诗》"彭先生歌"，麦谷邦夫编《周氏冥通记索引》P168亦作"陆岭"，译注本翻译也是"陆浑的山岭"。

二 增字或删字

1. 译注本卷二：此华阳之玉童，定录、保命二君来相谕。新文丰本：……，定录、保命二君令来相谕。

按：从文意看，新文丰本是。

2. 译注本卷二：一人芙蓉冠，绿绣衣。（一人戴芙蓉玄冠穿绿色绣衣。）新文丰本：一人芙蓉玄冠。

按：从译文判断，译注本漏"玄"字。芙蓉冠是道教正式服制之一，状如芙蓉花瓣。玄冠是玄色布作为冠衬里。

3. 译注本卷三：陶曰：此〈叚〉[段]易迁中有柳妙基，[应作姬字，受口语音，不得字体也。]新文丰本：此〈叚〉[段]易迁中有柳妙基，[谓应作姬字，受口语音，不得字体也。]

按：译注本亦可。

4. 译注本卷三：紫阳童亦在其中。新文丰本：紫阳童亦在中。

按：两可。

5. 译注本卷三：云主生死，计劫盗事正应由乐丞，不知关唐也。新文丰本：主死生，计劫盗事正应由乐丞，不知关唐也。

按：差异处在于多出"云"字，且一为"生死"，一为"死生"。两可。

6. 译注本卷四：乙未年七月九日，二紫阳定录告：……。新文丰本：……，紫阳定录告：……。

按：译注本是。

7. 译注本卷四：见告簿籍事，云云。新文丰本：见簿籍事，云云。

按:从文意判断,译注本是,周子良未眼见簿籍,而是听神仙告知。此处是"见"字被动句。

8. 译注本卷四:司阴君主天下水事,事出《马君传》。新文丰本:司阴君主天下水,事出《马君传》。

按:两可。

9. 译注本卷四:若不能远去,只朱阳左侧亦好。新文丰本:若不能远去,只朱阳左侧好。

按:两可。

10. 译注本卷四:此当是云三月十八日事。新文丰本:此当是云三月十八事。

按:译注本是。

三　词序

1. 译注本卷三:尔申年得当上拜太极,不者则酉年也。(翻译:你在申年就应上报而成为太极真人,如果不行的话则在酉年。)新文丰本:尔申年当得上拜太极,不者则酉年也。

按:"当得",应该义,此期有用例。"得当"谓获得适合的机会,或恰当,合适。从意义看,新文丰本是。

2. 译注本卷三:有紫阳左右真人。新文丰本:紫阳有左右真人。

按:两可。

3. 译注本卷三:方亩通辞,亦即应方亩酬答也。(翻译:所谓正规标准的辞章,就是正式地去应答。)新文丰本:……,则亦应方亩酬答也。

按:"方亩",即"方幅",魏晋南北朝习语,正当,端方,光明显著等意义。"亦即""则亦"这里用于解说。查南北朝时期《齐民要术》《水经注》《魏书》《全后魏文》《贤愚经》《杂宝藏经》《世说新语》《真诰》《登真隐诀》《全梁文》《高僧传》等多部文献,"亦即""则亦"皆有用例,以"亦即"稍为多见,且更多地用于解说。译注本为优。

4. 译注本卷四:当更为访韩侯论尔不更迴异不。(翻译:如果再去拜访韩侯,跟他说说你的事会不会再变动。)新文丰本:当更为访韩侯论尔更不迴异不。

按:"不更",义为不再。此期有用例。译注本是。

5. 译注本卷四:韩应犹是太华。新文丰本:韩犹应是太华。

按:此例可能涉及副词连用的规律。对于副词的连用规律,研究现代汉语的学者有不少发现。我们搜索了"应犹"和"犹应"在CCL古代汉语语料库中的比例,发现后者比例较高(26∶106。前者26例,其中"雕栏玉砌应犹在"例子重复4例,后者106例,去除其中表示"应试""应答"意义的"应"8例,仍有98例)。

6. 译注本卷四:因疏其〈具还〉[还具]如此。(将此书信托付给了他。强文敬回来按此述说)新文丰本:因疏寄具还如此。

按:译注本改的是。不过应在"因疏"和"其还具如此"之间点断。

7. 译注本卷四:尔别当坤之。余别自语,所不能了。新文丰本:尔别自语,所不能当坤之,余别了。

按:《周氏冥通记》卷四原书不仅前后编次紊乱,时间颠倒,如二月二十日、二十五日所记事与二十九日所记事前后颠倒,"周紫阳记九真玉沥丹方"一段在"初五分许"前后隔断,且相隔甚远,不通之甚。句内亦混乱。所以译注本花了相当多的力气来调整。

四 "译注本"某些问题商榷

还有些问题不是与新文丰本的差异所在,但笔者有所考虑,希望提出来商榷。

(一) 断句方面

1. 译注本卷二:周向家云:"昨夕有人报云:'今日中当雨尔。'"旦天清赤热,了无雨意。

按:"尔"与"旦"之间的标点两可,可以说成"今日中当雨""尔旦天清赤热"。关键问题在于"尔"属前还是属后,也就是涉及本句中"尔"性质的判断。南北朝时期"尔"可以作为语气助词,用于句末,也可以作为人称代词,还可以作为指示代词。根据上下文意,似乎都可以讲得通。但是,"尔"作语气助词,一般有两种用法,一是用于肯定句句末,除表示语句的结束外,还兼表限止的语气,即"了""不过……罢了";一是用于问句的句末,与疑问词相呼应,表示疑问或反问,即"呢"。显然,这里从句子语气的表达来看,"今日中当雨"表示的是对未来天气的肯定预测,不关乎限止。另,本书中"尔+时间名词"组合颇为多见,"尔日、尔夜"都是南北朝时期常见的搭配,综合以上情况判断,窃以为"尔"连下句较好。

2. 译注本卷四:因疏其〈具还〉[还具]如此。(将此书信托付给了他。强文敬回来按此述说)新文丰本:因疏寄具还如此。

按:译注本改的是。不过应在"因疏"和"其还具如此"之间点断。

(二) 翻译方面

译注本语言平实练达,对众多专门术语和疑难词语都有注解,尤其是翻译周详细致,惠及学人。不过,有些理解有困难的词语窃以为还是应该翻译出来,如"偃房"之类有时代层次的词语。还有个别地方翻译表达有误。

译注本卷四:但且混人事,勿为异应。(翻译:首先不要混在世人中间,不要有异常的反应)新文丰本:但且混人世,勿为异应。

按:译注本翻译"首先不要混在世人中间,不要有异常的反应",意思与原文正相反,应是"只暂且混在世人中间,不要有异常的反应",不混于世,岂是正常的反应?只会引起他人怀疑,不利于暗中修仙。

五 其他

根据汪维辉先生对《周氏冥通记》常用词的研究成果,我们可以看到其中所体现的时代和地域特点。我们也发现了一些有趣的例子,试列一二。如:

1. 译注本卷二:四人各执一牙板,板上字极细不可识,并皆縹绫衣,紫绛为腰带也。"縹"为吴语。(《颜氏家训》"吴人呼绀为禁"。)

2. 译注本卷一:席白色有光明,草缕如荈子。汪维辉先生疑"荈子"为椰子。愚以为这里就是指椰子。《汉语大词典》有"椰席",即用椰子树叶编制的席子。引唐张贲《和皮陆酒病偶作》:白编椰席镂冰明,应助杨青解宿醒。椰席白色光明,特点正如此处所说。

参考文献

[1] (日)麦谷邦夫、吉川忠夫编,刘雄峰译:《〈周氏冥通记〉研究(译注篇)》,齐鲁书社,2010年。
[2] 《周氏冥通记》,台湾新文丰出版公司,1987年。
[3] 汪维辉:《〈周氏冥通记〉词汇研究》,《汉语词汇史新探》,上海人民出版社,2007年。

(萧红:武汉大学文学院,430072,武汉)

《旧唐书》所见辞书未收词语考释

熊 焰

提要：本文选释《旧唐书》所见辞书漏收词语中的 14 个。这些词语多未为《汉语大词典》、《辞源》(修订本)、《辞海》等大中型语文辞书所收录，也不见于赵文润等主编的《两唐书辞典》。某些词语虽为《汉语大词典》立为条目，但尚存在义项漏收或误释的问题。

关键词：《旧唐书》 词语 考释

本文考释的 14 个辞书未收《旧唐书》词语据汉语拼音字母顺序排列。所引《旧唐书》书证后括号中的数字，为中华书局 1975 年版《旧唐书》的页码。

1. 宝极

皇位，帝位。《旧唐书·中宗本纪》："朕临兹宝极，位在崇高。负扆当阳，虽受宗枝之敬；退朝私谒，仍用家人之礼。"(P138)

按："宝极"犹"宝位""宝图"。古代天子诸侯以圭璧为符信，泛称"宝"。秦始以帝后之印为"玺"，唐改称"宝"。《新唐书·车服志》有载："至武后改诸'玺'皆为'宝'。中宗即位，复为'玺'。开元六年，复为'宝'。"后用以称"与帝王有关的事物"。如"宝位""宝仗"等。"极"为顶点，最高位置，又特指帝王之位。南朝宋鲍照《〈河清颂〉序》："圣上天飞践极，迄兹二十有四载。"唐封演《封氏闻见记·儒教》："今上登极，思宏教本。"皆其例。"宝极"一词，《旧唐书·五行志》中另有一用例："自陛下光临宝极，绵历炎凉，郊庙迟留，不得殷荐，山川寂寞，未议怀柔。"《汉语大词典》已收录"宝位""宝图"，未收"宝极"，当补。

2. 垂将

将近。《旧唐书·哀帝本纪》："朕自缵丕图，垂将二纪，虽恭勤无怠，属运数多艰。"(P785)

按：《集韵·寘韵》："垂，将及也。"垂有将义。《东观汉记·韦豹传》："今岁垂尽当辟，御史意在相荐。"宋苏轼《祭常山神文》："今夏麦垂登，而秋谷将槁。"即其例。

垂、将连用为同义复词。"垂将"一词,史书中多见,较早见于《魏书》。《魏书·裴询传》:"(裴)询率厉固守,垂将百日,援军既至,贼乃退走。"后代史书中也多有其例。《旧唐书·刘昌传》:"及史朝义遣将围宋州,昌在围中,连月不解,城中食尽,贼垂将陷之。"《旧五代史·历志》:"自唐而下,凡历数朝,乱日失天,垂将百载,天之历数,汩陈而已矣。"

3. 董戎

统率军队。《旧唐书·狄仁杰传》:"光辅质其辞,仁杰曰:'明公董戎三十万,平一乱臣,不戢兵锋,纵其暴横,无罪之人,肝脑涂地,此非万贞何耶?'"(P2888)

按:"董"有"统率"之义。如《魏书·南安王桢传》:"今王董彼三军,朕无忧矣。"《旧唐书·昭宗本纪》:"卿宜便董貔貅,径临邠凤,荡平妖穴,以拯阽危,是所望也。"戎者,军队也。《后汉书·董卓传》:"臣既无老谋,又无壮事,天恩误加,掌戎十年,士卒大小相狎弥久。""董戎"为动宾式合成词,正史中多见。《魏书·邢峦传》引世宗曰:"汉祖有云'金吾击郎,吾无忧矣',今将军董戎,朕何虑哉。"《旧唐书·薛伾传》:"史臣曰:薛播温敏有文,鲍防董戎无术。李、严太原之政,可谓美矣。"皆其例。《汉语大词典》立"总戎"为词条,释义为"统管军事,统率军队"。而未收"董戎"一词,当补。

4. 奉许

进献,贡献。《旧唐书·屈突通传》:"当此之时,心口相誓,暗以身命奉许国家久矣。"(P2321)

按:"奉许"为同义复词。《周礼·地官·大司徒》:"祀五帝,奉牛牲。"郑玄注:"奉犹进也。"《诗·大雅·下武》:"昭兹来许。"毛传:"许,进也。"《广雅·释诂二》《玉篇·言部》均释"许"为"进"。"奉许"一词,正史中仅此一见。《汉语大词典》漏收当补。

5. 光继

继承。《旧唐书·哀帝本纪》:"伏以陛下光继宝图,纂承丕绪,教道克申于先训,保任实自于慈颜。"(P787)

按:"光继宝图"与"纂承丕绪"为互文。"宝图"指皇位、帝业;"丕绪"指国家大业。"光继""纂承"均"继承"之义。《后汉书·光武帝纪上》:"世祖光武皇帝讳秀。"李贤注引《谥法》曰:"能绍前业曰光。"光、继同义连文。《清史稿·吴兆泰传》:"乞罢园工,以慰民望,以光继列祖列宗俭德。"亦其例。《汉语大词典》及其他大中型辞书均未收,当补。

6. 拒却

击退。《旧唐书·任瓌传》:"枢果拒却圆朗。"(P2324)

按:《新唐书·苑君璋传》:"君璋拒命,进寇代州,刺史王孝德拒却之。"《宋史·孝宗本纪》:"甲辰,五部落犯黎州塞,兴州左军统领王去恶拒却之,折知常重赂蛮,使之纳款。"皆其例。"拒却"之"击退"义,于正史中始见于《旧唐书》,宋元明清史中均有用例。《汉语大词典》立"拒却"为词条,但仅立"拒绝,推却"义,"击退"义当补。

7. 克捷

战功。《旧唐书·王世充传》:"每有克捷,必归功于下,所获军实,皆推与士卒,由此人争为用,功最居多。"(P2228)

按:《汉语大词典》立"克捷"为词条,释义为"克敌制胜"。上文所引"每有克捷,必归功于下"之"克捷"前有动词"有",故"克捷"当为名词,指胜敌之功绩。《汉语大词典》当补"战功"义项。

8. 类会

会合,会同。《旧唐书·宪宗本纪上》:"宜令兴元严砺、东川李康掎角应接,神策行营节度使高崇文、神策兵马使李元奕率步骑之师,与东川、兴元之师类会进讨。"(P415)

按:"类"本指相同或相似的事物的综合。《鹖冠子·王铁》"彼类善则万世不忘"陆佃解:"类,犹聚也。""会",指会合。类、会义近。《汉语大词典》立"类会"为词条,释义为"代为会见",不及此义项,当补。

9. 略徇

侵略,侵犯。《旧唐书·太宗本纪上》:"及义兵起,乃率兵略徇西河,克之。"(P22)

按:"略徇"为同义复词。《国语·晋语八》"略则行志"韦昭注:"略,犯也。""徇"亦有"略"之义。《史记·陈涉世家》"葛婴将兵徇蕲以东",司马贞《史记索隐》引李奇曰:"徇,略也。"正史中"略徇"一词仅《旧唐书》一见,《汉语大词典》漏收,亦当补立为词条。

10. 挠权

干扰朝政。《旧唐书·中宗本纪》:"纵艳妻之煽党,则聚、楒争衡;信妖女以挠权,则彝伦失序。桓、敬由之覆族,节所以兴戈,竟以元首之尊,不免齐眉之祸。"(P151)

按:《说文·手部》:"挠,扰也。"《国语·吴语》:"挠乱百度。"韦昭注:"挠,扰也。"权,权势,权柄。后喻指"政权"。挠权即"干扰朝政"。他例有:《旧唐书·文宗本纪》:"恭俭儒雅,出于自然,承父兄奢弊之余,当阉寺挠权之际,而能以治易乱,化危为安。"《宋史·王蔍传》:"州有狡吏,善刺守将意以挠权,前守用是得讥议。蔍穷其奸状,寘于法,一郡肃然。"又《林栗传》:"人主莅权,大臣审权,争臣议权,王侯、贵戚善挠权者也,左右近习善窃权者也。"《汉语大词典》失收,当补。

11. 宁唯

岂止,何止。《旧唐书·杨元亨传》:"隋尚书令杨素,昔在本朝,早荷殊遇。禀凶邪之德,怀谄佞之才,惑乱君上,离间骨肉。摇动冢嫡,宁唯掘蛊之祸;诱扇后主,卒成请蹯之衅。"(P2675)

按:"宁"有"岂"义,"唯"有"独"义,极为常见,无庸费言。其义亦见《陈书·高祖本纪》:"况复经营宇宙,宁唯断鳌足之功,弘济苍生,非直凿龙门之崄。"例中"经营宇宙,宁唯断鳌足之功,弘济苍生,非直凿龙门之崄"对仗工整:"宁唯"与"非直"属同义对文,"非直"即"不止",尤足为"宁唯"义之佐证。

12. 齐眉

妻室。《旧唐书·中宗本纪》:"纵艳妻之煽党,则聚、楀争衡;信妖女以挠权,则彝伦失序。桓、敬由之覆族,节愍所以兴戈,竟以元首之尊,不免齐眉之祸。"(P151)

按:"齐眉"之义,当由成语"举案齐眉"衍变而来。《后汉书·梁鸿传》:"每归,妻为具食,不敢于鸿前仰视,举案齐眉。""举案齐眉"本为梁妻孟光对夫敬重之举,在封建社会中,被视为作妻子者之行为典范,修辞借代,故而有"妻室"义。据《资治通鉴》卷二〇九《唐睿宗纪》景云元年所载:"散骑常侍马秦客以医术,光禄少卿杨均以善烹调,皆出入宫掖,得幸于韦后,恐事泄被诛;安乐公主欲韦后临朝,自为皇太女;乃相与合谋,于饼餤中进毒,六月壬午,中宗崩于神龙殿。"是中宗死于韦后之进毒,是所谓"竟以元首之尊,不免齐眉之祸"也。《汉语大词典》已收录"齐眉"词条,下分列三个义项:①犹言举案齐眉。谓夫妻相敬如宾。②夫妻白首偕老。③与眉毛相平。均不及此义,当补。

13. 杂文

五彩图案。《旧唐书·则天皇后本纪》:"九月,大赦天下,改元为光宅。旗帜改从金色,饰以紫,画以杂文。"(P117)

按:《说文·衣部》:"杂,五彩相会。"又《文部》:"文,错画也。象交文。"《文选》:"尔乃御文轩。"李善注:"文,画饰也。""杂文"即谓五彩图案。《汉语大词典》已立有

"杂文"条目,释为3个义项:①指诗、赋、赞、颂、箴、诔诸体以外的其他文体。②唐宋时科举考试项目之一。③文学体裁名。均不及此义,当补。

14. 谪掾

贬谪流放。《旧唐书·哀帝本纪》:"又敕:'彦威等主典禁兵,妄为扇动,既有彰于物论,兼亦系于军情。谪掾遐方,安能塞责?宜配充本州长流百姓,仍令所在赐自尽。'"(P787—788)

按:"掾"为官府中佐助官吏的通称。"谪掾"即被贬谪的佐官。唐沈亚之《谪掾江斋记》:"谪掾沈亚之,廨居负江,方苇为墙止于堤防之下。""谪掾"犹"谪吏"。后在实际使用中"谪掾"演变为但指"谪","掾"之意义逐渐虚化脱落,"谪掾"演变而为"贬谪流放"之义。除上所举《旧唐书·哀帝本纪》外,《宋史·吕端传》"臣前佐秦邸,以不检府吏,谪掾商州,陛下复擢官籍辱用"亦其例。《汉语大词典》仅立"古代被贬谪流放的属官"一义,不及此义,当补。

(熊焰:暨南大学中文系,510632,广州)

文献研究的价值取向探略[*]

徐时仪

提要：历代文献记载着特定时代特定社会的史实，隐含着作者从各自的角度出发所表达的生命体验、思想感情和文化精神。文献研究实质上通过文献的阐释去触及、理解和接近当时所面临的某种重大和基本的文化问题，阐发新的意义，使文化传统融入当时的时代意识而发扬光大。文献的研究归根结底也是文明的研究，因而文献研究旨在阐发不同文明各种经典文献的新意义，探讨世界上多元文明多向度雅俗交融的发展趋势和价值取向。

关键词：文献研究　多元文明　价值取向

文献是文化的载体，也是文明的载体。文化有本土文化和外来文化，本土文化中又有精英文化与平民文化，不同文化在接触交流中既有排斥碰撞又有交融认同的价值取向形成了雅俗交融的多元文明。

一　文献与文献研究

相传黄帝的史官仓颉作书而天雨粟，鬼夜哭。[①] 又据《易·系辞下》载："上古结绳而治，后世圣人易之以书契，百官以治，万民以察。"结绳是原始先民用以帮助记事的方法，后来则有书契，即有书面的记载。无论是仓颉作书还是圣人的书契皆确是惊天地动鬼神的大事，标志着人类的历史由传说时代进入了信史时代。因为有了书面的记载就有了可以传世的文献，有了传世的文献则前人记录和总结的历史经验才得以留传给后人，并一代代地积累发展，大大地缩短了后人摸索经验的过程。从此社会的发展和进步不再以万年、千年作为计算单位，而缩短为以百年、十年作为计算单位，人类文明出现了飞速发展的局面。

---

[*] 国家社会科学基金项目"古白话词汇研究"（13BYY107）；上海高校高峰学科第三类"中国语言文学"建设项目。

[①] 《淮南子·本经》："昔者苍颉作书，而天雨粟，鬼夜哭。"上海古籍出版社，1989年。

中国古代文献渊源甚早，即使从殷墟甲骨文算起，也已有3000多年的历史。中国古代文献的类型，除最为常见的书籍以外，还有甲骨钟鼎、文书卷子、档案、信札、碑志、契约、账册、书画等。现存古籍文献（不包括出土文献）有8万余种，其物质形态包括甲骨、青铜、竹帛、玉石、纸张等，其体制形态包括卷轴、册页、简牍等，其制作方式包括镌刻、铸造、抄写、拓印与刊印等，其版本形态包括稿本、钞本、活字、刻版、石印、铅印等。据《论语·八佾》载孔子云："夏礼，吾能言之，杞不足征也；殷礼，吾能言之，宋不足征也。文献不足故也。"孔子所说的礼指礼乐制度，孔子所说的文献指有关典章制度的资料和多闻熟悉掌故的人。考朱熹《四书集注》解释说："文，典籍也；献，贤也。"孔子正因有感于"文献不足征"，才倾注心力于办学和整理古代文献。办学旨在培养贤人，整理古代文献则意在典籍的承传。

"文献"一词后用以指有历史价值或参考价值的图书资料。历代的文献中记载着特定时代特定社会的史实，隐含着作者在特定时代特定社会中从各自的角度出发所表达的生命体验、思想感情和文化精神。

文献研究实质是从学术上对传统的追溯和反思，即从传承中求发展，根据当时现实的需要，通过文献的阐释和研究去触及、理解和接近当时所面临的某种重大和基本的文化问题，阐发新的意义，使文化传统融入当时的时代意识而发扬光大。从孔子以来的历代学者以"述而不作"、寓作于述的态度解释古典文献，形成了融合解释者之"意"与创作者之"志"的"以义逆志""知人论世""得意忘言"等研究文献的传统。

文献研究可以通过多种途径进行，可以是某些文献的成书和版本流传研究，也可以是不同文献的比较研究，即既有具体的某部文献的点的研究，又有由某部文献推及另一部相关文献的线的研究，还有各类相关文献间的面上的研究，更有借不同时期不同地域文献以"究天人之际，通古今之变"而贯通融会文史哲各领域的多维立体的研究。

二　文献与文明

文明是人类审美观念和文化现象的传承、发展、糅合和分化过程中所产生的生活方式、思维方式的总称。古代文明基本都以河流及流域为发源地。不同的时期往往由不同的文明占据，以地域环境大致分为：发源于亚洲底格里斯河与幼发拉底河流域的两河文明，发源于非洲尼罗河流域的尼罗河文明（又称古埃及文明），发源于亚洲印度河与恒河流域的印度河文明，发源于希腊爱琴海地区的爱琴文明，发源于亚洲黄河流域的中国的商文明等。

文明具体体现了人类在认识世界和改造世界的过程中所逐步形成的思想观念以及不断进化的人类本性,包括人类在社会历史发展过程中所创造的物质文明和精神文明。文献记载了这些文明的源流,而文献既有传世文献,又有出土文献;既有官方文献,又有民间文献;既有本土文献,又有异域文献。这些文献虽然在时代、地域及其宗旨上千差万别,各有畛域,但又相互交融,彼此互补,体现出从内容到形式、多层次、多维度的交叉融汇,编织成一个互有交叉的文献网络,不仅反映了文明之间的交融,而且也反映了文献之间的交融。

如就宗教而言,佛教源于印度,今信徒多在东亚和东南亚地区;基督教诞生于巴勒斯坦,今基督教的中心在梵蒂冈,而巴勒斯坦的居民则信奉伊斯兰教。乔达摩·悉达多创立原始佛教时使用半摩揭陀方言,到阿育王时代佛教第三次集结形成经典时是巴利文记载的文献,再到公元后的佛教经典则是梵文或混合梵文记载的文献。[①] 两汉之交佛教传入中土后,华严宗和唯识(法相)宗吸引上层高僧大德们剖判入微地研习精理奥义,净土宗吸引一般僧俗民众整日念"阿弥陀佛"来到达极乐世界,禅宗则以"不立文字,教外别传;直指人心,见性成佛"的顿悟而盛行于官方与民间。释迦牟尼的教理经隋代智𫖮、吉藏和唐代玄奘、窥基、弘忍、神秀、慧能、神会、法藏、宗密等高僧在不同层次上的钻研加工,从玄奘创立的慈恩宗由盛而衰到慧能的禅宗继之而兴,几经演变而形成中国的各宗派,进而传至东亚和东南亚,且普及到社会的各个阶层,成为上至帝王学士,下至市人村民,雅俗相融的一种宗教信仰。随着佛教的东传,又形成汉文记载的大藏经,有开宝、崇宁、毗卢、圆觉、资福、碛砂、普宁、契丹、赵城、高丽、嘉兴、天海、弘教、频伽、卍正和大正藏等二十余种。[②] 这些大藏经中,1251年刻成的《高丽藏》再雕本以《开宝藏》本、《高丽藏》初雕本与契丹本互校,在古代刻本各藏中推为精本。《大正藏》则是日本大正一切经刊行会于大正十三年(1934)以《高丽藏》再雕本为底本,以宋、元、明三藏和宫本、敦煌写本等补充校勘而成的排印本。1982年至1997年中华书局编纂出版的《中华大藏经》以《开宝藏》的复刻本《赵城金藏》为底本,缺失部分则以《高丽藏》补足,将历代大藏经中有千字文编次的特有经论按照内容性质悉数补入,收录经籍一千九百三十九种,一万余卷,可谓集印度、东亚和东南亚文明以及佛经文献交融之大成的

[①] 季羡林:《再论原始佛教的语言问题》,《季羡林讲佛教》,中国社会科学出版社,2009年。
[②] 据吕澂《新编汉文大藏经目录》(齐鲁书社,1980年)所收存译本统计,保留至今的汉文佛典约有一千四百余部,五千七百余卷。

又一精本。

又如《燕行录》是朝鲜时代使臣们来往燕京(北京)时根据所见所闻而记录下来的纪行录,最早的《燕行录》著述的时间见于 1273 年李承休的《宾王录》,最晚的著作则是 1890 年洪钟永的《燕行录》。燕行文献内容十分广泛,除了记载路途、使行人员、贡品和沿路所见的风景外,对于中国当时的政治、经济、文化、社会风俗都有详略各异的记述。其中洪大容《湛轩燕记》、徐浩修《燕行录》、金正中《燕行录》、柳得恭《燕台再游录》、徐长辅《蓟山纪程》、朴思浩《燕蓟纪程》、金景善《燕辕直指》、郑太和《朝天日录》、徐文重《燕行日录》、柳命天《燕行日记》、闵镇远《燕行录》、李宜显《燕行杂识》、朴来谦《沈槎录》、徐有闻《戊午燕行录》、李承五《燕槎日记》等描述了中国的时政、著名人物、藩属外交、边境贸易、商人市集、士人科举,以及婚丧风俗等,记载了东亚文明间政治、经济、社会、学术、文化等方面的异同。

再如"翁仲"本是匈奴的祭天神像,后指列于宫殿前或陵墓前的铜像或石像,传至越南经衍化变异,重构为神话传说中的神奇人物李翁仲,明代又由越南回传至中国而成为阮翁仲。"其想像与重构既有一种弱势文化在强势文化面前希望通过消解对方或弘扬自我以凸显其强悍,从而与之相融合的特定的'文化氛围',包括其特定的生存状态、心理形态、伦理价值等因素;也有着特定历史时期本土文本创作者们对异文化进行重新阐释的特定的'认知形态',包括其认知能力、认知途径与认知心理,以及由此而达到的认知程度。"[①]

由此可见文献的研究归根结底也是文明的研究。

三　文献研究的价值取向

1. 多向交流

文献记载的内容与人类文明及人们的活动密切相关,文献实际上是整个客观世界与人类主观精神凝结的产物,而文明间的交流常常是双向的,甚至是多向度的。各种文献的记载反映了不同文明间的文化互动。

如甘蔗制的沙糖是印度、波斯和中国诸文明多向度交流的产物。据洪迈《容斋五笔》卷六载:"唐太宗遣使至摩揭陀国取熬糖法,即诏扬州上诸蔗,榨沈如其剂,色味愈于西域远甚。"又据唐孟诜《食疗本草》载,石蜜"波斯者为良"。季羡林《CiNi

---

① 庞希云、李志峰:《文化传递中的想像与重构——中越"翁仲"的流传与变异》,《上海师范大学学报(哲学社会科学版)》,2013 年第 2 期。

问题——中印文化交流的一个例证》一文曾指出:"《楚辞》已经有'柘(蔗)浆'。从公元二三世纪东汉后期起,'西极石蜜'已经传入中国。大约到了六朝时期,中国开始利用蔗浆造糖。7世纪时,唐太宗派人到印度摩揭陀去学习熬糖法,结果制出来的糖'色味愈西域远甚'。看来中国人从印度学来了制糖术以后,加以发扬,于是就出于蓝而胜于蓝。"①

又如在中国儒学史上,朱熹融合儒、释、道而集理学之大成,建立起一个贯穿天、地、人的理学思想体系,涵括了人生、社会、自然等领域,尤其是充分体现了张载所说"为天地立心,为生民立命,为往圣继绝学,为万世开太平"的中国古代知识分子理想境界。朱熹的理学思想体系宏阔,博大精深,不仅对中国文化结构、政治生活、伦理思想、价值取向、思维方式、风俗习惯、理想人格等方面都产生了十分重大的影响,而且还跨越民族和地域的界线,远播海外,在15世纪影响朝鲜,16世纪影响日本,对日本、韩国以及越南等东南亚各国的思想文化都产生了深刻深远的影响。②仅就朱熹与其门人讲学问答的实录《朱子语类》而言,今日本九州大学图书馆所藏徽州本《朱子语类》即为朝鲜古写本,此本为宝祐二年魏克愚再校本的抄本,与现通行的明成化九年江西藩司复刊宋咸淳六年导江黎靖德本不尽相同,在朱子学研究上具有不可多得的学术价值。朝鲜朱子学的主要代表人物是李滉(1501—1570),号退溪,著有《退溪集》《朱子书节要》《启蒙传疑》《心经释录》等,③开创了退溪学派,提倡"儒学的根本为'理'"的"主理论",强调读书、修养的目的就是革尽"人欲",复尽"天理"。李滉是朝鲜朝儒学的泰斗,其思想后又传入日本成为日本近代儒学的主体思想,对日本朱子学的发展也产生一定的影响。由徽州本《朱子语类》在朝鲜的传抄和在日本的流传亦可见朱子学在东亚诸文明间多向度的交流。④

再如汉字曾是东亚地区的通用文字,"《原始秘书》言高丽之学始於箕子,日本之学始于徐福,安南之学始於汉立郡县而置刺史,被之以中国之文学",⑤形成汉字文化圈,而辞书是人类社会发展的产物,也是记载人类文明演进的重要文献。汉语辞书在汉字文化圈广泛流传,传播到东亚各国甚至欧美,这些国家也编有一些汉语

---

① 季羡林:《CiNi问题——中印文化交流的一个例证》,《社会科学战线》,1987年第4期。
② 蔡方鹿:《朱熹与中国文化》提要,贵州人民出版社,2000年,第1—2页。朱熹的理学思想在17世纪又随东学西渐传至欧洲,1714年在欧洲翻译出版了《朱子全书》,形成涉及经学、史学、文学、哲学、教育、伦理及自然科学等的朱子学,研究者遍布全球,研究成果多种多样,成为一门国际上的"显学"。
③ 韩国汉城大学校的奎章阁所藏心斋白斗镛编纂、鹤巢尹昌铉增订的《注解语录总览》第一册中"语录解"部分辑录有退溪李滉对《朱子语类》中俗语和口语的解释。
④ 参拙著《朱子语类词汇研究》,上海古籍出版社,2013年。
⑤ 林趾源:《热河日记》,林基中编《燕行录全集》,东国大学出版部,2001年,第55册,第202页。

辞书。① 朝鲜辞书往往以《玉篇》《字林》和《字典》命名，如朝鲜编有《全韵玉篇》《国汉文新玉篇》《字典释要》《汉鲜文新玉篇》《字林补注》和《新字典》等。《汉鲜文新玉篇》序称"乃将旧日《玉篇》以鲜文解释之，且其脱漏处及紧要字对照《康熙字典》而添入之"。《新字典》凡例则明言"此书用《康熙字典》为台本，剪其繁衍，补其阙漏，兼收新制之字、新增之义，以应时代之用，故名曰《新字典》"。② 日本的辞书无论形式还是内容也皆受到我国各种辞书的影响。③ 如空海以《玉篇》为蓝本编成日本现存最早的辞书《篆隶万象名义》。④ 昌住所编《新撰字镜》的义训大多来自玄应《一切经音义》《玉篇》和《切韵》等典籍。诸桥辙次历时35年编成的《大汉和辞典》注音取《广韵》《集韵》《洪武正韵》的反切为准，字形和字义以《康熙字典》为主要依据而兼释六书原义及字形变迁，大致以《康熙字典》为蓝本，参照《说文解字》《玉篇》《广韵》《集韵》《字汇》《正字通》《中华大字典》以及《辞源》《辞通》《辞海》等，序称："东洋文化，大半是靠汉字汉语来表现的。这在文艺方面、思想方面、甚至于在道德和宗教方面都是一样。因此，如果不研究汉字汉语来谈东洋文化，实际上是不可能的。"⑤日本辞书也往往以《尔雅》《释名》《玉篇》《字林》命名，⑥如1489年刊行的《和玉篇》，1694年刊行的《和尔雅》，1700年刊行的《日本释名》，而《倭玉篇》甚至成了汉和辞书的代名词。日本辞书对我国辞书的编纂也有影响。如汪荣宝、叶澜编的《新尔雅》和曾朴、徐念慈编的《博物大辞典》等辞书收录了日本吸收西方新概念和新事物所发明和使用的新词语，《新尔雅》凡例称"中外兼赅，百科并蓄"。又如黄士复和江铁编的《综合英汉大辞典》参考了神田乃武等编《大增补模范英和大辞典》和井上十吉编《井上英和大辞典》。汉语辞书还传至欧洲。明末欧洲天主教东传入华，入华布道的传教士也成了中学西传的使者。据龙伯格《汉学先驱巴耶尔》一书所说，巴耶尔曾藏有驻华耶稣会士巴多明赠送的一部汉拉词典抄本，1732年开始编《拉汉大词典》，惜早逝而未能编成。1685年门采尔也编有《拉汉字汇》。⑦ 1813年，德金编的《汉字西译》在巴黎出版，这是欧洲本土自16世纪以来出版的最实用

---

① 王平：《基于数据库的中日韩传世汉字字典的整理与研究》，《中国文字研究》第十九辑，上海书店出版社，2014年。
② 柳瑾：《新字典》，韩国光文会，1915年。
③ 千野荣一《岩波讲座日本语·语汇和意义》中说："我国辞书的历史，可以说是从在引进汉字的同时使用中国的辞书开始的。"岩波书店，1977年。
④ 日本复制原本《玉篇》卷第九末有"乾元二年"(759年)，可能是唐肃宗时传入日本抄写的时间。
⑤ 诸桥辙次：《大汉和辞典》，大修馆，1955年。
⑥ 《尔雅》在日本有很多版本，如"神宫文库本"、"古逸丛书本"、"影宋本"《尔雅》，还有《倭尔雅》等。
⑦ 参杨慧玲《欧洲早期汉语词典的编纂及出版》，《辞书研究》，2014年第2期。

的一部汉语词典。1808 至 1823 年马礼逊编的《华英字典》(又译为《中国语文字典》)则引入西方辞书编纂先进的检索系统,在吸收《康熙字典》相当一部分内容的基础上,融入西学,增添了大量的新内容,如"单位、消化、水准、演习、小说"等。尤其值得指出的是,马礼逊以西学知识对"天"和"理"等词义的梳理,不仅是词义的简单对译,而且更是融合中西方知识概念的成功尝试,充分体现了辞书文献沟通古今中外的认知功能。清末民初,随着西学的东渐,《辞源》《辞海》等一批适应时代要求旨在普及国民教育和提高全民族文化水平的新型辞书也相继问世。① 这些辞书贯通典故,博采新知,摄取欧美、日本诸国舶来的各种科学术语"以补助知识为职志",②既继承中国古代辞书编纂优良传统,又借鉴了外国辞书编纂经验而在内容和体例上皆有所革新和创造,可以说是中外文化多向度交媾的结晶。

因而文献记载反映的文明间的文化互动具有三个层面。第一层面记载反映本地域或本民族的文明特征,第二层面记载反映不同地域或不同民族文明间的交融和变异,第三层面则记载反映人类多元文明多向度交流互补的共性。文献研究要从这三个层面着手,既要从本地域或本民族的文明看世界,如从中国看世界;也要从不同地域或不同民族文明看本地域或本民族的文明,如从周边异域看中国;更要从人类多元文明的接触相融来看各种文明的发展趋势。

2. 雅俗相融

文献有雅文献,也有俗文献。雅可指正规、合乎规范,如雅正、典雅;也可指高贵优美,如高雅、博雅、风雅、文雅、古雅、儒雅、雅致、秀雅。俗可指相沿习久而形成的风尚习俗,如风俗、礼俗、习俗、民俗;也可指平常、普通,如通俗、世俗、常俗、凡俗、俚俗;还可指鄙陋,如低俗、浅俗、粗俗、庸俗。雅带有官方的、正式的、公共的、上层社会的含意,俗则带有民间的、普通的、非正式的、私人的、下层社会的含意。典雅和通俗是相融互补的,每一个民族都有俗文化和雅文化,也都有雅文献和俗文献。雅文献如《周易》《孟子》和《史记》等,俗文献如敦煌变文和话本小说等。不管是雅文献还是俗文献,二者中皆有经久不衰而弥久愈新的经典。如《老子》《论语》《古兰经》《圣经》和《金刚经》等是经典,《木兰诗》《齐民要术》《京本通俗小说》《大唐三藏取经诗话》和《水浒传》等也是经典。古今中外,各个知识领域中那些典范性、权威性的,尤其是具有重大原创性、奠基性的著作就是经典,可谓经典的雅文献。

---

① 参拙文《西学东渐与中国近代辞书编纂》,《辞书研究》,2010 年第 3 期。
② 陆尔奎:《辞源说略》,《东方杂志》,1915 年第 12 卷第 4 期。

从本体特征来看,经典的雅文献多是原创性文本与独特性阐释的结合,凸显出丰厚的文化积淀和人性内涵,提出一些人类精神生活的根本性问题,与特定历史时期鲜活的时代感以及当下意识交融在一起,富有原创性和持久的震撼力,从而形成重要的思想文化传统。如《古兰经》是穆罕默德在传教过程中陆续宣布的"安拉启示"的汇集,后成为伊斯兰教经典。[①] 又如《圣经》由40多个君王、先知、祭司、牧人、渔夫、医生等描述神给自己的启示而汇集成书,[②]内容包括历史、传奇、律法、诗歌、论述、书函等,后被奉为教义和神学的根本依据,成为基督教经典,又称《新旧约全书》。从价值定位看,经典的雅文献往往成为思想的象征符号。如莎士比亚之于英国和英国文学,普希金之于俄罗斯与俄罗斯文学,鲁迅之于中国现代文学。这些文献的经典性都远远超越了个人意义,上升成为一个民族,甚至是全人类的共同经典。相对于经典的雅文献而言,民间流传的内蕴生活哲理的丛残小语虽不是高文典册,然源自口耳相传的乡谈俚论,诉诸底层社会草根平民喜怒哀乐的感受,具有通俗性和民间性,往往情真意切,鲜活而朴实,平凡中寓哲理,形诸笔墨也是经典,可谓经典的俗文献。如唐代民间诗人王梵志的白话诗:"城外土馒头,馅草在城里。一人吃一个,莫嫌没滋味。""黄金未是宝,学问胜珠珍。丈夫无伎艺,虚沾一世人。""饶你王侯职,饶君将相官。蛾眉珠玉佩,宝马金银鞍。锦绮嫌不著,猪羊死不飡。口中气新断,眷属不相看。"写得自然平淡又隐约而风趣。又如多以"寻常话头,略加贯串,人人晓得,所以至今不废"的元明戏曲和"一开卷,千百载之事豁然于心胸"的明清小说等皆于常俗人情世故中寓人生哲理。[③] 再如清代车王府藏曲本《镇冤塔》第伍部:"杏梅:'指挥袁滚无妻子,寡居几载守空房。你俩何不打了伙,也省得他受寂寞你凄凉。不知贤妹如意否?'花魁:'管他黑猫黄猫,咬着耗子就是好猫。我是无价的局儿,将就些儿罢咧。'"[④]曲中杏梅替袁滚向花魁提亲,花魁的答复是不管是谁,只要能相亲相爱就是好丈夫,她所说"管他黑猫黄猫,咬着耗子就是好猫"是当时民间俗语,其相应的文言形式为"黄狸黑狸,得鼠者雄",[⑤]今演变为"不

---

① "古兰"一词意谓复述真主的话语,系阿拉伯语 Quran 的音译,有"宣读""诵读"或"读物"义。现存最古老的西元688年的《古兰经》藏于埃及国家图书馆。
② 《圣经》的拉丁语为Biblia,希腊语为Bβλο,英语为Bible,本意为莎草纸。《圣经》中的约伯记写于3500年前左右(约公元前1500年),启示录写于公元90—96之间,历经1600年左右才结集成书。
③ 王骥德《曲律·论宾白》,湖南人民出版社,1983年,第163页;蒋大器:嘉靖本《三国志通俗演义》序,《古本小说集成》,上海古籍出版社,1990年,第1页。
④ 台湾"中央研究院"编:《俗文学丛刊》第3辑第240册,新文丰出版公司,2001—2006年。
⑤ 蒲松龄《聊斋志异》卷四《驱怪》:"异史氏曰:'黄狸黑狸,得鼠者雄。'此非空言也。"上海古籍出版社,1962年,第511页。

管黑猫白猫,捉到老鼠就是好猫",或"无论黑猫白猫,逮到老鼠就是好猫",成为人们耳熟能详的俗谚,用以比喻做事应一切从实际出发,注重实效。这句俗谚又因邓小平讲话时引用而形成富有哲理的"猫论",作为中国将社会工作重心转移到经济发展上的一个理论标志,[①]从中亦可见雅俗文献的哲理相融。

雅文献和俗文献又是相对而言的,社会的变化和历史的发展使雅与俗相应而变。俗文献成为雅文献的如《诗经》和《楚辞》出自民间,具有先秦时期野丫头般俗白直露的生机和灵气,经文人加工后,去除粗俗的成分,而成为比较典雅的诗文。[②]后世出自民间或采用口语的俗文献同样具有当时野丫头活语言的生机和灵气,经文人加工去除粗俗成分后也可成为雅文献。如明代万历丁巳(1617)年间东吴弄珠客序的《金瓶梅词话》本是说话人的口讲述录,可谓俗文献;而崇祯年间经文人加工而成的《金瓶梅》则避俗趋雅,可谓雅文献。雅文献成为俗文献的如禅宗诠释佛家真谛妙论的《祖堂集》和《五灯会元》等语录。儒家的经典在讲学和解说后也可成为比较通俗的俗文献。如朱熹门人弟子笔录朱熹讲学内容整理而成的《朱子语类》,又如许衡《直说大学要略》、贯云石《孝经直解》和吴澄《经筵讲义》等白话讲章。值得一提的是,孔子门人弟子笔录孔子讲学内容整理而成的《论语》可以说既是讲学的俗文献,又是儒家《十三经》中的经典,《古兰经》和《圣经》也是由口耳相传的故事、传奇和哲理的启示等教理的记载而成为宗教的经典。

因而雅文献和俗文献相辅相成,文献研究既要重视高文典册的雅文献也要关注丛残小语的俗文献,尤其是要关注源自引车卖浆者流的民间俗文献。

四 结语

前人留下的文献典籍是我们的宝贵财富,无论是雅文献还是俗文献皆蕴涵着人类文明的精华积淀。历史启示我们,任何文明的传承都建立在经典文献的传承基础之上,任何文明的光大也离不开经典文献的启迪,而任何经典文献都需要在一代一代人们的不断解释中宏扬其生命价值,从而介入当时的文化传承和再造,推动社会的进

---

① 邓小平1962年7月7日在《怎样恢复农业生产》讲话中说:"生产关系究竟以什么形式为最好,恐怕要采取这样一种态度,就是哪种形式在哪个地方能够比较容易比较快地恢复和发展农业生产,就采取哪种形式;群众愿意采取哪种形式,就应该采取哪种形式,不合法的使它合法起来。这都是些初步意见,还没有作最后决定,以后可能不算数。刘伯承同志经常讲一句四川话:'黄猫、黑猫,只要捉住老鼠就是好猫。'"《邓小平文选》第一卷,人民出版社,1989年。
② 如《诗经·关雎》"窈窕淑女,君子好逑"在当时不过是"漂亮的好女孩,正派男孩的好伴儿"的应时记载。

步和发展。因而文献研究既与文明的传承密切相关,又与社会的发展密切相关。

人类文明是由不同地域、不同文化和不同阶层的人们共同建构的,即由菁英与草根共同创造的。菁英为草木之菁华,草根则是菁英之根本,且越是植根于日常大众的就越是具有生命力,体现了人类文明发展雅俗交融互补的主导趋势。① 相较而言,俗文献往往更多地记载了历代王朝的更替无非皆是"兴,百姓苦;亡,百姓苦"而已,②而所谓"一治一乱"的治是暂时做稳了奴隶的太平盛世,乱就是想做奴隶而不得的乱世时代。③ 因而撰写哲学史和思想史,除了研究儒释道等经典外,也要研究记载引车卖浆者流人生观价值观的俗文献;撰写文学史和艺术史,除了研究大家名著外,也要研究记载民间无名氏心声心曲和审美情趣的俗文献。④ 这样的植根于雅俗文献研究之上撰成的哲学史、思想史和文学史、艺术史才可以说是真实反映了人类文明的发展和进化。

21世纪是立足于人类数千年的文化积累之上的新的世纪。随着现代科学技术的高速发展,人类利用文献信息的方式正在朝着数字化、电子化、网络化方向发展。运用现代信息处理工具,建立大容量的文献资料库,形成记载不同文明的立体网络,从而对有关文献进行多方面的统计分析,这已成为文献研究的先进手段。在这个网络中,虽然各种文献在时代、立场及其宗旨上千差万别,各有畛域,但又相互交融,彼此互补,体现出从内容到形式,多层次、多维度的交叉融汇,而新世纪则既要解读"阳春白雪"的雅文献,也要解读"下里巴人"的俗文献,融会贯通不同文化、不同地域、不同时期和不同阶层的相关文献,阐发不同文明各种经典文献的新意义,探讨世界上多元文明多向度雅俗交融的发展趋势和价值取向,在建设物质文明的同时进一步发展和完善精神文明,从而使不同地域不同文明不同文化不同阶层的人们皆达到和进入中国古代知识分子所向往的"为万世开太平"的理想境界。

(徐时仪:上海师范大学古籍研究所,200234,上海)

---

① 参拙文《论汉语文白演变雅俗相融的价值取向》,《上海师范大学学报(哲学社会科学版)》,2013年第5期。
② 张养浩:《山坡羊·潼关怀古》,《张养浩集》,吉林文史出版社,2008年。
③ 鲁迅:《坟·灯下漫笔》,人民文学出版社,1956年。
④ 如《中国文学史》有一百多部,每一部都有它存在的价值,代表着编者的文学发展史观和人生观价值观,不同的文学发展史观和人生观价值观构成贯通各部《中国文学史》的不同主线,反映了编者对中国文学古今演变原因和规律的执着探索,而以平民意识的萌发和平民审美趣味的引导作为贯通中国文学发展史的主线,或更能体现出推动中国文学由古代文学发展至现代文学的主导趋势,正是这一主导趋势促成了中国文学的古今演变。

清代南部县衙档案俗语考释*

杨小平

提要：本文采用对校、本校、他校、理校等，根据音形义判断，按照字形查明字义，按照上下文意判断，考释南部县衙档案部分俗语，分析使用理据，分析前人时贤研究正误，商榷其观点，讨论其论证过程，检索文献例证，补充完善证据。

关键词：清代 南部档案 俗语

四川省南充市档案馆所存近2万卷清代南部县衙档案十分珍贵，是从清代顺治十三年(1656)到宣统三年(1911)的256年唯一完整的县级基层政权档案，真实而全面。

学术研究逐渐"眼光向下"，直接反映民间百态、基层情况、衙门运作的州县档案开始受到研究者的青睐。南部档案属于明清档案，与甲骨卜辞、敦煌经卷并称为20世纪初中国文化三大发现。但语言学尚未加以注意。

档案由人工书写，使用了不少俗语。俗语历史悠久，文化底蕴丰厚，具有地方特色。目前俗语研究，前人时贤进行了深入研究，成果较丰硕。但是档案中的俗字研究很少。同时，解读和整理南部县衙档案未能充分注意俗语，对俗语的内涵和渊源知之不多，俗语的错误认识导致对档案理解错误、标点句读不当等，直接或者间接影响档案的研究和利用，以讹传讹，不利于地方历史档案的整理与研究。

本文采用对校、本校、他校、理校等，根据音形义判断，按照字形查明字义，按照上下文意判断，考释南部县衙档案部分俗语，分析使用理据，分析前人时贤研究正误，商榷其观点，讨论其论证过程，检索文献例证，补充完善证据。

《为立出甘愿请媒作合觅主鬻妻媳事》："立出甘愿请媒作合觅主鬻媳、妻文约人□□□全子心德。情余年老家贫，日食难度，兼子心德身代(带)残疾，无力顾持，实出无奈，父子商议，只德(得)将媳、妻邓氏改释生路，愿请张何氏、吴永成为媒，觅

---

* 基金项目：2011年国家重大招标项目(11&ZD093)、2014年国家社科后期资助项目(14HFF022)。

主作合改嫁,别永远不得异言生非,恐口无凭,特出请媒文约一纸为据。"(《南部档案》6—404—11,同治十二年冬月初四日)

按:"情"字费解,似是指案情如下。"情"字多出现在原告自述中,在法制文书中有一特殊含义,表示案情缘由。此处在具有法律效力的文约中出现,也有情况如下的意思。《汉语大词典》未收此义。另外,本文约有人认为是谢心德嫁卖生妻文书,实际上,本文书是谢心德与其父一道嫁卖,而不是丈夫嫁卖生妻;"立约人"后缺字当是谢心德父亲名讳,至少可以补"谢"姓。翻阅档案原卷,文约确实比较模糊,不过隐约可见为"谢文灿"三字,据档案上下文与相关档案,当是"谢文灿"三字,可据补;"仝"即"同"字的俗写。"别永远"的"别"字似当上属。

《为具告冯帝金拜师学射不谢礼撒骗事》:"门生冯帝金回来,不但一毛不拔,且目无尊长,硬势不理,望先生详察。"(《南部档案》1—6—3,雍正十年八月二十九日)

按:"硬势"当是方言词语,同"硬是",意思是"就是",现在南部方言仍然这样说。

《为陶天佑跌岩拌伤身死事》:"今蒙验讯,陶天佑实系出外捡粪,路过小的管业岩边,自行失足跌岩拌伤左脚外踝,医治不愈,因伤身死,并无别故。"(《南部档案》6—162—5,同治十三年四月二十八日)

按:"拌"是方言俗字俗语,意思是"摔""跌",与前文的"跌"同义。"拌伤"就是"摔伤""跌伤"的意思。《现代汉语词典》未收该字此义,说明该字未成为通用词。《汉语方言大词典》收录,解释为"摔",说明西南官话使用。①

"拌"字此义可能由"用力摔"引申而来,本指"用力摔东西",扩大到人,形容受到较大力而摔或跌。西汉扬雄《方言》说该字意思是"挥弃物"。字典辞书对此多有记载,如:

《汉语大字典》:舍弃;不顾惜。《方言》卷十:"楚人凡挥弃物,谓之拌。"《广雅·释诂一》:"拌,弃也。"王念孙《疏证》:"拌之言播弃也……播与拌古声相近。《士虞礼》:'尸饭播余于篚。'古文播为半,半即古拌字,谓弃余饭于篚也。"唐温庭筠《春日偶作》诗:"夜闻猛雨拌花尽,寒恋重衾觉梦多。"《警世通言·吕大郎还金完骨肉》:"欲要争嚷,心下想到:'今日生辰好日,况且东西去了,也讨不转来,干拌去涎沫。'"清高绍陈《永清庚申记畧》:"余挺而走险,拌死得至双营。"②不过,《汉语大字典》把

---

① 许宝华、宫田一郎:《汉语方言大词典》,中华书局,1999年,第3282页。
② 《汉语大字典》第一版,四川辞书出版社、湖北辞书出版社,1990年,第1858页。

"挥弃"和"舍弃"两个意思不同的收录在一起,容易误解。这些例证中,用力挥弃的有《春日偶作》《永清庚申记署》,而《警世通言·吕大郎还金完骨肉》中的意思是舍弃。而"不顾惜"义没有例证。最好是分列义项,便于使用。相比之下,《中文大辞典》处理就相对较好。

《中文大辞典》:弃也。《方言》十:"楚凡挥弃物,谓之拌。"《广雅·释诂一》:"拌,弃也。"(第5688页)

其他文献也多见该俗字。

《方言》卷十:"拌,弃也。楚凡挥弃物谓之拌。"①楚语中"挥弃物"即用力扔东西。《广雅·释诂》:"拌,弃也。"王念孙《疏证》:"拌之言播弃也。《吴语》云'播弃黎老'是也。'播'与'拌'古声相近。《士虞礼》:'尸饭,播余于筐。'古文'播'为'半','半'即古'拌'字,谓弃余饭于筐也。"②《汉语大词典》解释为:"舍弃;豁出。《方言》第十:'拌,弃也。楚凡挥弃物谓之拌。'宋吴潜《满江红·怀李安》词:'邂逅聊拌花底醉,迟留莫管城头角。'"按:吴潜词中"拌"为"豁出"的意思,与"挥弃物"没有关系。实际上,仔细阅读后可以知道,《汉语大词典》是把两个相关但并不同的意义放在一起进行解释,一个是"舍弃",例证为《方言》;一个是"豁出",例证是吴潜词。《汉语大词典》引《方言》后直接举吴潜词例容易让人误解或混淆"拌"的意思。

"拌"的"舍弃""豁出"义又记音作"潘"。《广韵·缓韵》:"拌,弃也。又音潘。"如《敦煌变文校注·维摩诘经讲经文(一)》:"赎香钱减两三文,买笑银潘七八挺。"《校注》:"潘,当读作'拌'。《方言》卷十:'楚人凡挥弃物,谓之拌。'字又作'拚'。《广韵·桓韵》:'拌,弃也。俗作拚。'"③按:《敦煌变文校注》引《方言》的引文中"楚"字后衍"人"字,同时引《方言》与《广韵》欠妥。《方言》中的"拌"乃"挥弃""用力扔"的意思,与《广韵》中的"拌"字意思并不同。《敦煌变文校注·太子成道经(一)》:"若能取我眼精,心里也能潘得。取我怀中怜爱子,千生万劫实难潘。"④敦煌变文中的"潘"均是"抛弃""抛舍"义。宋俞文豹《吹剑三录》:"判音潘。杜诗:'痛饮已判人共弃。'"

《四川方言词语考释》"拌"条说:"弃掷;用力摔。……唐温庭筠《春日偶作》诗:

---

① 扬雄:《輶轩使者绝代语释别国方言》,商务印书馆,丛书集成初编本,第203页。
② 王念孙:《广雅疏证》,上海古籍出版社,1983年,第39页。
③ 黄征、张涌泉:《敦煌变文校注》,中华书局,1997年,第762页。
④ 同上,第439页。

'夜闻猛雨拌花尽,寒恋重衾觉梦多。'谓雨把花全打在地上,犹弃掷于地矣。"①按:温庭筠诗中"拌"为"摧残"的意思,不是"弃掷"义,也不是"用力摔"义。显然属于误引其诗。

又记音作"跘"。《四川方言词语考释》又云:"或作'跘',《蜀籁》卷三:'爬得高跘得响。'"②按:此说欠妥,因为"跘"确实有"弃掷、用力摔"的意思,但是《蜀籁》中的"跘"却是"摔倒"的意思。《汉语大词典》"跘"条解释为"跌倒;摔倒",例引傅崇榘等《成都通览·童谣》:"南瓜跘得稀巴滥,娃娃跘得喊妈妈。"这里有两个"跘"字,而第一个"跘"与第二个"跘"意思不同,前者指"用力扔",带有"弃掷""用力摔"的意思,后者是"滑倒"的意思。因为南瓜不会自己跌倒或者摔倒,只有可能是"被用力扔"或者"使劲扔"的意思。

《为具告蒲永连等昌充乡约迭搭银钱未遂殴民致伤私押不释事》:"延令八月十五民与伊割肉两斤送情,伊已收去,辄欺民朴,八月二十七见民赶场归家。"(《南部档案》8—379—1,光绪七年八月三十日)

按:"场"是方言俗字俗语,意思是"市场""市集"。南部方言现在仍然使用"场"字此义,有的乡镇是一、四、七当场,有的乡镇是二、五、八当场,有的则是三、六、九当场。"当场"即今天是集市的日子,农村不同地方当场的日子不一样,但大多一般间隔两天左右,民众利用集市进行各种贸易,周边的人都会携带货物前来,多以街道、公路为交易地方,甚至阻断交通。而不当场的日子称为"闲场天"。《汉语大字典》:集;市集。如:赶场;三天一场。清刘献廷《广阳杂记》卷二:"后世市谓之墟……蜀谓之场。"③《汉语大字典》仅仅收有清刘献廷《广阳杂记》一个孤证,实际上,文献中还有很多例证,可以补充。

南部档案中多见"场"字此义,例如:《为河差具禀彭显超运米违禁出关事》:"小的系治属民,人住老观场,今十月间去徍(往)上河买米,船只装运来治城。"(《南部档案》23—41—2,宣统元年十一月七日)《为计开杨玉桐具告李茂林等拐配民媳凶辱案内人等事》:"投鸣场保李茂林、莫与伦拢来,不分真伪,都说小的冒认人妻,就把小的们衣服一并脱去,捆缚吊殴,并把小的敬甫臣绸中衣脱去换了,估逼小的们认耗费钱三串。"(《南部档案》23—238—1,宣统二年七月十二日)

《蜀语》:"村市曰场。入市交易曰赶场,三、六、九为期,辰集午散,犹河北之谓

---

① 蒋宗福:《四川方言词语考释》,巴蜀书社,2002年,第17页。
② 同上。
③ 《汉语大字典》第一版,四川辞书出版社、湖北辞书出版社,1990年,第462页。

集,岭南之谓墟,中原之谓务。"①其他文献也多见"场"字此义。如《跻春台》卷一《卖泥丸》:"凡佣工赶场,必要出告返面,勿使母亲悬望。"又卷二《捉南风》:"那日赶场吃醉了,见卖锄棍的便宜,遂买一根。"又卷三《南山井》:"那一日赶场归路过南岭,比时间正行走天色黄昏。"《汉语大词典》例证为沈从文《山鬼》五和何士光《将进酒》二,时代较晚。

《为计开光绪三十年二日大宪礼积谷事》:"马万保谷子叁斗,马万仞谷子叁斗,马万中谷子壹斗伍升,马万良谷子九升。"(《南部档案》16—866—1,光绪三十年十月二十日)

按:"萬"字写作"万",即"萬"字的简体字"万"。② 何华珍认为:"万"见于先秦。③

吴钢认为:"万字战国秦汉已有,马王堆帛书中通用。"

《汉隶字源·愿韵》收录,例证引《建平郫县碑》。《四声篇海·一部》:"俗萬字,十千也,元在方部,今改于此。"《字学三正·体制上·时俗杜撰字》:"萬,俗作万。"《正字通·一部》:"萬,俗省作万。《韵会小补》'万'注引《广韵》:'十千为万',通作萬。"

欧昌俊、李海霞《六朝唐五代石刻俗字研究》说:"萬俗作万。"④《中华字海·一部》说:"万,'萬'的简化字。"

《汉语大字典》解释说:《玉篇·方部》:"万,俗萬字。十千也。"《集韵·愿韵》:"万,数也。通作萬。"北魏魏灵藏《造释迦石像记》:"万方朝贯。"北魏佚名《怀令李超墓志铭》:"万殊一会。"⑤

《中文大辞典》:"数之单位。千之十倍,通作萬。《集韵》:'万,数也。通作萬。'《韵会小补》:'万,《广韵》:十千为万,通作萬。'"⑥

由此可见,《汉语大字典》比《中文大辞典》有所进步,发现了《玉篇》的记载。

《故训汇纂》收录5个书证,除《汉语大字典》列举的《玉篇·方部》外,还并言

---

① 黄仁寿、刘家和:《蜀语校注》,巴蜀书社,1990年,第85页。
② 吴钢:《唐碑字辨》,吴钢辑、吴大敏编《唐碑俗字录》,三秦出版社,2004年,第23页。
③ 何华珍:《俗字在日本的传播研究》,《宁波大学学报(人文科学版)》,2011年第6期。
④ 欧昌俊、李海霞:《六朝唐五代石刻俗字研究》,巴蜀书社,2004年,第4页。如《北齐叱烈延庆妻朱元静墓志》:"未泯万载之功。"(见该书第22页引)
⑤ 《汉语大字典》第一版,四川辞书出版社、湖北辞书出版社,1990年,第9页。《汉语大字典》第二版,四川辞书出版社、崇文书局,2010年,第10页。两版文字全同。
⑥ 《中文大辞典》,中国文化研究所,1968年,第302页。

《玉篇》也见《小学搜佚·声类》，补充《玄应音义》卷六注引《风俗通》曰："十千曰万。"此外，还有《韩非子·定法》王先慎集解、《广韵·愿韵》、《集韵·愿韵》。由此可见，《故训汇纂》在汉语研究的重要性。

《陕西神德寺塔出土文献》收录 Y0013—2《妙法莲华经》卷第五："□□□□□（为四众说法），□□（经千）万亿劫。""况复千万、百万，乃至□□（一万）。"①"萬"字这种俗写"万"字，《祖堂集》中也有，参张美兰《祖堂集校注》附《祖堂集俗字》。②

《玉篇·方部》："万，俗萬字。十千也。"《集韵·愿韵》："万，数也。通作萬。"《韵会小补》："万，《广韵》：十千为万，通作萬。"《玄应音义》卷六注引《风俗通》曰："十千曰万。"文献多见，如北魏魏灵藏《造释迦石像记》："万方朝贯。"北魏佚名《怀令李超墓志铭》："万殊一会。"

陆费逵《普通教育应当采用俗体字》："萬，古作万，算，古作祘，万、祘二字实古之正体字，今则视之与俗体无异矣。后之视今亦犹今之视昔。"③

"萬"字，《说文》："虫也。从厹，象形。"

《简化字溯源》指出："'万'的字形最早见于西周早期的'佣万殷'，意义不明，战国时期的古印中有'万'字，用作'萬'。在汉印、汉碑、魏碑中，'萬'也经常写作'万'。南北朝时期的《玉篇》将'万'作为'萬'的俗字收入。"④

隋颜愍楚（颜之推之次子）《俗书证误》："丰，从二丰，从曲非。圣，从壬，从王非。萬，数也，万非。"（《续修四库全书·经部·小学类》第 330 页）

我们应该注意到，唐代字书把两字均作为正字，如《干禄字书》："万、萬，并正。"到宋代作为通行正字，《广韵》《集韵》均言"通作萬"。袁文《甕牖闲评》卷一："萬者，蝎也；万者，十千也。二字之义全别，萬字之不可为万字。犹万字之不可为萬字焉，惟钱谷之数则惧有改移。故萬字须着借为万字，盖出于不得已，初无他义也。其余万字既不惧改移则安用借为哉。余尝观左氏传云，公以金仆姑射南宫长万。又云宋万弑闵公于蒙泽，恐是其名万，须着用如此写，若毕万之后，必大本是，此萬字误借为万。何以知之。卜偃曰：毕万之后，必大万盈数也。苟非此万字，何为有盈数

---

① 黄征：《陕西神德寺塔出土文献》，凤凰出版社，2012 年，第 218 页。
② 张美兰：《祖堂集校注》，商务印书馆，2009 年，第 543 页。
③ 陆费逵：《普通教育应当采用俗体字》，《教育杂志》，1909 年创刊号。转引自张涌泉《汉语俗字研究》，商务印书馆，2010 年，第 317 页。
④ 张书岩、王铁昆、李青梅、安宁：《简化字溯源》，语文出版社，1997 年，第 81 页。

之言,以至诗书中如万邦为宪,无以尔万方。万福攸同,万民是若,用万字处甚多,皆误借为萬字耳。如以万可借为萬字,则四方亦可借为肆方,五行亦可借为伍行乎,以是推之二字之义,不可以借昭然矣。"

南部档案中还有一个地方容易当成"萬"字写作"万"字的例证。《为奉上谕金川逃兵案承缉官兵从宽处理事饬南部县》:"国家设兵卫民,虽可百年不用,不可不备。"(《南部档案》2—34—14,乾隆五十年二月二十三日)"可"字似乎可以解读为"萬"字的俗字,即"萬"字的简体字"万";但从上下文推敲,仔细观察,该字是"可"字,并不是"万"字。

(杨小平:西华师范大学文学院,637009,南充)

定型与开源:训诂学的时代发展论析

于峻嵘

提要:训诂学在清代达到了一个高峰期,此后长期延续了峰后的研究特性;20世纪80年代以来,训诂学发展取得了丰厚的成果,在社会科学领域影响深远。如今,训诂学发展步态稳固,从学科发展的角度看,它的稳定状态已成为亟需解决的问题了。训诂学要创新发展,创新才能够生命持久。创新就要科学继承传统,敢于打破型范,借鉴他山之石,开源新的路径。

关键词:定型 开源 训诂学 诠释学

引 言

训诂学是我国传统语言学研究的重要组成部分,在多年的探索与研究中,取得了累累硕果,为社会科学的发展做出了巨大的贡献。自1981年训诂学会成立至今,迄今已逾30年了,分析训诂学在国内外的地位和不足,展望未来前景,总结训诂学会成立多年来的发展历程和成就是十分必要的任务。80年代前后,我国的训诂学在训诂学学术史及所在学科的建设上取得了一系列的成果,成就显明。本文在孙雍长先生总结的基础上,重申了训诂研究的重要性,对训诂成果的影响情况进行了详细的调查,总结得出,当下我们亟需剖析自身瓶颈,探求开源项目,创新发展路径。重读(英)弗兰西斯·培根《新工具》对"知识的社会功能"的论证、对"经院哲学"的批判等内容,其强大的方法论力量启示我们,警惕发展的低效稳定状态,寻求突破,对外交流,才能促成更新、更深的探索性成果问世,推动训诂学研究的可持续发展。

一 80—90年代训诂学的突出成就

孙雍长先生在《训诂原理》对80年代的训诂学发展做了总结,反映了这一时期的训诂学成果情况。在这一著作中,作者总结指出:"自清末民初开始一直到现在,我国训诂学的理论研究从两个方面不断地向前推进。一个方面是各种专题性研究全面展开①……另一个方面,则有训诂学学术史研究和学科建设的专论专著大量问世。"对其中所列著作从命名上进行了的划分,总计为以下类型:以"训诂学史"命名的,如胡朴安《中国训诂学史》、李建国《汉语训诂学史》、赵振铎《训诂学史略》等;以"概论"等命名的,如齐佩瑢《训诂学概论》、张世禄《训诂学概要》、陆宗达《训诂浅谈》《训诂简论》、周大璞《训诂学要略》、张永言《训诂学简论》等;直称为《训诂学》的,如洪诚、郭在贻、许威汉、王宁、苏宝荣、武建宇《训诂学》等。从这些列举及多年来的发展实际可知,这些著作为训诂学的教研实践做出了巨大的贡献。[1]P8

在上述这些著作中,陆宗达先生的《训诂简论》对传统训诂学的基本知识及运用方法作了简明的解说。陆先生早年著作了《训诂浅谈》[2]P8,在此基础上著作了《训诂简论》,其中对"什么是训诂、训诂的内容、训诂的方法、训诂的运用"四项内容的解说一直为学界所引用,为此后的研究奠定了基础。其中特别强调要继承以往成果,寻求新的发展,指出:"研究整理前人的文字、音韵、训诂之学,是发展近代汉语科学的一个必不可少的条件。"[3]P205并且指出:"今后训诂学的发展,一方面要继承前人,用注释书和工具书的方式,进行具体的训诂实践,使古代文献中的语言文字障碍进一步得到扫除,从而推动批判地继承古代文化遗产的工作;另一方面,要在前人已总结出的训诂理论和经验的基础上,运用科学的方法,使其理论化、系统化,发展为一门具有汉民族特点的语义科学。"[3]P205

由此,陆先生与王宁先生合撰了《训诂方法论》一书,专门探究训诂方法(以形索义、因声求义、比较互证)。这些方法的提出奠定了现时期训诂学的框架基础,切实推动了研究的发展进步。1983年,《训诂方法论》出版了。[4]P205同年,黄侃著、黄焯编《文字声韵训诂笔记》(上海古籍出版社)整理了黄侃先生的重要论述,对训诂学的重要条例、经验及见解等进行了集中的介绍。[5]

二 现代训诂学体系的定型特征

以上这些著作之外,还有以"原理"命名的一些训诂学著作。例如,王宁先生的《训诂学原理》等。其中阐释了包括训诂原理、训释原理、词源原理等规律,提出了训诂学发展的"当代"与"旧质"问题,启示人们注重研究的普遍性缺憾,显示出研究者对于学科发展固态化的警醒。诚然,这些年,训诂学在以大家已熟悉的形式运行着,进步似乎不可谓理想,发展也似乎不可谓快,特别是与相关科目的研究相比较,训诂学的发展定型性比较明显的。如果继续依赖原有的工具,发展的静态本身即是一种危险;如果全力寻找新的路径,训诂学发展的新朝向也无法立即变得明朗。应该向哪个方向进发?这是学科发展的重大问题。我们对训诂学的著作用户加以调查,收集到的评价结果证实,训诂学所处的不是发展的通衢,而是到了亟需方向研究的十字路口。

回顾以往,训诂学在清代达到了一个高峰期,此后也一直延续了峰后的成果和研究特性,学科发展的稳固性十分显明。但训诂学是需要持续发展的重要学科,它的发展不因为是传统学科而可以迟缓,而是与其他学科一样有着持续发展的要求,需要在理论方法上不断创新。"思想理应是在场状态本身的预先给予",越是传统的学科越需要创新的强自主意识。[7]P208 我们对训诂成果的影响情况做了调查,借以审视既有的视域,剖析了存在的问题,探求解决的方法。如下图1呈现的是本文的调查结果,希冀引起学界对研究前景的深虑。

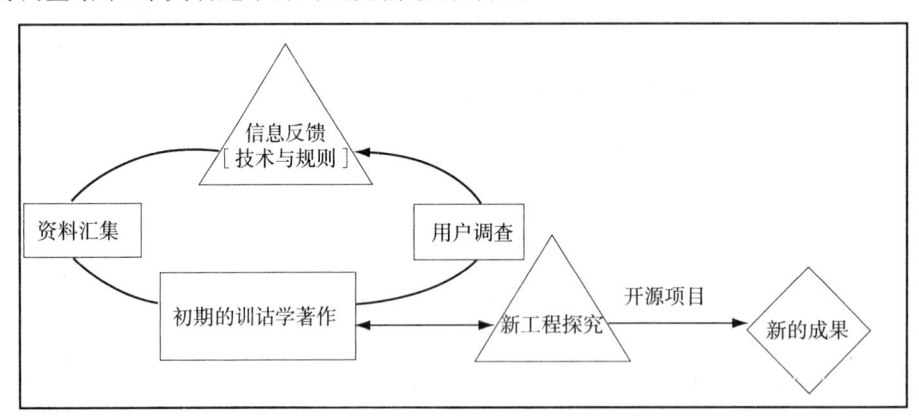

图1 训诂学学科发展调查

三 训诂学发展需要开源研究

分析可知,训诂学本己的空间(如清代建基的训诂学高峰)在很长的时间内持续地影响着后来的研究,内在确定的研究方法如此长时间内占据着主流的位置,这导致了成果的锁定态势,限制了自如的发展创造。无论是自觉还是不自觉的沿袭,人们都在清代开启的路径上走了很久了。如今,总结以往成果者夥,创新开源路径者稀,研究空间极度窄化,学科转型的任务迫在眉睫。训诂学建设的当务之急或许可以说是正视壁垒,剖析自我,谋求变革。

要变革,要进步,就要了解近域,对外沟通,与社会科学的总体交流互促,寻求他山之"石"以攻训诂之"玉"。训诂学具有与世界视野的学术相沟通的能力,可以积极地剖析自身问题,具有打破成型体系的勇气和能力。训诂学需要摒弃闭塞性,追求创新性,摆脱路径依赖性,寻求向纵深变革。训诂学是传统的科目,传统的科目更需要创新的技术。对训诂学而言,零散的研究是必然的构成方面,但零散的成果难成体系,需要促进理论的研究,寻求新的阶段发展,重视融合与沟通。例如,训诂学可与诠释学相沟通,共同探讨解释技术,沟通学科发展的前沿视野。从训诂的基础工作——训释词义来说,仅从单一词语的训释上研究训诂,虽然重视了词语的个性,却于系统的特性重视不足。训诂学需要站在学科进程这一角度来考虑工作的方法,借鉴相关学科的解释优势,深入思考理论的问题。就我们研究所及,诠释学即是训诂可借鉴的学科之一。涉及大量文献训释的诠释学于训诂存在诸多一致之处,在要素与方法上都可与训诂学相通。

(一)训诂与诠释要素相一致

训诂与诠释都是从领悟个别的词句、做出分别的解释开始,之后综合这些个别,形成观念的整体,因此,可以相互借鉴成果,促进自身发展。两者的思考点都在于,要保证在解释中所分解出的元素在最大限度上反映所在的文本——这些被分解出的部分能够形成一个概念的统一体,以便完成付出这一劳动的目的,得到文本及解释文本的读者的自然的领悟(而不是在复杂的描绘前寻求特殊的精神之后也未能得到清晰的理解)。从认识论上说,诠释和训诂提供了对"个别"的解释,这一解释细致、正确、深入,可以使人借助于解释来获得清晰的领悟。训诂与诠释的对象(比如语言)不是固定不变的,对象的意义也并非始终是清楚明晰的,它们需要在人类解释世界的实际运用中逐步发展。在语言的发展及其被解释的过程中会有意义的遮蔽与开显,词语在不断地适应时代,在流传中丰富和变化着内涵,这个过程同时又是一个被理解、被诠释的过程。正如伽达默尔所说:"一切哲学的概念工作都是以解释学向度为基础的,并通过概念史来展示的。"比较而言,研究者对诠释学进行了高度一致的、普遍的而非个别的方法论研究,使得诠释学结合现象学、辩证法、认识论等取得了科学的理论构思,形成了学术交际,因此在70年代时期,在德、法、美、意等取得了共通性的研究成就。[②]训诂学也需要做普遍的而非个别的方法论研究,才能取得有益的进步。如果有造诣高深的工程师做出注重总体的项目设计,帮助指出或移除训诂学中已经丧失了生命力的做法,创新开源课题,设计和分解子课题,就可以使得学界在训诂大家的带领下,实施方法论的转向的研究。这将在科学层面展开研究的空间,为研究者客观地预期可执行的任务提供条件,促进研究的实质性发展。

(二)训诂与诠释方法相一致

训诂学与诠释学的沟通是极其必要的,因为,它们都是需要在解释的问题意识的指导下,不断地探索释义方法的语文工作。研究中也发现,诠释学中的许多重要观点、方法值得学习。例如,(法)利科尔说:"只有'理解'不再表现为单纯的认知方式,这样它才能成为一种'存在的方式',并使自己与存在物和存在发生联系。"[8]P410 以我们的研究为例,我们主要学习德国的阿斯特、伽达默尔等有关诠释学的理论,还有施莱尔马赫有关诠释学的演讲等。美国罗蒂的认识论也曾影响到世界范围内的文本研究,对诠释学有深刻的启示。再就是法国学者的研究,例如利科尔对"存在与诠释"的新见解等。这些研究对于理解的发展及其对它的说明、对于将被理解的知识传达和昭示给他人的方法都有有效的探究,和训诂学旨在为他人理解和解释文本提供帮助的主旨是相一致的。因此,从伽达默尔的对话理论出发,有学者这样说明哲学语言的"不固定性":"它总是在同自己的历史性的对话中不断构成的,这种对话虽然已经历了数千年之久,但还在继续,并且永无止境,因此有理由说,哲学无非是已'进行了诸多时代的一场谈话的记录'。"[9] 训诂学也是如此,是在与自身的历史对话中发展,在历史中不断地构成着自己的时代面貌,是已经进行了诸多时代的对于经典的谈话记录。

四 变革"型范"才能真正开源

1996 年,潘德荣先生写作了《文字与解释——训诂学与诠释学比较》[10]一文,其中对写作缘由的解说及研究的结论,引人深思。作者指出:

"中国的训诂学与西方的诠释学都有着一致的历史,它们的目标是一致的:中国的训诂学与西方的诠释学都有着悠久的历史,它们的目标是一致的:旨在解释语言、文字所蕴含的意义。由于语言、文字和思维传统上的差别,训诂学与诠释学各有其不同的特点,尤其是诠释学经过浪漫主义运动发展出了一套相当完备的方法论和本体论体系,而训诂学则一直停留在具体的方法、规则之应用操作上,没有形成相对完整的体系。"③

由此,作者指出撰写此文的思路及目的在于对"解释传统"的分析:

"本文拟以'文字'形成与进化作为基本线索,探讨中西方两种不同风格的文字与解释的关系,旨在阐明汉字的诠释学意义、训诂学与诠释学的区别与联系以及传统训诂学的改革等当代中国理解与解释传统的迫切问题。"[10]

在比较了汉字分析的传统与西方诠释学方法的变革后,得出了重要的结论:

一、"一切解释在形式上追溯着'原意',然其实质却是解释者自己的生命体验之表达,解释过程乃是解释者的世界观念的展现过程。"

二、"文字与本文的意义在流动着、变化着,每一时代的人都在为'意义'之流作出自己的贡献,在我们以为某些'意义之流'干涸、流失的地方,那些'意义'正是以特定的形式沉淀在文化传统之中。"①

三、"以形义联结为特征的汉字的优点在于,它与人们的'世界观念'始终保持着一种直接的联系……我们的解释也只是诸多解释中的一种,凝结着我们自己的世界观念,并通过我们的解释活动,再造着我们的传统。"[10]

在上述深入比较的基础上,作者认为,上述结论"就是当代诠释学提出的一种新的理解与解释之观念",认为它"预示了中国传统训诂学的改革方向:训诂学的诠释化,或可称之为训诂诠释学"。我们认同作者所倡导的思想,看到了诠释学在方法变革上的自觉及成效,看到了训诂、诠释两者的内核之契合,并认同作者对于优化型范所提出的意见。同时认为,"训诂学"这一名称及所在学科已经牢固地树立起来,千百年来稳固发展,具有表征的独立性,并能够胜任对于训诂这一完整的思想体系的承载,所以,不必要给予"诠释化"或改称为"训诂诠释学"。训诂学要做好理论研究,有一些旧的观念和方法要变革,如拘泥于接近"原义"的实践主旨等,有时不免和"疏不破注"的思想出于一辙而阻止了新的发现。我们需要汲取的不仅有当代西方诠释学的多维解释法,还有哲学、心理学、神经科学等的精密分析方法。也就是,训诂学不只借鉴诠释学。方法论的研究在每一个时代、每一门学科中都是重要的工作,富有特色的研究也要敢于打破一些固化的"型范",这样,在与之内在契合的诠释学及相关社会科学领域中获得启示,让传统文化的存在性得到切实有效的展示。

五 结论及思考

训诂学发展的研究是一个挑战性的课题,以上只是针对研究的定型性进行的初步讨论。总结已有成果,会愈发感到改变的急迫。从潘德荣先生提出传统训诂学的改革问题至今已有十九年,而这些年里我们一直还在面对问题的困扰。[10]王宁先生在《训诂学原理·自序》中谈到她的思考,指出"近来主要思考的主要问题",包括:"1.确立训诂学在当代的学科地位。2.关于词和词义内部结构的分析。3.关于建立训诂学的术语体系和教学体系。"[6]P2在学界的努力下,学科建设中对训诂学的重视、词义结构的分析、术语及教学研究的成果颇为丰厚,以上构想已经得到了初步的实现。我们需要进一步思考的是训诂学的理论朝向问题,寻求时代语境下的发展路径。

在中西文化交流的视野下,我们希望能够汇合局部的训诂,创立通用的理论(如苏宝荣先生、武建宇先生的《训诂学》收录了近代汉语研究的成果等,拓宽和加深了传统训诂思想的研究),[11]从局部训诂、局部诠释向一般训诂、一般诠释努力,形成一般的(也即通用的)训诂学。例如,训诂学可以充分吸纳近代汉语的成果,总结时代特色,在汇集诸多的解释对象、结果及程序的基础上,将释义中所包含的技艺总结出来,提炼、提升,使得解释更具有科学的进展性,努力走出"诸多解释因为诸多文本而'异'"的、各种特殊的训诂运用的、零零散散的存在局面,找出为训诂学领域所共同具有的、具有应用性的解释方法。训诂学还可以结合中医学的文献整理,将中医训诂学作为更加重要的构成部分,形成主干与分支体系,全面探究解释的技术。"对于人类来说,诠释活动具有始源性。在原始时代,各部族的文化—意义天地及其操作模式的形成,各部族间的交往及其文化的最初累积与传播,都有赖于诠释。"从这一"始源性"出发,训诂学既不必变更名称而为"训诂诠释学"或被纳入"诠释学",也不必因为时代发展探究出新的内涵而另立前所未有的学科概念。未来历史的面貌在我们所处的时代形成,展望新的时期,训诂学需要达到"人与其在世之领悟与筹划的统一",[12]需要向外开拓,探究世界科学意义上的研究方法。

附 注

①其中指出,此又包含多个方面,有对声义同源问题的探讨,如章太炎、沈兼士、王力等;有对词义存现、词义变通规律的研究,如陆宗达、蒋绍愚、萧仲珪等;有对训诂源流的考察,如刘师培、王国维等;有对训诂大家、训诂要籍的研究,如黄侃、张舜徽等;有对训诂方法、方式、条例、经验得失、成就贡献的研究,如黄侃、曾运乾等。

②法国保罗·利科尔曾与1973年5月在美国普林斯顿神学院做了两次演讲。《诠释学的任务》是其中的第一讲。David Pellauer英译了此讲的内容,刊载于《今日哲学》,引起了巨大反响。我国符号学研究专家李幼蒸先生汉译此文,载于洪汉鼎先生主编的重要文选《理解与解释——诠释学经典文选》,2001年,由东方出版社出版。

③作者之意并不是要否定训诂学,也不是说训诂学落后于西方的诠释学,只是为了强化明晰的方法探究的必要性。下文指出,"但这并不是说,训诂学从根本上没有方法论和本体论的思想,事实上,其方法论与本体论已隐含于解释的过程之中。解释所依据的不仅是技术性的规则,它最深层的基础乃是本体论意义上的'世界观念'。"

④因此,作者推议得出:"只要人类还在延续,人们所领悟到的意义整体总是在增长着。时间间距'生产'意义的现实基础在于,在间距中我们的传统为社会实践的发展而推动导致了人们的'世界观念'的变化,从而产生了对'本文'的新的理解与解释。""间距"的概念予人启示,既然时间在推移,间距在衍生,解释便是永远的使命。

参考文献

[1] 孙雍长.训诂原理[M].语文出版社,1997.
[2] 陆宗达.训诂浅谈[M].北京出版社,1964.
[3] 陆宗达.训诂简论[M].北京出版社,1980.
[4] 陆宗达、王宁.训诂方法论[M].中国社会科学出版社,1983.
[5] 黄侃著、黄焯编.文字声韵训诂笔记[M].上海古籍出版社,1983.
[6] 王宁.训诂学原理[M].中国国际广播出版社,1996.
[7] (德)马丁·海德格尔著、孙周兴译.哲学论稿(从本有而来)[M].商务印书馆,2012.
[8] 洪汉鼎主编.理解与解释——诠释学经典文选[C].东方出版社,2001.
[9] 何卫平.概念史的分析:伽达默尔解释学的方法与实践[J].中州学刊,2007(2).
[10] 潘德荣.文字与解释——训诂学与诠释学比较[J].学术月刊,1996(2).
[11] 苏宝荣、武建宇编著.训诂学[M].语文出版社,2005.
[12] 王锺陵.构建不同于西方诠释学的新诠释学[J].社会科学辑刊,2013(2).

(于峻嵘:河北师范大学文学院,050024,石家庄)

《通俗编》黄侃评语训诂成绩述略

曾昭聪

提要: 黄侃为清代俗语辞书《通俗编》所做评语中蕴含了丰富的训诂内容,其训诂工作与词源研究,词汇研究,文字研究,音韵、方言研究及文献考证相结合,具有很大的学术价值,值得重视。

关键词:《通俗编》 黄侃评语 训诂

清代翟灏《通俗编》是明清俗语辞书中较有代表性的著作。《通俗编》共38卷,采集方言俗语5456条,分38类,即:天文、地理、时序、伦常、仕进、政治、文学、武功、仪节、祝诵、品目、行事、交际、境遇、性情、身体、言笑、称谓、神鬼、释道、艺术、妇女、货财、居处、服饰、器用、饮食、兽畜、禽鱼、草木、俳优、数目、语辞、状貌、声音、杂字、故事、识余。每一类下面分别收录相关词目,每一词目下,均引用书证以明词义与来源,或有按语。[1]

《通俗编》一书,古今中外学者评价都很高,相关研究成果已有不少,但历来关于《通俗编》的研究似未曾注意到黄侃先生对《通俗编》所做的评语。黄侃精通语言文字之学,尤精小学,曾在《通俗编》书眉施评语三百六十四条。其评语《〈通俗编〉笺识》收录于《量守庐群书笺识》[2]。黄侃的《通俗编》评语虽只有三百六十四条,但牵涉到训诂、文字、音韵、方言以及民俗文化等多个方面的阐释,贯穿了黄侃个人的学术见解。评语中内容最多的是有关训诂方面的。本文拟对《通俗编》黄侃评语的训诂成绩(也是其训诂特点)做一述评,以揭示其学术价值。所引《通俗编》据乾隆无不宜斋雕本,所引黄侃评语据《〈通俗编〉笺识》,引文后标明《〈通俗编〉笺识》在《量守庐群书笺识》中的页码。少数文字因需要而保留繁体形式。限于篇幅,每类仅举二或三例。

一 与词源研究相结合:以转语揭示同源词

黄侃注重词源研究,他倡导语言文字研究要究其根本,"一切学问皆必求其根本,小学亦何独不然？《释名》之作,体本《尔雅》,而其解说,正在推求语根。以《释名》之法驾驭《说文》《尔雅》即为推求语根之法。"[3]P59 "名物须求训诂,训诂须求其根。"[3]P197 在《通俗编》评语中,黄侃特别注重汉语词源的探讨,他经常说到"转语""某乃某之转"这样的话,实际就是揭示同源词。同时,他还注意揭示明清俗语词的同源词,这在已有的只注重上古汉语同源词的研究中是不多见的。例如：

(1)《通俗编》卷二"崤崎"条:"《朱子语录》:伏羲只是理会网罟等事,不曾有许多崤崎。按:毛苌《正月》诗传有'崎岖崤峋'之语。此节用之,与言'蹺欹'者别。"黄侃于词目"崤崎"后评曰:"此与'蹺欹'皆'奇巧'之转语。"(P418)

按,"崤崎",《汉语大词典》释义:"同'崎嶢'。奇特;古怪。"举《朱子语类》二例。按释义欠妥,《朱子语类》中有"蹺欹""蹺踦""蹺蹊"和"崤崎",是一组异形词,表示"奇怪、可疑、诡谲"之义。[4]P179—180 "奇巧",《汉语大词典》义项一:"奇异机巧;奇诡狡诈。"首例是《管子·治国》:"是以先王知众民、强兵、广地、富国之必生于粟也,故禁末作、止奇巧而利农事。"后二例是《庄子·人间世》与宋无名氏《道山清话》。语义上是一致的。语音方面,"崤",疑母宵部。"蹺",溪母宵部。"巧",溪母幽部。三字声近韵近。宵部,黄侃称豪部;幽部,黄侃在萧部。"崎",溪母歌部。"欹",同"攲",溪母歌部。"奇",群母歌部。三字声近韵同。声母方面,黄侃将"群"并入"溪";韵部方面,歌部,黄侃称歌戈部。所以,三词是音近义同的关系,故黄侃视之为转语。

(2)《通俗编》卷八"操剌"条:"《五代史·汉纪》:耶律德光指刘知远曰:'此都军甚操剌。'按:剌,音辣,世俗以勇猛为'操剌'也。"黄侃于词目"操剌"后评曰:"'操剌'犹'躁戾'。"(P421)

按,"操剌"一词,始于《旧五代史》,《汉语大词典》举此例及清恽敬《广西按察使朱公神道碑铭》。又清乾隆五十三年奉勅撰《钦定平定台湾纪略卷首二·御制赞》称"头等侍卫和隆武巴图鲁额尔登保":"中林劾绩,健捷过人,星驰飞镞,操剌罕伦。"黄侃说:"'操剌'犹'躁戾'","躁戾",《汉语大词典》释为"浮躁暴戾",举二例:明唐顺之《郑氏三子字说》:"鸾鸟之声和,故乐家象之以协于律吕,君子载之在舆而听焉。以消其非僻躁戾之心,是和气之应也。"清王夫之《夕堂永日绪论外编》:"不使不仁加身者,是何宁静严密功夫,而堪此躁戾恶语也?""躁戾"在史籍中最早见于《魏书》卷十九:"第二子世儁,颇有干用而无行……世儁轻薄,好去就,诏送晋阳。兴和中,薨。赠侍中、都督冀定瀛殷四州诸军事、骠骑大将军、太傅、定州刺史、尚书令、开国公如故,谥曰躁戾。"乃是贬义之词。唐柳宗元《祭崔使君神柩归上都文》:

"嘻乎！崔公楚之南,其鬼不可与友,躁戾佻险,睒眣败苟,胜贱暗智,轻嚣妄走。"明张介宾《类经图翼》卷一:"躁戾者阳中之恶,狡险者阴中之乖。"从语义上看,"操剌"与"躁戾"大致相同,都是指凭意气做事情,仅有褒贬之不同。从语音上看,"操",清母宵部(黄侃称豪部);"躁",精母宵部,二字声近韵同。"剌""戾"均为来母月部(黄侃称曷末部)。因此黄侃所说的"'操剌'犹'躁戾'"可以理解为二者为同源词。

（3）《通俗编》卷十三"擅掇"条:"《康熙字典》:'俗谓诱人为非曰擅掇。'朱子《答陈同甫书》:'告老兄且莫相擅掇。'《元典章》:'禁宰杀文书到呵,擅掇各路分裡榜文行者。'史弥宁《杜鹃》诗:'春归怪见难留住,擅掇元来都是他。'"黄侃于词目"擅掇"下评曰:"此'催督'之转。'督'转'掇',犹'弔'转'至'、'輖'转'銍'也。"（P423）

按,"催""擅"古音均为清母。"督",端母觉部(王力拟音[uk],王力"觉""幽"黄侃合为萧部,为阴声韵,则为[u]);"掇",端母月部(王力拟音[at],黄侃称曷末部)。"弔",端母宵部([ô],黄侃称豪部);"至",章母(黄侃"照三归端","章"归于"端")质部([et],黄侃称屑部)。"輖",章母(黄侃归"端")幽部([u],黄侃归萧部);"銍",端母质部([et],黄侃称屑部)。故"'督'转'掇',犹'弔'转'至'、'輖'转'銍'"均为阴声韵转入声韵,黄侃所说"擅掇"为"催督"之转为阴入对转。从语义来看,"擅掇"有"怂恿"义,亦有"催督"义。《汉语大词典》"擅掇"义项一:"怂恿。"义项二:"催逼;催促。""怂恿"他人所做之事是不好的,故为贬义;"催督"他人所做之事是中性的。《通俗编》所举朱子书、《元典章》及史弥宁诗中的"擅掇"实际上都是中性的"催督"义,与《康熙字典》"俗谓诱人为非曰擅掇"是不同的。

二 与词汇研究相结合:揭示音义相同而书写形式不同的异形词

黄侃注重词的音义关系研究,尤重以声音通训诂,他认为:"古无韵书,训诂即韵书也;古无训诂书,声音即训诂也。故古代经典文字多同音相借,训诂多声近相授。详考吾国文字,多以声音相训,其不以声音相训者,百不及五六。故凡以声音相训者,为真正之训诂。反是,即非真正之训诂。"[3]P200 词汇研究的范围很广,黄侃《通俗编》评语中有一个明显的特点就是特别注意从音义关系角度探讨异形词。所谓古汉语异形词即是指古汉语阶段中同时或先后产生的同音(包括方言音变和历史音变)、同义(一个或多个义位相同)而书写形式不同的词语。[5]例如:

（1）《通俗编》卷一"霍闪"条:"顾云诗:'金蛇飞状霍闪过,白日倒挂金绳长。'按:《文选·海赋》:'矔睒无度。'注引《说文》:'矔,大视也;睒,暂视也。'俗状电光之疾,本无定字,用'霍闪'似不若'矆睒'古雅。"黄侃于全条之末评曰:"'霍'如'霍然病已'之'霍','闪'如'罔两闪尸'之'闪',作'霍闪'自可。"(P417)

按,汉枚乘《七发》:"涊然汗出,霍然病已。""霍"为迅疾义。"闪",《文选·木华〈海赋〉》:"天吴乍见而髣髴,蝄像暂晓而闪尸。"李善注:"闪尸,暂见之貌。"吕向注:"暂晓谓暂见即没也。闪尸,疾见皃。"唐任华《怀素上人草书歌》:"千魑魅兮万魍魉,欲出不可何闪尸。""闪"是突然闪现之义。故"霍闪"自有其成词理据。故黄侃认为"作'霍闪'自可"。"矆",《说文·目部》:"大视也。"徐锴系传:"惊视也。""睒",《说文·目部》:"暂视也。"闪电因其只能暂视故又可引申指闪烁。北周卫元嵩《元包经·仲阳》:"电炟炟,其光睒也。"故"矆睒"亦有其成词理据。"霍闪""矆睒",二词音义相同,可视作异形词。黄侃认为"作'霍闪'自可",也并未否认"矆睒"的写法。他在《论学杂著·蕲春语》中说:"今吾乡电曰矆,谓云中出电曰掣矆。"作"矆"。因此"霍闪"与"矆睒"当视作异形词。

(2)《通俗编》卷三"登时"条:"《魏志·管辂传》注:'注《易》之急,急于水火。水火之难,登时之验。《易》之清浊,延于万代。'《北史·祖珽传》:'夜忽鼓噪喧天,贼众大惊,登时散走。'《旧唐书·张柬之传》:'姚崇言柬之沉厚有谋,能断大事,则天登时召见。'《王子年拾遗记》:'使者令猛兽发声,帝登时颠蹶,掩耳震动。'《抱朴子·自序篇》:'或赍酒肴候洪者,虽非俦匹不拒,后有以答之,亦不登时也。'按:《盐铁论》'登得前利,不念后咎'、《焦仲卿妻诗》'登即相许和',所云'登'者,盖即登时之谓。"黄侃于词目"登时"后评曰:"'登'即'当'之转。"(P418)

按,黄侃"'登'即'当'之转"之说有利于我们考察二者音义关系。明陈士元《俚言解》卷一"登时"条:"登时犹言实时、当时也。当读去声。《唐书》田弘正笑刘悟曰:'闻除改,登即行矣。'胡三省《通鉴》注:'登即行,言登时行也。'《律条》:'凡夜无故入人家,主家登时杀死,勿论。'按韵书'登'注:'升也,进也,又成也,熟也。'无实时、当时之义。'登时'盖方言耳。"(P7—8)陈士元所引见《资治通鉴·宋纪十六》"帝登帅卫士"胡三省注:"登,登时也。登时,犹言实时也。"《助字辨略》卷二《吴志·钟离牧传》注'牧遣使慰譬,登即首服'"刘淇按:"登,即登时,省文也。"按,"当",古音端母阳部(黄侃称唐部);"登",端母蒸部(黄侃称登部)。"'登'即'当'之转"之说是有道理的。"登时"即"当时",也相当于现代汉语所说的"顿时"。[6]P86—87较早例子如《三国志·魏书·管辂传》:"辂以为注《易》之急,急于水火。水火之难,登时之验。"晋葛洪《抱朴子·释滞》:"又中恶急疾,但吞三九之炁,亦登时差也。""当时"表"登时,顿时"义,《汉语大词典》首引《海内十洲记》,此书旧题汉东方朔撰,《四库全书总目》以为当在六朝时,可见其基本上与"当时"同时。"顿时"则迟至清代出现。"登时""当时""顿时"是一组音转异形词。

(3)《通俗编》卷八"琅汤"条:"《管子·宙合篇》:'以琅汤凌铄人,人之败也常自此。'按:今以不敛摄为琅汤。"黄侃于词目"琅汤"后评曰:"'琅汤'即'浪荡'。"(P421)

按,《汉语大词典》"琅₂汤":"浪荡,放纵。"举《管子·宙合》:"以琅汤凌铄人,人之败也常自此。"郭沫若等集校引丁士涵曰:"琅,读为浪;浪;犹放也。汤,读为荡;荡,《说文》作愓,云放也。""琅,读为浪"表明"琅"是借字。"愓",《说文·心部》:"愓,放也。"沈涛古本考:"《华严经音义上》引'愓,放恣也。'"是此"放"即放恣、放荡义。朱骏声通训定声:"经传皆以'荡'为之。"然"荡"亦有"放"义。《广雅·释诂四上》:"荡、逸、放、恣,置也。"王念孙疏证:"荡、逸、放、恣竝同义。"《荀子》有"荡悍者常危害"之语。二字古音均为定母阳部(黄侃称唐部)。是"琅汤"是"浪荡"之借字,"浪荡"之"荡"与"愓"为同源词。黄侃所说"'琅汤'即'浪荡'",揭示出二者是异形词的关系。

三 与文字研究相结合:注重形义关系,表明文字正俗

黄侃的训诂,注重形、音、义的结合。"盖小学即字学,字学所括,不外形、声、义三者。《说文》之中,可分为文字、说解及所以说解三端。文字者,从一至亥九千余是也。徒阅文字,犹难知其所言,徒阅说解,而犹不能尽其指意,于是必究其所以说解。……而后知形、声、义三者,形以义明,义由声出,比而合之,以求一贯,而剖解始精密矣。"[3]P8 在《通俗编》评语中,他的训诂也注意从文字研究的角度进行。例如:

(1)《通俗编》卷二"苏州獃"条:"高德基《平江记事》:吴人自相呼为'獃子',又谓之'苏州獃',范成大《答同参》诗'我是苏州监本獃'。郑思肖《獃懒道人凝云小隐记》:'獃懒道人,苏人也,既獃矣,又懒焉,苏人中真苏人也。'按:今苏、杭人相嘲,苏谓杭曰'阿獃',杭谓苏曰'空头'。据诸说,则旧言'獃'者,苏人也;据田汝成说,则旧言'空'者,杭人也,不知何时互易。赵宧光《说文长笺》云:'浙省方言曰阿带,谓愚戆貌。阿入声,带平声,一曰阿獃。'赵氏,苏人也,苏人之嫁獃于浙,其自是时起欤?"黄侃于词目"苏州獃"后评曰:"獃,正作'嬯'。"(P418)

按,"嬯",《说文·女部》:"嬯,迟钝也。闒嬯亦如之。"段玉裁注:"《集韵》:'懛,当来切。'即此字也。今人谓痴如是。""懛""獃"是宋代产生的后起字。"懛",《广韵·咍

韵》:"憃,憃剀,失志皃。""獃",《广韵·咍韵》:"獃,獃痴,象犬小时未有分别。"按明郎瑛《七修类稿》卷二三:"苏杭呼痴人为憃子,累见人又或书'獃''駭'二字。虽知书如杭徐伯龄,亦以'憃'字为是。予考《玉篇》众书无'憃''獃'二字。独'駭'字《说文》云'马行仡仡',而《韵会》云'病也,痴也'。凡痴駭字,皆作'駭',独《海篇》载'憃''獃'二字,亦曰义同'駭'字,是知'憃''獃'皆俗字也。""駭",《玄应音义》卷六引《苍颉篇》:"駭,无知之皃也。"《广雅·释诂三》:"駭,痴也。"《汉书·息夫躬传》"内实駭不晓政事"颜师古注:"駭,愚也。""憃",古音定母之部,"駭",疑母之部。之部,黄侃称咍部。二字音近义同,可以认为是异形词。

由此可知"憃""駭"是较早产生的表示迟钝、痴呆之义的字,"憃""獃"则为其俗字,"獃"后来又写作"呆"。从词的角度来说,"憃""駭""憃""呆"则为异形词。黄侃所说的"獃,正作'憃'"揭示了字体正俗之关系。

(2)《通俗编》卷十六"㼌头"条:"《元史·武宗纪》:徽政使㼌头等言:'别不花以私钱建寺,为国祝釐。'按:㼌音如哇,不正也。元俗质朴,即其形以为名。海宁有元祭酒荣㼌头墓,谈迁《海昌外志》狥俗作'歪头',非。"黄侃于"㼌音如哇"下评曰:"正作'竵'。"(P425)

按,"㼌",《广韵》苦瓜切,是"苽"的异体,《集韵·佳韵》:"苽,不正也。或作㼌。"贾公彦疏:"㼌者,两头宽,中狭。邪者,谓一头宽一头狭。"《周礼·夏官·形方氏》:"形方氏掌制邦国之地域而正其封疆,无有华离之地。"郑玄注:"杜子春云:离当为杂书,亦或为杂。玄谓华读谓㼌哨之㼌,正之使不㼌邪离绝。"即歪斜不方正之义。《通俗编》较简,《直语补证》"㼌邪"条增加了新材料:"㼌,苦哇反。即今歪斜字。《周礼·夏官·形方氏》注:'㼌邪离绝。'疏:'㼌者,两头宽中狭,邪者,一头宽一头狭。'《广韵》作'竵',火娲切。物不正口偏曰竵。若白诗所谓'天斜',其音义相似耳,非正训也。"(P883)《直语补证》对"㼌""斜""竵"词义的细微不同之处作了辨析:"㼌"是"两头宽中狭","竵"是"物不正口偏"。诸词在实际使用中均可泛指歪斜。"竵"与"歪",《说文·立部》:"竵,不正也。"段注:"俗字作歪。"故"竵"是正字,"歪"是俗字。黄侃所说的"正作'竵'"是就《通俗编》中的人名"㼌头"说的,"㼌头"是"物不正",故当用"㼌"。"㼌"是"两头宽中狭","歪"是俗字,所以"㼌头"的正字应当用"竵"。故黄侃此处的评语是从文字的本义与正俗角度来说的。

(3)《通俗编》卷十八"阿姆"条:"《诗·采蘋》笺[《仪礼·士昏礼》注]:'姆者,妇人五十无子,出不复嫁,以妇道教人,若今乳母也。'《通典》晋袁准曰:'保母者,当为保姆,春秋宋伯姬侍姆是也,非母之名也。'按:姆,即'母'音之转,汉呼乳母曰'阿母',见《后汉书·杨震传》,今通谓之'阿姆',《北史》宇文母与护书曰:'元宝、菩提及汝姑儿贺兰盛洛,并唤吾作阿摩敦。'阿摩,疑亦'阿姆'之转。"黄侃于词目"阿姆"下评曰:"'姆'正作'娒'。"(P427)

按,《通俗编》以为"姆"即"母"音之转,因其实即古之乳母、今之阿姆,并疑《北史》"阿摩"亦"阿姆"之转。"阿摩敦"为古鲜卑语,是阿尔泰语的一支。阿汉之间有一定的亲属关系。又,因为"汉呼乳母曰'阿母'……今通谓之'阿姆'",故以为"姆"即"母"音之转。实则二者同音,是同源词。黄侃说"'姆'正作'娒'","姆",《玉篇·女部》:"姆,女师。""娒",《说文·女部》:"娒,女师也。从女,每声。读若母。"段玉裁注:"许作'娒',《字林》及《礼记音义》作'姆'也。"《玉篇·女部》:"娒",同"姆"。"娒"与"姆"应该是异体字的关系,从词的角度来说则是异形词,"娒"见于《说文》,"姆"则不见于《说文》,故黄侃说"'姆'正作'娒'",是以"娒"为正字。

四 与音韵、方言研究相结合:发掘语音的演变与词义变迁

黄侃强调形、音、义三者的密切关系。"小学必形、声、义三者同时相依,不可分离,举其一必有其二。"[3]P48 上古音方面,他的古音十九纽、二十八部是评语的音韵体系,例如上文所引黄侃"攧掇"为"催督"之转为阴入对转。中古音则依从《广韵》。《通俗编》评语中也颇多音韵与方言研究的材料,须联系在一起进行考察。例如:

(1)《通俗编》卷十七"嚘喝"条:"邵伯温《闻见后录》:欧阳公曰:'蝇可憎矣,尤不堪蚊子,自远嚘喝来咬人也。'"黄侃于词目"嚘喝"下评曰:"今作'吆喝',语出于礼经之'噫兴'。"(P426)

按,"嚘喝",《汉语大词典》释义:"犹吆喝。"举宋邵博《闻见后录》卷三十与《金瓶梅词话》第七九回例。"吆喝",《汉语大词典》列四个义项:1.大声喊叫。2.犹呼唤。3.呵斥;喝令。4.大声驱赶;大声驱逐。"嚘喝"首见于宋代,"吆喝"则要晚一些才出现。因多用"吆喝",故辞书归纳其义项亦较"嚘喝"多。又"嚘",《广韵》於霄切,影母宵部;"吆",《集韵》伊尧切,影母萧部。二者音近义同,实为异形词。黄侃说"语出于礼经之'噫兴'",按《仪礼·既夕礼》"声三、启三"汉郑玄注:"声三,三有声存神也。启三,三言启告神也。旧说以为声噫兴也。"一说"噫兴"即"噫嘻",叹词。清钱大昕《声类》卷一:"'噫歆''噫兴'即'噫嘻'之转,亦即'呜呼'之转也。"黄侃所说"语出于礼经之'噫兴'",此处"噫兴"当理解为后一说:叹词。则"嚘喝""吆喝"与"噫兴"均有大声出声之义。从语音上看,"噫",《广韵》有二读,作为"叹声"是於其切,影母之部。"兴",《广韵》亦有二读,此当为平声即虚陵切,晓母蒸部。又

"喓""吷"是影母,"吷喝"之"喝"在《广韵》中是许葛切,晓母曷部。"喓喝"(吷喝)与"噫兴"声母均相同,亦可视作是"噫兴"在近代汉语中的音转。

(2)《通俗编》卷十八"我侬"条:"《隋书》:'炀帝宫中喜效吴音,多有侬语。'乐府《子夜》等歌,用'侬'字特多,若'郎来就侬嬉''郎唤侬底为'之类。《湘山野录》载吴越王歌:'你辈见侬底欢喜,永在我侬心子里。'程倚《悼贾岛》诗:'驰誉超前辈,居官下我侬。'宋褧《江上歌》:'我侬一日还到驿,你侬何日到邕州。'按:吴俗自称'我侬',指他人亦曰'渠侬'。古《读曲歌》'冥就他侬宿',《孟珠曲》'莫持艳他侬',隋炀帝诗'个侬无赖是横波'。'他侬''个侬',犹之云'渠侬'也,元好问有'大是渠侬被眼谩'句。"黄侃于词目"我侬"下评曰:"今变为'你老''他老',或云'你囊''他囊'。'我老'之称则仅廑施于戏谑。"(P428)

按,"侬"做代词,可表示第一、第二和第三人称,其中第三人称有用法或说为"人"声之转。《六书故·人一》:"侬,吴人谓人侬。按:此即人声之转。""侬"在《广韵》中是泥母冬韵,黄侃所说"今变为'你老''他老',或云'你囊''他囊'。'我老'之称则仅廑施于戏谑",如实记录了当时的语言,"老""囊"是"侬"的音转。"老",《广韵》来母皓韵;"囊",泥母唐韵。"老"之与"侬",犹今之 l、n 不分。当然,"你老""他老"在语义上有表示尊敬的意味,故"'我老'之称则仅廑施于戏谑"。

(3)《通俗编》卷二十四"礓礤子"条:"《武林旧事》诸小经纪有卖'礓礤子'。《字汇补》:'礤,音擦。姜礤石,出《大内规制记》。'按:此当是阶磴之称,而杭俗惟以呼楼梯之简小者。"黄侃于词目"礓礤子"下评曰:"吾乡谓石阶长短皆曰'礓礤',寻其正字,当作'阶砌'。"(P431)

按,《武林旧事》"礓礤"、《字汇补》"姜礤",黄侃考定其正字为"阶砌"。"礓""姜",《广韵》见母阳韵,"阶",见母皆韵。"礤",《字汇补》:"礤,音擦。""擦"在《字汇》中音初戛切。"砌",《广韵》清母霁韵。"礓礤""姜礤"与"阶砌"音近,无可疑也;词义上也一致("杭俗惟以呼楼梯之简小者"只是方言意义缩小而已)。黄侃证以方言词,所探本字凿然可信。

五 与文献考证相结合:考察训诂的文献材料

训诂就是对古代文献语言的解释,黄侃评语中注重训诂与文献考证相结合,以求正确的结论。例如:

(1)《通俗编》卷四"公子王孙"条:"《战国策》:'公子王孙,左挟弹,右摄丸。'此四字连见故籍者。《史记·货殖传》:'宛孔氏有游间公子之名。'师古曰:'公子者,王侯贵人之子,言其举动性行有似之,若今言诸郎矣。'《汉书·韩信传》:'哀王孙而进食。'苏林曰:'王孙,言如公子也。'《文海披沙》:'秦汉人相呼,率有此美称,如蔡中郎谓王粲为王孙,隽不疑谓暴胜之为公子,盖亦口头虚语耳。'"黄侃于全条之末评曰:"'王孙'乃'王公孙'之挩误,'公子'则暴胜之字也。"(P419)

按,此条为文献校勘内容。查明谢肇淛八卷本《文海披沙》(上海古籍出版社《续修四库全书》1130册影印明万历刊本),卷六"王子公孙"条云:"秦汉人相呼,率有美称,如漂母谓韩信为王孙,蔡中郎谓王粲亦为王孙,隽不疑谓暴胜之为公子,此亦口头虚语耳。注者百方解释,至谓公子为胜之字,此痴人前不得说梦也。"引全文知《通俗编》仅引《文海披沙》材料而未引其观点。考《三国志·魏书·王粲传》:"(蔡邕)闻粲在门,倒屣迎之,粲至,年既幼弱,容状短小,一坐尽惊。邕曰:'此王公孙也,有异才,吾不如也,吾家书籍文章尽当与之。'"《汉书·百官公卿表下》有"暴胜之公子":太始三年,"三月,光禄大夫河东暴胜之公子为御史大夫,三年下狱自杀。"师古曰:"公子,亦胜之字也。后皆类此。""公子"有美称泛指用法,但暴胜之字公子史书有明证。黄侃"'王孙'乃'王公孙'之挩误,'公子'则暴胜之字也"之说是。

(2)《通俗编》卷十一"木人"条:"《史记·灌夫传》正义:'今俗云人不辨事曰杌杌若木人也。'按:《论语》云'木讷',《汉书·地理志》云'天水、陇西数郡,民俗质木',皆谓其性之朴,而此直以木偶喻之。今流俗所诋为木者,大率本此。"黄侃于《史记》正义"杌杌若木人也"之后评曰:"'杌'即干令升《晋纪·总论》之'萧杌'。"(P422)

按,《史记·魏其武安侯列传》"帝宁能为石人邪"唐张守节正义:"颜师古云:'言徒有人形耳,不知好恶。'按,今俗云人不辨事,骂云杌杌若木人也。""杌杌",无知、痴呆貌。《文选·干令升〈晋纪·总论〉》:"进仕者以苟得为贵,而鄙居正;当官者以望空为高,而笑勤恪。是以目三公以萧杌之称,标上议以虚谈之名。"李善注:"干宝《晋纪》云言君上之议虚谈也。萧杌,未详。"刘良注:"言时名目三公,皆萧然自放,杌尔无为,名称标著上议以正朝廷者,则蒙虚谈之名。""萧杌"一词,李善未注,刘良注为"萧然""杌尔",亦嫌过略。黄侃以干令升《晋纪·总论》之"萧杌"注《史记》正义"杌杌若木人也"之"杌",则明"萧杌"亦"杌"义。"萧然"有空虚之义,"杌"有浑然无知义,则"萧杌"为同义复用,空虚无知之貌也。

以上我们对《通俗编》黄侃评语中的训诂内容做了述评。黄侃倡导语言文字研究要形、声、义相结合,要究其根本,"(形、声、义)三者之中,又以声为最先,义次之,形为最后。凡声之起,非以表情感,即为写物音。由是而义傅焉。声义具而造形以表之,然后文字萌生。"[7]P93 反映在《通俗编》评语中,就是他的训诂工作与词源研究、词汇研究、文字研究、音韵方言研究及文献考证深入结合。《通俗编》黄侃评语具有很大的学术价值,值得我们系统总结。

参考文献

[1] (清)翟灏.通俗编[M].清乾隆无不宜斋雕本.
[2] 黄侃笺识、黄焯编次.《通俗编》笺识[A].量守庐群书笺识[C].武汉大学出版社,1985.
[3] 黄侃述、黄焯编.文字声韵训诂笔记[M].上海古籍出版社,1983.
[4] 徐时仪.朱子语类词汇研究[M].上海古籍出版社,2013.
[5] 曾昭聪.古汉语异形词与词语释义[J].中国语文,2013(3).
[6] 曾良.明清通俗小说语汇研究[M].江西教育出版社,2009.
[7] 黄侃.黄侃论学杂著[M].上海古籍出版社,1980.

(曾昭聪:暨南大学文学院,510632,广州)

敦煌小说疑难词语解诂

张小艳

提要：敦煌文献中保存有不少内容丰富的小说类作品。《敦煌小说合集》对现存可知的所有小说类作品进行了最为详赡、精审的校录整理，对其中不易理解的词语做了精准的注释，极大地方便了读者的阅读和利用。但由于敦煌写本字多俗体、借字，词多俗语及讹、脱、衍、乱等校录的特殊困难，其中仍有一些疑难词语有待进一步考释，本文对敦煌小说中的"波他""荡朗""而""附口""目""摄""斜下"等七则疑难词语进行解诂。

关键词：敦煌小说　疑难词语　考释

敦煌文献中存有各种不同类型的俗文学作品，除占其大宗的"变文"外，还有不少"小说"类作品。其内容丰富多样，有《启颜录》《孝子传》《搜神记》《冥报记》《黄仕强传》《道明还魂记》《秋胡小说》《唐太宗入冥记》《叶净能小说》《韩擒虎话本》《庐山远公话》及一些灵验记、感应记、功德记、因缘记之类的作品。《敦煌小说合集》（下简称《小说》）对敦煌文献中现存可知的所有小说类作品进行了最为详赡、精审的校录整理，①对其中不易理解的词语做了精准的注释，极大地方便了读者的阅读和利用，是"迄今为止对敦煌变文以外的敦煌小说类作品汇辑研究的集大成之作"。②但由于敦煌写本字多俗体、借字，词多俗语及讹、脱、衍、乱等校录的特殊困难，《小说》中仍有一些疑难词语有待进一步考释，本文即对其中的"波他""荡朗""而""附口""目""摄""斜下"等七则疑难词语进行解诂。不妥之处，敬请读者指正。

一　波他

S.610《启颜录·嘲诮》："（黑闼）又令嘲骆驼。［嘲曰：'骆驼］，项曲绿，蹄

---

① 张涌泉主编审订，窦怀永、张涌泉汇辑校注：《敦煌小说合集》，浙江文艺出版社，2010年。
② 廖可斌：《〈敦煌小说合集〉：呈现唐代小说的真实图景》，《光明日报》，2012年5月6日第5版。

波他,负物多。'黑闼大笑,赐绢五十匹。"(《小说》13—14;《英藏》2/69a)①

《小说》第 37 页注云:波他,《太平广记》作"被他",当系联绵词"陂陀"之异写;辑注本云:"同'陂陀',《广雅·释诂》:'邪也。'《广韵》:'不平貌。'"②黄校云似指驼蹄之宽平,因而能"负物多"。③

按:《小说》谓"波他"为"陂陀"的同词异写,是;然释义时仅引辑注本、黄校两家之说,而未作申说。那么,"陂陀"究竟指倾斜不平还是宽平呢?或是兼有其义呢?这恐怕得结合骆驼蹄的外形特征及"陂陀"的词义内涵、语音结构等来分析。

骆驼,因其能于沙漠中负重远行而被誉为"沙漠之舟"。古人对此早有认识。《山海经·北山经》"又北三百八十里曰虢山,……其兽多橐驼"郭璞注:"有肉鞍,善行流沙中,日行三百里,其负千斤,知水泉所在也。"④郭璞所注《山海经》中的"橐驼"即骆驼,其所以能于流沙中负重远行,主要源于它有着不同于马、牛、驴等牲畜的体态特征。如它脖子弯曲如鹅颈;皮毛厚实;眼为重睑,睫毛密而长,耳内有毛,鼻孔能自动开闭;四肢细长,蹄大如盘,脚趾、足掌有肉垫厚皮;背有 1~2 个较大的驼峰;胃分三室(缺少瓣胃),等等。⑤ 正是这些独有的体貌特征,造就了骆驼能忍饥耐渴在沙漠中长达数日地负重远行的特异功能。其中,"蹄大如盘,脚趾、足掌有肉垫厚皮"是较关键的因素,因为脚趾、足掌下厚实的肉皮有助于隔热、耐磨,既能防止被过热的沙石烫伤,又能适应长途跋涉对脚掌的磨损;宽大如盘的脚掌可增加受力面积,减小压强,当它叉开脚趾行走于沙漠时不致陷入流沙,⑥所谓"脚大江山稳"是也。《淮南子·氾论》云:"体大者节疏,跖距者举远。"高诱注:"跖,足;距,大也。"⑦也是说脚大可以致远。由是可知,"蹄大如盘,脚趾、足掌有肉垫厚皮"是骆

---

① "《小说》13—14;《英藏》2/69a"指引例录文在《敦煌小说合集》中的页码及其图版在中国社会科学院历史研究所等合编《英藏敦煌文献(汉文佛经以外部份)》(四川人民出版社,1990—1995 年)的册数、页码及栏次,下仿此。本文所引敦煌图录除《英藏》外,还有法国国家图书馆等合编《法藏敦煌西域文献》(简称《法藏》,上海古籍出版社,1995—2005 年)。

② "辑注本"指曹林娣、李泉《辑注〈启颜录〉》,上海古籍出版社,1990 年。

③ "黄校"指黄征《辑注本〈启颜录〉匡补》,《俗语言研究》,1995 年第 2 期。

④ 袁珂:《山海经校注》,巴蜀书社,1996 年,第 84—85 页。

⑤ 这段叙述主要参考了"百度百科"的介绍,详 http://baike.baidu.com/subview/16790/6405049.htm?fr=aladdin。

⑥ 这段文字主要参考了"百度知道"上网友对"骆驼的脚掌有什么作用"的回答,详 http://zhidao.baidu.com/link?url=QBaEVeVCQlpG-YRPScVY5-W9_M3tnb17Hmmu8RBDxiWPHyLVUPCzHkKYD-mNpIguyYpdr6kpkHgSneQxl6379CLcu6DXpzmhrKOeAnCYpoy。

⑦ (汉)刘安撰,刘文典集解,冯逸、乔华点校:《淮南鸿烈集解》,中华书局,1989 年,第 449 页。

驼蹄的主要特征,①是它在沙漠中负重远行的根本保障。明白骆驼蹄这一外形特征后,前揭例中"波他"的词义也就大致清楚了,即当与"宽大厚实"相关。

如前所引,"波他"为"陂陀"的同词异写,而"陂陀"在古代词典韵书中又多训"倾斜不平",此义与"宽大厚实"是否相关呢?仔细分析典籍中"陂陀"的用例,可以发现所谓"倾斜不平"与"宽大厚实"在表意上其实具有共通之处。辩证地说,"倾斜不平"中含有宽广平缓的意蕴。玄应《一切经音义》卷十三《佛灭度后金棺葬送经》"陵迟"条:"《淮南子》云:'山以陵迟故能高。'案:陵迟,犹靡迤、陂陀也,平易不峭峻者也。"②玄应以"靡迤""陂陀"释"陵迟",指"平易不峭峻"。古书中"陵迟""靡迤""陂陀"多表此义,如《荀子·宥坐》:"三尺之岸而虚车不能登也,百仞之山任负车登焉,何则?陵迟故也。"杨倞注:"迟,慢也。陵迟,言丘陵之势渐慢也。王肃云:'陵迟,陂池也。'"卢文弨曰:"案《淮南子·泰族篇》:'山以陵迟故能高。'陵迟,犹迤逦、陂陀之谓。"③"陵迟"又作"凌迟",《韩诗外传》卷三:"夫一仞之墙,民不能踰,百仞之山,童子登而游焉,凌迟故也。"④此"凌迟"亦谓山势平缓绵延。又《文选·张衡〈西京赋〉》:"于后则高陵平原,据渭踞泾,澶漫靡迤,作镇于近。"李善注:"《尔雅》曰:'大阜曰陵。'又曰:'高平曰原。'"刘良注:"澶漫靡迤,宽长貌。"⑤《史记·司马相如列传》:"登陂阤之长阪兮,坌入曾宫之嵯峨。"⑥句中"陂阤"同"陂陀",状宽缓绵长的坡势。"陂陀"又作"婆陀""坡陀",如北魏贾思勰《齐民要术》卷八《作豉法》:"翻法:以杷枕略取堆里冷豆为新堆之心,以此更略,乃至于尽。冷者自然在内,暖者自然居外。还作尖堆,勿令婆陀。"⑦例中"婆陀",缪启愉注云:"即'陂陀',指斜面平缓,即豆堆不累聚成陡尖。"所言甚允。"陡尖"看去细小,"婆陀"平缓的斜面则显宽大,故此处"婆陀"实亦隐含"宽平"之义。又唐韩愈《记梦》诗:"石坛坡陀可坐卧,我手承颏肘挂座。"⑧例中可供坐卧的"坡陀"石坛,应即宽大平缓的"盘陀"石。从上文对文例的分析不难看出,"陵(凌)迟""靡迤""陂陀""坡陀"所训的倾斜不平,

---

① 这也正为什么骆驼的体重比马大不了一倍,而它的脚掌面积却是马蹄三倍的缘故。
② (唐)玄应:《一切经音义》,《中华大藏经》第 56 册,中华书局,1993 年,第 1006 页下栏。
③ (清)王先谦撰,沈啸寰、王星贤点校:《荀子集解》,中华书局,1988 年,第 523 页。
④ (汉)韩婴著,许维遹校释:《韩诗外传》,中华书局,1980 年,第 14 页。
⑤ (南朝梁)萧统编,(唐)李善、吕延济、刘良、张铣、吕向、李周翰:《六臣注文选》,中华书局,1987 年,第 45 页下栏。
⑥ (汉)司马迁撰,(南朝宋)裴骃集解、(唐)司马贞索隐、(唐)张守节正义:《史记》,中华书局,1959 年,第 3055 页。
⑦ (北魏)贾思勰著,缪启愉校释:《齐民要术校释》(第二版),中国农业出版社,1998 年,第 561、564 页。
⑧ (清)彭定求等编:《全唐诗》卷三四二,上海古籍出版社,1986 年,第 847 页中栏。

其实指斜度在较大范围内舒缓延伸,形成"平易不陡"之势,显出宽大平缓之貌。

值得注意的是,"盘陀"的"盘"从"般"得声,而"般"可读同"波",如佛经中表"智慧"的音译词"般若",也作"波若";又"盘石"的"盘"可作"磻",而"磻"可读 bō,用同"碆";另"蕃"可读 fān、fán、bō 等音,"播、鄱"等从"番"之字也多读 bō 或 pó,这都说明古音"歌、元对转"在汉字谐声和古籍、译音用字中多有保留。① 由此颇疑"盘陀"与前揭"陂陀""陂陁""婆陀""坡陀"以及"波他"一样,都是同一词语的不同书写形式。② 若此说不诬,则"盘陀"等叠韵词极有可能由前一音节"盘(婆、坡、陂、波)"缓读而来。换句话说,"盘陀(poto)"类词中,前一音节 po 缓读长念时,中间添入"t",便成"poto"了。与此相似的还有前揭例中用来形容骆驼脖子弯曲貌的"曲绿",也是"曲"的缓读,即"曲"发长音时中间嵌进"l"便读成"qulu"了。③ 其实,联绵词中的叠韵词有不少都是由缓读构成的。这类因语音缓读而构成的叠韵词,主要由前一音节表意,后一音节仅起凑足音节的作用,如"曲绿"的词义便附着在"曲"上,"绿"仅凑足音节。同样,"盘陀"类词中,"陀"也无实意,其词义主要由"盘"来表达。

若缓读构词之说能够成立,则"盘陀"即"盘"。"盘"可指"广大、壮大",《文选·枚乘〈七发〉》:"轧盘涌裔,原不可当。"李善注:"盘谓盘礴,广大貌。"④《广韵·荡韵》:"髈,骯髈,体盎。"⑤《集韵·荡韵》:"骯,骯髈,体胖。"⑥ 是"盘""胖"音近义通,皆指(身体)壮大。不仅"盘"有"大"义,"般"及从它得声的"盘""幋""盤""鞶"和跟它音近的"伴、胖"也都可表"大"。如《广雅·释诂》"般,大也",王念孙疏证:"《方言》'般,大也',郭璞音盘桓之盘;《大学》'心广体胖',郑注云'胖,犹大也';《士冠礼》注云'弁名出于盘,盘,大也,言所以自光大也'。盘、胖并与般通。《说文》'幋,覆衣大巾也''鞶,大带也';《讼》上九'或锡之鞶带',马融注云'鞶,大也';《文选·啸(笔者

---

① 汉字中"般"与"番"及从它们得声的字在文献中多以异文出现;"番"及从"番"之字的多读 an 韵(元部)、o 韵(歌部),在古籍中它们常与"皮"及从"皮"得声的字互为异文,如【般与番】、【般与播】、【盘与播】、【番与皮】、【播与被】、【播与波】、【幡与波】、【翻与皮】、【藩与披】、【磻与碆】,详参高亨纂著、董治安整理《古字通假会典》,齐鲁书社,1989 年,第 219,222—224 页。

② 黄征首先指出"波他"可能与"盘陀"等为同词异写。参其著《辑注本〈启颜录〉匡补》,原载《俗语言研究》,1995 年第 2 期;此据《敦煌语文丛说》,新文丰出版公司,1996 年,第 500 页。

③ 承府宪展先生教示:"曲绿"在上海话中念"kolo",读来恰与"驼"他(to)"多叶韵,在嘲戏骆驼的语句"骆驼,项曲绿,蹄波他,负物多"中产生出述说形象、音韵和谐的内容与形式完美统一的良效和噱头,令听者忍俊不禁,嘲谑者也因此得到奖赏。此说甚是。谨致谢忱。

④ (南朝梁)萧统编,(唐)李善、吕延济、刘良、张铣、吕向、李周翰:《六臣注文选》,第 641 页下栏。

⑤ (宋)陈彭年等编、周祖谟校:《广韵校本》,中华书局,2004 年,第 316 页。

⑥ (宋)丁度等编:《集韵》,中华书局影印《宋刻集韵》,2005 年,第 121 页上栏。

按:当是'海')赋》注引《声类》云'盘,大石也',义并与般同。《说文》'伴,大皃',伴与般亦声近义同。"①是其证。此外,与之音近的"磻(石)""皤(腹)"也都含有"大"的意思。

由此看来,"盘陀"等联绵词所表"宽大"义当源于"盘","盘陀石"即"盘石",指宽大厚重的石头。从这个意义来说,将前揭例中形容骆驼蹄的"波他(陂陀)"等同于"盘陀",解作"宽大厚实",②似亦可通。

二 荡朗

S.610《启颜录·嘲诮》:"有一僧年老疹疾,恒共诸僧于佛堂中转经,即患气短口干(乾),每须一杯热酒。若从堂向房温酒,恐堂中怪迟,即于堂前悬一铜铃,私共弟子作号,语云:'汝好意听吾铃声,即依铃语。'弟子不解铃语,乃问之。僧曰:'铃云"荡朗铛,荡朗铛",汝即可依铃语,荡朗铛子温酒待我。'弟子闻铃,每即温酒。"(《小说》16;《英藏》2/70b)

《小说》第44页注云:"荡朗铛荡朗铛",底卷本作"荡荡朗朗铛铛",应是"荡朗铛荡朗铛"的误抄。"荡朗铛"为铃声。古有悬铃名"锒铛"者,"荡朗铛"盖即其声。"荡朗铛子",温器。古称温器为"铛",较小,有三足,多用铜制,形如悬铃,俚俗或即据此称为"荡朗铛子"。

今按:《小说》认为底卷"荡荡朗朗铛铛",当作"荡朗铛荡朗铛",极是;然将"荡朗铛"与"荡朗铛子"分别解作悬铃"锒铛"之声和"温器"则似有未安。从老僧对铃语的解释看,铃语(铜铃发出的声音)"荡朗铛,荡朗铛"当与"荡朗铛子"有关,而"荡朗铛子"则应是温酒前的准备工作,由此颇疑"荡",指清洗、洗涮,而"朗"乃其缓读记音,"铛子"为其宾语,"荡朗铛子"就是洗涮铛子。

如前所述,"荡朗铛"为悬铃发出的声音,则"朗"很有可能是铃声"铛"连续发声的过程中嵌入了流音"l"所致,即"dang……lang……dang"。例中老僧为了让弟子听到铃声便洗涮铛子温酒等他,遂有意识地将用于拟声的"荡朗铛"赋予了实在的意义"荡朗铛子",这样,便建立起了拟声词"荡朗铛"与"荡朗(洗涮)铛子"之间的音义联系。

---

① (清)王念孙:《广雅疏证》,中华书局,2004年,第6页上栏。
② 王炳华先生指出:"进入沙漠,骆驼的优势无可替代。它宽大厚软的足跖适于沙漠行走,耐渴、耐粗饲,驮负力量比马强,不是牛马可以替代的。"(参其著《精绝春秋:尼雅考古大发现》,浙江文艺出版社,2003年,第76页)此说亦助证了笔者的考证。

而实际文献中,仅见"荡"有洗涤、去除污垢之义,几乎未见"荡朗"连用表此义者。如北魏贾思勰《齐民要术》卷七《涂瓮》:"以热汤数斗着瓮中,涤荡疏洗之,泻却;满盛冷水。"又《法酒》:"常预作汤,瓮中停之;殽毕,辄取五升洗手,荡瓮,倾于酒瓮中也。"① "荡"此义还保存在个别方言中,如浙江温岭称"洗刷马桶"为"荡马桶"。② "荡"表洗涤、清除污垢之义,其实源于"盪",《说文·皿部》:"盪,涤器也。"段注:"《水部》曰'涤,洒也'、'洒,涤也'。此字从皿,故训涤器。凡贮水于器中,摇荡之去滓或以硗垢瓦石和水吮潒之,皆曰盪。盪者,涤之甚者也。……《郊特牲》曰:'涤荡其声。'注:'涤荡犹摇动也。'荡者,盪之假借。"③ 东晋佛陀跋陀罗共法显译《摩诃僧祇律》卷三五《明威仪法之二》:"如是名好水,不得用洗脚手面、盪钵,亦不得作余用、弃之。"(T22,p508c19—20)南朝梁陶弘景《周氏冥通记》卷一:"又检温铛中犹有如常酒气,瓦盆中已被水盪,无气,都不见药踪迹,竟不测何所因托。"④ 以上例中的"荡"与"盪"皆指灌水于器中摇荡、洗刷以去除污垢。因此,比较合理的解释就是,"荡朗"的"朗"应由"荡"缓读而嵌"l"而来,即"dang……lang",仅有记音的作用,无实在意义。⑤ 故"荡朗"即"荡",指清洗、涮洗。上揭例中的"荡朗铛子温酒待我"是僧人让弟子听到"荡朗铛,荡朗铛"的铃声便立即将铛子洗涮干净温酒等他。

又,例中"荡朗铛"本为铃声的拟音,老僧出于特别的需要而将它与"荡朗铛子"联系起来,赋予它"洗涮铛子"的实在意义,"荡朗"也因此由"dang……lang……"

---

① (北魏)贾思勰著、缪启愉校释:《齐民要术校释》(第二版),第477、526页。
② 许宝华、宫田一郎主编:《汉语方言大词典》"荡"条,中华书局,1999年,第3898页。
③ (清)段玉裁:《说文解字注》,上海古籍出版社,1988年,第213页上栏。
④ 张继禹主编:《中华道藏》第46册,华夏出版社,2004年,第246页中栏。
⑤ 关于"荡朗"的构词表义,笔者初稿曾写到:"'荡朗'的'朗'则当读作'浪',本指水波,因其主要特征为'动荡摇曳',又可用作动词,指晃荡、涌动,此义文献中罕见,但在西南官话、浙江吴语中都很常见,如成都话说'手一抖,杯里的茶浪了出来';贵州余庆话说'走慢点,不然桶里的水浪出来了';金华岩下说'海里的水只顾浪来'等。'浪'由晃荡又可引申指洗涮、清洗,此义也多见于方言,如成都话谓'倒点开水把奶瓶浪一下',广西柳州民谚'盐罐无盐用水浪,油罐无油用火烘'等。'浪'此义在江淮官话(江苏扬州、安徽合肥)、西南官话(广西桂林)等方言中或借'朗'来表示,贵州余庆话也用'朗',如'把衣服朗干净点'等。故'荡朗'应即'荡浪',为同义复词,指清洗、涮洗。"但因"浪"作动词表清洗、洗涮在文献中几乎未见用例,仅有方言佐证,是一大缺环,故笔者心里总没把握,便将拙文寄呈业师张涌泉先生指正。果不其然,自己心虚的地方一下子便被老师看出来了,张老师在拙文电子稿上批注:"浪、朗指洗涮、清洗古代文献中未见用例,让人感觉不踏实。"后揣摩再三,笔者便将"荡朗"的"朗"看作"荡"在缓读中嵌入流音所致,本无实义。拙文提交"'中西文化交流视野下的训诂学'研讨会暨中国训诂学研究会2014年学术年会"时,赵家栋、史光辉二位先生曾就此条与笔者交流,他们都比较倾向"朗"为动词之说;而王国珍女史则极为赞同缓读之解;徐时仪先生在笔者所在那个小组的发言总结时建议对拙文提到的"荡朗"的构词表义做深入讨论,惜应者寥寥。总之,此条考释尚有争议,故此笔者不避繁琐将自己思索、考证、改订的过程及相关学者的见解详列于此,以俟博雅之士有以教我。

的拟音缓读变成了一个临时的叠韵联绵词,构成了一个有实意的音义结合体。文献中虽未见"荡朗"表洗涮义的实际文例,但其成词过程本身却形象地解释了叠韵词中缓读构词的由来,对我们理解上文所论"盘(陂、婆、坡)陀"类词、"曲绿"等的构词表意提供了典型的实例,弥足珍贵。

三 而

P.3126《冥报记》"孔基"条:"无几,大儿而厕,忽便绝倒,[络]驿往看,已毙于地。"(《小说》221;《法藏》21/343b)

《小说》第230页注云:而,底卷旁注于"儿""厕"二字右侧,兹补入正文;"而"疑为"向"字之讹,刻本及《法苑珠林》《太平广记》皆作"向"字。

按:"而"与"向"形虽近,但其讹混之例似较少见。窃疑"而"当读为"如",指"往",为古籍常训,文献中经见的"起如厕"即其例。"而"《广韵》音如之切,日纽止摄之韵;"如"为人诸切,日纽遇摄鱼韵,两者纽同韵别,但唐五代西北方音中"止""遇"二摄之字读音往往混同无别,故敦煌文献中"如"每常借"而"为之,其例繁多。如S.663《文样·印沙佛文》:"又持胜福,伏用庄严施主即体:唯愿身而玉树恒净恒明,体若金刚常坚常固。"(《英藏》2/112a)P.2344v《祇园因由记》:"忽然半夜,佛施神光,朗而白日。"(《法藏》12/211b)S.3835《太公家教》:"千人排门,不而一人拔关。"(《英藏》5/165a)S.2583v《释迦赞》:"更愿夫人及合家大小、内外宗亲,亦愿灾似浮云逐风散,福而春草尽生芽。"(《英藏》4/106b)其中的"而"皆用同"如",例多不赘。以此来看,将上揭例中的"而厕"校作"如厕",当无疑问。

四 附口

(1)S.381《龙兴寺毗沙门天王灵验记》:"龙兴寺毗沙门天王灵验记。本寺大德僧日进附口抄。……自尔已来,道俗倍加祈赛,幡盖不绝。故录灵验如前记。"(《小说》272;《英藏》1/166b)

(2)P.3918《佛说金刚坛广大清净陀罗尼经》卷尾题记:"此《金刚坛广大清净陀罗尼经》,近刘和尚法讳景倩于安西翻译,至今大唐贞元九年,约卌年矣。……其经去年西州倾陷,人心苍忙,收拾不着,不得本来,乃有同行僧广林先日受持,昨于沙州略有讽诵,僧俗忽闻,欣欢顶戴,咸请留本,相传受持。今次届甘州,未有闻者,遂请广林阇梨附口抄题,将传未晓。"(《小说》272;《法藏》30/38—39)

按：例中"附口"，《小说》无注。其中"附口"皆用于叙述灵验记或佛经的抄录方式，然具体是怎样的一种方式却颇费思量。林世田等论及敦煌写本佛典的抄写依据时，提到一种"依口诵记录"的方法。① 受此启发，笔者以为"附口"抄题就是依据口述来记录的方式，"附"谓依托、依附，"口"指口述。"附口"也见于传世文献，如唐释道宣《续高僧传》卷二十《益州净惠寺释惠宽传》："年五六岁，与姊信相于静处坐禅，二亲怪问，答曰：'佛来为说般若圣智界入等法门，共姊评论法相。'父是异道，不解其言，附口录得二百余纸。"（T50,p600c10—14）宋释赞宁《宋高僧传》卷五《唐长安青龙寺道氤传》："仍属此际一行迁神，敕令东宫已下京官九品已上并送至铜人原蓝田设斋，推氤表白。法事方毕，宰相张燕公说执氤手曰：'释门俊彦，宇内罕匹。幸附口录向所导文一本置于箧笥（笥）。'"② 又宋胡太初《昼帘绪论·听讼篇》："引到词人供责，必须当厅监视，能书者自书，不能者止，令书铺附口为书，当职官随即押过。"③ 例中"附口"皆其义，可以比勘。

五 目

P.3877v＋P.3898v道宣《历代众经应感兴敬录》："又蜀郡沙门释僧生者，出家以苦行致目，为蜀三贤寺主。"（《小说》274；《法藏》29/70a）

按："目"，《小说》无注。其字《大正藏》本《历代众经应感兴敬录》同，《集神州三宝感通录》作"因"，校记称宋、元本作"目"，明本作"日"。方广锠《敦煌佛教经录辑校》录作"目"，④杨宝玉《敦煌本佛教灵验记校注并研究》据《感通录》校作"因"，并指出方书未校。⑤ 那么，其字究竟当是"目"，还是"因"或"日"呢？检核原卷，其字作"目"。字形似"日"，略显漫漶，也可能是"目"或"因"的残泐。但就文意而论，则只能是"目"字。"目"指称赏、赞誉，其句谓僧生出家后以苦行获得称誉，因此做了蜀地三贤寺寺主。"目"字此义在中古文献中颇为常见，尤其习见于《世说新语》，如该书《赏誉第八》云："世目李元礼：'谡谡如劲松下风。'"又，"钟士季目王安丰'阿戎了了解人意'。"⑥例多不赘。值得注意的是，上引《兴敬录》中的语句，实乃道宣改

---

① 林世田、杨学勇、刘波：《敦煌佛典的流通与改造》，甘肃教育出版社，2013年，第54页。
② （宋）赞宁传、范祥雍点校：《宋高僧传》，中华书局，1987年，第98页。句中"笥"据《大正藏》本校改。
③ （宋）胡太初：《昼帘绪论》，宋百川学海本，叶十一。
④ 方广锠：《敦煌佛教经录辑校》，江苏古籍出版社，1997年，第180页。
⑤ 杨宝玉：《敦煌本佛教灵验记校注并研究》，甘肃人民出版社，2009年，第226页注⑨。
⑥ （南朝宋）刘义庆撰、（南朝梁）刘孝标注、余嘉锡笺疏：《世说新语笺疏》（增订本），上海古籍出版社，1993年，第415、419页。

编梁慧皎《高僧传》中有关僧生的语句而来，相应的文字作："少出家，以苦行致称。成都宋丰等，请为三贤寺主。"①两相对比，"目"即"称"也。由此看来，其字录作"目"可从，校作"因"非是。"目"字此义在中古文献中虽较常见，然于今人则颇显隔膜，属"字面普通而义别"者，似当作注。

六　摄

P.2094《持诵金刚经灵验功德记》："至夜来，闻有风声，极大迅速。须臾见一物，其形怀(瓌)异，壮丽奇持(特)，可畏倍常，种种形容，眼光似电。师坐，正念诵《金刚经》不息，亦无恐惧。神来至前，摄诸威势，右膝着地，合掌恭敬。听诵经讫，师问神：'檀越是何神祇，初来猛迅，后乃寂然不动？'神即答曰：'弟子是此宫庭胡神，为性刚强戾，见师习大乘经典，不可思议，是以伏听。'"(《小说》334—335；《法藏》5/139b)

《小说》第341页注云：摄，通"慑"，畏惧，被震慑。此句《金刚般若经集验记》与底本同，《法苑珠林》此处相关文句则作"经师端坐正念诵经，刹那匪懈，情无怯怕，都不忧惧。神见形泰，摄诸威势，来至师前，右膝着地，合掌恭敬"，可资比勘；《永乐大典》所引《金刚证验赋》将本故事注于"湖(笔者按：当作'胡')神归命，受净戒而挫凶暴之威"句下，亦正可比勘。

按：《小说》认为"摄"通"慑"，指畏惧、被震慑，似有未安。从文意看，"摄诸威势"的主语是胡神，其"初来猛迅"、"可畏倍常"，后因见师僧念《金刚经》，神情泰然，全无畏惧，于是便将初来之"威势"收敛起来，静心听师僧念经，故句中"摄"当指"收敛"。至于《永乐大典》将相应的故事注于"湖(胡)神归命，受净戒而挫凶暴之威"句下，也是说胡神受佛净戒而自挫其凶暴之威，其中的"挫"其实也指收敛。"摄"谓收敛，乃其常义，另如东晋佛陀跋陀罗译《大方广佛华严经》卷六十《入法界品第三十四之十七》："于楼观中，弥勒菩萨威神力故，悉见一切未曾有事，无所障碍。尔时，弥勒菩萨摄威神力，实时弹指告善财言：'善男子！汝从定起。'"(T9，p782b9—12)此亦谓将"威神之力"收起，可以比勘。

七　虮下

P.3570《刘萨诃和尚因缘记》："(和尚)性好游猎，多曾煞鹿，后忽卒亡，乃

---

① (南朝梁)慧皎撰、汤用彤校注：《高僧传》，中华书局，1992年，第461页。

被鬼使擒捉,领至阎罗王所。问萨诃:'汝曾煞鹿以否?'萨诃因即抵讳。须臾,乃见怨家竞来相证,即便招丞(承)。闻空中唱声'萨诃为鹿',当即身变成鹿,遂被箭射虳下,迷闷无所觉知。"(《小说》421;《法藏》17/222b)

《小说》第 422 页注云:虳,各卷同,然于义不通,故疑为"斛"字之误,而"斛"又当为"胡"之近音借字。敦煌写卷中"斛""胡"多有混用例。如《敦煌变文集校注·降魔变文》:"其牛乃莹角惊天,四蹄似龙泉之剑;垂斛(胡)曳地,双眸犹日月之明。"是其比。《说文解字·肉部》:"胡,牛颔垂也。"亦可指脖颈。文中指刘萨诃变身成鹿后被箭射中脖颈而死。陈祚龙《刘萨诃研究》校"虳"作"肚";王国良《〈刘萨诃和尚因缘记〉探究》校为"斗"字,称与"陡"通用,"突然"之意,皆不可从。

按:王氏校"虳"为"斗",解作"突然",可从。字形上,"虳"在敦煌文献中多用为"斗"的俗字,却很少见到它误作"斛"的实例。词义上,"斗"形方直,逼似陡削,故可喻指"陡峭",此义唐以后文献多用"陡"表示。① 如 P.2483《五台山赞文》:"五台险峻极嵯峨,四面虳斩无慢跛(坡)。"(《法藏》14/259a)句中以"慢坡"与"虳斩"相对,"斩"犹削,"虳斩"即"陡削",言五台山四面崖壁如斩削般陡峭。"斗"由陡峭,可引申指突然,如唐韩愈《答张十一功曹》诗:"吟君诗罢看双鬓,斗觉霜毛一半加。"② S.2073《庐山远公话》:"树神奉敕,便于西坡之上长叩三声,云露(雾)斗暗,应是山间鬼神悉皆到来。"(《英藏》3/266a)其中的"斗"皆指突然、陡然。

从文意看,前揭《刘萨诃因缘记》中的"虳下",主要用来形容被箭射中者的动作。由是颇疑《小说》对后两句的标点当改作:"当即身变成鹿,遂被箭射,虳下迷闷,无所觉知。"句中"虳下"指猛然一下,用为副词,修饰"迷闷",其句谓萨诃变成鹿后,被箭射伤,突然一下昏迷过去,毫无知觉。其中"虳(斗)"指突然,"下"为量词,义犹"一下",表瞬间。如隋阇那崛多译《佛本行集经》卷十三《捔术争婚品第十三》:"时诸释族复作是言:射靳(硬)技能,太子已胜。今复试斫,须一下断。"(T3,p711b6—7)量词"下"又可重叠使用,如 S.555v《唐人选唐诗·鞭鞘》:"希看着鞭处,下下振声明。"(《英藏》2/56)P.3883《孔子项托相问书》:"夫子共项托对答,下下不如项托。"(《法藏》29/85a)不难看出,量词"下"隐含有短时、瞬间的意味,故"斗下"连言可指"突然一下"。

敦煌社会经济文献中,"斗下"又作"鬪下",如 P.2482v《常乐副使田员宗启》:

---

① 参张涌泉《敦煌文献校录体例之我见》,原载《俗语言研究》,第 5 期,禅文化研究所,1998 年,第 120 页;又载其著《敦煌写本文献学》附录,甘肃教育出版社,2013 年,第 727—728 页。
② (清)彭定求等编:《全唐诗》卷三四三,第 849 页上栏。

"(百姓)言道:有南山六人弟(递)互伤斗,针草不得,便向东去。到于东宴(堰),共把道人相逢,放箭鬪下,城家张再诚致死。"(《法藏》14/253b)"鬪"为"鬭"的俗体,句中用同"斗",①"鬪下"即"斗下",指突然落下,例谓南山贼人遇到把守道路的兵士后,立即放箭,射来的箭突然落下,将张再诚射死。"斗下"此义在传世文献中多作"陡下",如宋陈造《江湖长翁集》卷九《题芜湖雄观亭》诗:"大江来东南,旁受众壑输。下驿峡门窄,积水陡下百尺余。"②后句写峡门逼窄,江水汇聚一处,突然灌注而下的气势,有如李白笔下的"飞流直下三千尺"。又如明陈仁锡《无梦园初集》江集一《天台》:"石桥旱祷即雨。……嘉太(泰)五月不雨,祷于庙、于社,弗获。丁令步祷其地,倏有巨鼋跃出,迎至邑,明日大雨。是月之既,宝钱班班,崖侧攘取,巨石陡下窒其穴,众皆惊走。"③明王世贞《嘉靖以来首辅传》卷六《高拱传》:"至奉天门,中官出三宫诏,皆启而授鸿胪使,宣则逐拱,拱面色如死灰,汗陡下如雨,伏不能起。"④例中"陡下"也都指突然落下,适可比勘。

(张小艳:复旦大学出土文献与古文字研究中心,200433,上海)

---

① "鬭"《广韵》音都豆切,端纽候韵;"斗"音当口切,端纽厚韵,二者纽同韵异(仅声调有别),读音极近,可得借用。
② (宋)陈造:《江湖长翁集》,《景印文渊阁四库全书》第1166册,台北:商务印书馆,1986年,第107页上栏。
③ (明)陈仁锡:《无梦园初集》,《续修四库全书》第1383册,上海古籍出版社,2002年,第89页下栏。
④ (明)王世贞:《嘉靖以来首辅传》,《景印文渊阁四库全书》第452册,第501页上栏。

读《宋金元明清曲辞通释》札记

张　铉

提要：王学奇、王静竹二先生所著《宋金元明清曲辞通释》是一部很有学术价值的辞书专著。我们在阅读、学习的过程中有一些与作者不尽相同的看法。"赛愿"该书释曰："赛，即迎神赛社之意。"而我们认为"赛"乃"还、报"之意，并不是"迎神赛社"的意思。"憽憟"该书释为"羞惭貌"，我们认为应为"糊涂、迷糊"之义。该书对"磨陀""勞"等词语的解释亦不完全正确，本文也相应进行辨正。

关键词：《宋金元明清曲辞通释》　赛愿　憽憟　磨陀　勞

语文出版社2002年出版的《宋金元明清曲辞通释》(下文简称《通释》)是王学奇、王静竹先生夫妇(下文简称作者)历经多年艰辛完成的一部很有学术价值的辞书专著。《通释》涉及面之广、收集词目之多在同类书中是前所未有的。本人在阅读《通释》时有一些与作者不同的看法，限于个人水平，谬误在所难免，望读到本文的方家不吝赐教。

赛愿[①]　《通释》释曰："赛愿，犹云祭神还愿。赛，即迎神赛社之意。"

笔者认为，释"赛愿"为"祭神还愿"是对的，但"赛"乃"还、报"之意，并不是"迎神赛社"的意思。

先看《通释》所举例证：

（1）宋·无名氏《小孙屠》十三[四犯腊梅花]："高山叠叠途路长，何时得到东岳殿，赛还心愿一炉香也。"

（2）元·无名氏《独角牛》一[鹊踏枝]："有一日赛口愿到神州。"

（3）□·无名氏散套《仙吕·赏花时·休说功名皆是浪语》："有竞利的徒，他每都赛愿与祈福。"（明无名氏辑《盛世新声》）

（4）明·无名氏《白兔记》六[似娘儿]白："前日在马鸣王庙中赛愿，收留一个

---

① 见《通释》，第933页。

汉子,叫作刘智远。"

(5)清·朱素臣《十五贯》八[挂真儿]白:"开船在即,众客商都往赛愿去了。"

作者还举了几个不是曲词的例子:

(1)宋·永亨《搜采异闻录》卷四:"顷使金国时,辟景孙弟辅行,弟妇在家许斋醮,乃还家赛愿,予为作青词云。"

(2)宋·吴自牧《梦粱录》卷二"二十八日东岳圣帝诞辰"条:"都城士庶,自仲春下浣,答赛心愫。"

(3)《警世通言·假神仙大闹华光庙》:"一则赛愿,二则保福。"

(4)清·潘荣陛《帝京岁时纪胜·东岳庙》:"进香赛愿者络绎不绝。"

作者上举诸例中的"赛"没有一个是"迎神赛社"的意思。下面是《汉语大词典》对"赛社"的解释:"旧俗。一年农事完毕后,陈酒食以祭田神,相与饮酒作乐。"鲁迅的《社戏》这篇文章就是描写的清末绍兴农村赛社的场景。上面诸例中的"赛愿""答赛"就是普通的还愿,没有一处是与"迎神赛社"有关的活动。释义与例证就有些自相矛盾了。无名氏《岳家将传》三十回:"焦赞曰:'赛甚么愿?'"从焦赞的话里可以很明显地看出,"赛"和"愿"是动宾关系。如将"赛"释为"迎神赛社",那么它与"愿"的语法关系就说不清了。

那么"赛"究竟是什么意思呢?它的来源又是什么?《敦煌变文字义通释·释事为篇》"报赛、保塞"条:"报答,填偿。父母恩重经讲经问:'今既成人,还须报赛,莫学愚人,返生逆害。'指报答父母的恩德。'赛'古作'塞',是用相当的价值填偿的意思。填偿须用资财,就改为从贝的'赛'。古代酬答神的福佑叫'赛',或做'塞';例如《韩非子》外储说右下篇:'秦襄公病,百姓为之祷。病愈,杀牛塞祷。'《史记》封禅书:'冬赛祷祠。'司马贞《索隐》:'赛音先代反。赛谓报神福也。'《汉书》郊祀志作'冬塞祷祠',颜师古注:'塞谓报其所祈也。先代反。'司马贞和颜氏音义都同。变文的'报赛'为报答父母,实在和报神的意义无别。……"看来"赛"就是"用相当的价值填偿",它的对象可以是一切对人们有恩德的人或神。"赛愿"就是"用相当的价值填偿已实现的愿望"。在农村,如果收成好的话,人们在年底总要有一些活动来感谢神的恩赐。但"赛愿"的人不一定都是农民,他们的愿望也不一定都是好收成。总之,作者将"赛"释为"迎神赛社"并没有抓住问题的本质。

慊憷① 《通释》释为"羞惭貌"。下为所举例证:

---

① 见《通释》,第747页。

(1) 明·杨慎《洞天玄记》一〔滚绣球〕白:"似这等诗朋酒友,惟溺于醉生梦死之场,懵懂时光,捞渡驱驰,依稀过活了,焉知我回阳换骨,反本朝元,白日而胜天哉!"

(2) 清·石成金散套《南中吕·驻云飞·改正七笔勾》:"可惜光阴懵懂空回首,因此把风月襟怀一笔勾。"

(3) 清·曹寅《续琵琶》三四·白:"俺李旺是也。一向痴呆懵懂,今朝渐成老货。"

笔者认为以上三例中的"懵懂"或"懵懂"无一为"羞惭"之义。如按作者的解释,"懵懂时光"就是"惭愧时光","光阴懵懂"就是"光阴惭愧",光阴怎么会惭愧呢?第一例中的"诗朋酒友"已经"醉生梦死""依稀过活"了,应该不会感到羞愧。第三个例子中的李旺既然"一向痴呆",怎么还知道惭愧呢?那这里的"懵懂"究竟是什么意思呢?笔者认为是"糊里糊涂、迷迷糊糊"的意思。试分析如下。《敦煌变文字义通释》第五篇"瞢瞳、懵懂"条:"其实瞢瞳、懵懂即是朦胧,……这是语源之可以推论的。"①也就是说"懵懂"与"朦胧"是一对同源词。据笔者所知,这两个词至少在三个义项上相通。第一个就是"模糊、看不清","朦胧"的"模糊"之义无须赘言,下面是蒋书"瞢瞳、懵懂"条中"懵懂"作"模糊"讲的例子。杨万里《小溪至新田》诗四首之一:"人烟懵懂不成村,溪水微茫劣半分。"②又《盱眙军东山飞步亭和太守霍和卿》诗:"走马看山真懵懂,忙中拾得片时闲。"③第二个就是"惭愧",还是蒋书的例子,《庐山远公话》:"于是道安被数,瞢("瞢"字应当从面作"瞢")瞳非常,耻见相公,羞看四众。"④辛弃疾《浣溪沙·黄沙岭》词:"突兀趁人山石很,朦胧避路野花羞。"⑤第三个是"糊涂、迷糊"。清·方成培改编《雷峰塔传奇·第二十九出·炼塔》〔生背介〕:"白氏虽系妖魔,待我恩情不薄,今日之事,目击伤情,太觉负心了些。咳!恩怨相寻,一场懵懂,我于今省悟了也。"许仙认为跟白娘子糊里糊涂交往了一场,如今醒悟要跟法海出家。《西游记》第三回:"我老孙超出三界外,不在五行中,已不伏他管辖,怎么朦胧,又敢来勾我?"⑥孙悟空认为阎王糊涂了,竟派人勾他。笔者认为,作者所举三例中的"懵懂"或"懵懂"亦为"糊涂、迷糊"之义。前二例是说

---

① 《蒋礼鸿集》第一卷,浙江教育出版社,2001年,第314页。
② 同上。
③ 同上。
④ 同上。
⑤ 同上。
⑥ 人民文学出版社,1980年,第36—37页。

人稀里糊涂度过光阴,后一例是说李旺愚愚痴痴、糊里糊涂地过日子。

磨陀、磨跎、磨佗、磨拖、磨䭫、磨驼、摩酡、摩陀①

按,此八个词实为一词的不同写法。作者认为该词在以下五例中为消磨岁月、逍遥自在的意思。

(1) 元·关汉卿小令《大德歌》:"想人生能几何?十分淡薄随缘过,得磨陀处且磨陀。"

(2) 元·白贲散套《醉华阴·六幺令》:"是他,更磨拖,真个那里每闲快活?"

(3) 元·张养浩散套《新水令·辞官·梅花酒》:"自相度,图个甚?谩张罗,得磨驼处且磨驼。"

(4) 元·无名氏《蓝采和》三[快活三]:"我如今得磨跎处且磨跎,待学庄子《鼓盆歌》。"

(5) 元·无名氏小令《迎仙客·十二月》:"得磨佗,且快活,万事从他。"(见《乐府群珠》卷四)

作者还举了宋词的例子,宋·曹勋《诉衷情》词:"云似舞,水如歌。笑呵呵,这回还有,半世偎绥,一味磨跎。"

作者认为在以下三例中为"昏沉、糊涂"之义。

(1) 元·汪元亨小令《折桂令·归隐》:"醉里摩酡,醒后吟哦,不取轻肥,免见干戈。"

(2) 元·张可久小令《折桂令·读史有感》:"故纸上前贤坎坷,醉乡中壮士磨䭫,富贵由他,谩想廉颇,谁效萧何?"

(3) 明·周朝俊《红梅记》七[叠字儿犯]:"玉山儿倒了一座,倩倩红儿,扶不起俺个醉摩陀。"

笔者认为视为逍遥自在的五例似亦为"昏沉、糊涂"之义。"得磨陀处且磨陀"就是"能稀里糊涂就稀里糊涂"的意思。"磨䭫"应为"酩酊""懵懂"的同源词。

又有"打磨陀"一词。明·汤显祖《南柯记》四十[金蕉叶]:"原来俺爹在此打磨陀,冷清清独对着俺亲娘的灵座。"这里是说淳于棼正对着大槐安国公主的灵位发愣,"打磨陀"乃"神情恍惚"之意。清·洪昇《长生殿》二七[北双调·新水令]:"刚打个磨陀,翠旗尖又早被树烟锁。"这里是说杨贵妃的灵魂刚愣了一下神,又找不到

---

① 见《通释》,第744—745页。

唐明皇的队伍了。《通释》将这二例中的"打磨陀""打个磨陀"释为"打转转、兜圈子"①恐不妥。

剺、劙、离、利②

《通释》在此条下举例：

(1) 元·关汉卿《单刀会》二［尾声］："我则怕刀尖儿触摸着轻剺了你手，树叶儿提防打破我头。"

(2) 元·刘庭信小令《醉太平·忆旧》："咚、咚、咚听一下如锥剔，珰、珰、珰睚一点如针刺，呀、呀、呀聒一会如刀劙。"

(3) 元明间·无名氏《单战吕布》二［上小楼·幺篇］："施逞那离水吹毛，双峰耀目，巨阙光辉。"

(4) 元明间·无名氏《衣锦还乡》一［哪吒令］："这剑可以比巨阙能利水两开。"

作者认为剺、劙、离、利同音混用，均有"割"义。并举例证明"梨""犁""劙""劙""剓"等字与上述四字相通，这些都没有问题。接着作者说："或又作'皮'。《战国策·韩策三》：'因自皮面、抉眼、屠肠，遂以死。'王褒《僮约》曰：'落桑皮樱③，皮之为言披也。'《续列④女传》曰：'聂政自披其面。'是皮与披同义，盖谓以刀剺面去其皮也。《金瓶梅》第七九回：'但溺尿，尿管中犹如刀子犁的一般。'总观以上，则知剺、离、劙、利、黎、犁、犂、劙、劙、剓、皮、披，音近义并通。"这段话有两个问题。

首先是引文不注出处。王念孙《读书杂志·史记第五·皮面》："'因自皮面、抉眼，自屠出肠。'《索隐》曰：'皮面，谓刀割其面皮，欲令人不识。'念孙案：'如小司马说，则当曰割面皮，不当云皮面矣。'今案《广雅》曰：'皮，离也。'又曰：'皮，剥也。'然则'皮面'者，谓以刀自剥其面也。王褒《僮约》曰：'落桑皮樱。''皮'之为言犹'披'也。《续列女传》曰：'聂政自披其面。'是皮与披同义。"⑤作者所举三个例子与王念孙所举基本一样，只是第一个例子用了《战国策》中的同一个故事。作者还将王念孙解释《僮约》中"皮"字的语句"'皮'之为言犹'披'也"当作正文引用，这句话如果是作者所写，是不可能犯这样的错误的。王念孙的结论"是皮与披同义"作者亦原封不动地转抄下来。

---

① 见《通释》，第239页。
② 见《通释》，第658页。
③ 《通释》原作"樱"，误。
④ 《通释》原作"烈"，误。
⑤ 江苏古籍出版社，2000年，第139页。

其次是作者认为"劙、离、劐、利、黎、犁、犂、劙、劙、剓、皮、披,音近义并通"的根据不充分。先看声音,"皮"上古、中古俱为并纽字,"披"上古、中古俱为滂纽字,其他各字从古至今都为来纽字。"并、滂"与"来"发音部位并不接近,"音近"是说不过去的。由王念孙的结论可知,"皮、披"是剥皮的意思,它们的对象不是"面皮"就是"树皮"。而"劙、离"等的对象既可以是"手"也可以是"水",其具体动作为"划开",而不是"剥"。"皮"的"剥皮"义是由"皮肤"义引申而来的,这一点与英语词"skin"相类似。"skin"既有"皮肤"义,又有"剥皮"义。看来作者说的"义通"也不能成立。

(张铉:山东财经大学文学与新闻传播学院,250014,济南)

禅籍方俗词待问录考辨

赵家栋

提要：本文在充分释读禅宗文献和排比归纳相关文献用例的基础上，结合中土文献和佛经材料对禅籍方俗词待问录中的"刺蝎""拍盲""番款；退款""讶郎当""则剧""猷窯"等俗语词做了尝试性的延证考释，以便于学者更好地释读和利用禅宗文献进行相关学术研究。

关键词：禅宗语录　语词　考辨

拈花一笑，教外别传，以心传心，禅宗肇始。禅宗主张心性本觉、佛性本有，强调不立文字、顿悟成佛。禅宗体现了佛教的中国化，特别是慧能禅宗的开创，揉入了中国南方的生产和生活方式，大大改变了佛教僧侣原有的参禅仪轨。禅师们在接引参禅弟子时开示说法，并不藻饰华词，而多以通言俗语直说宗旨，弟子们将这些禅宗式问答予以记录，搜集成册，即为禅宗语录。其问答语言充满隐喻和暗示，有时甚至会故弄玄虚，绕山绕水。这种机缘问答，后人称之为"公案""话头"。正如董志翘先生在《禅籍方俗词研究》(雷汉卿，2010)序中指出的一样，"禅宗扎根于山野，多活动于方言比较复杂的南方地区，加上禅林用语以对话方式为主，不避俚俗，大多是随讲随记，有的是事后的多人回忆补记，再几经辗转汇集成语录，俗音、俗字、方言语汇、方言句法，甚至讹误现象普遍存在。这些特点势必造成禅籍语言在字、音、语词以及句法等方面释读困难。"[①]不过就汉语史研究来说，禅宗语录是禅籍中最有价值的语料。雷汉卿(2010)所著《禅籍方俗词研究》是禅宗文献语言研究的力作，为今后禅籍方俗词研究提供了实践的经验和理论的指导。该书探讨了禅籍方俗词的研究范围和特定内涵，在具体禅籍方俗语词考释基础上，分析了禅籍方

---

* 基金项目：本研究得到教育部规划基金项目"敦煌文献疑难字词研究"(编号：13YJA740081)、国家社科基金重大项目"汉语史语料库建设与研究"(编号：10&ZD117)、江苏高校优势学科建设工程资助项目(PAPD)及南京师范大学优秀高层次人才科研启动基金项目(编号：1309005)资助。

① 参见董志翘《禅籍方俗词研究·序》，雷汉卿著《禅籍方俗词研究》，巴蜀书社，2010年。

俗语词的衍生方式和构词特点,进而阐明了禅籍俗语词在汉语词汇发展史上的地位或意义,揭示了禅宗语言研究的价值。该书在系统描写和理论研究的同时还掘发出禅籍中的一批新词新义并做了精当考释。雷先生治学严谨,对一些"一时难以索解"的禅籍方俗词附录成《禅籍方俗词研究待问录》(下文简称《待问录》),以惠学林进一步研究。这里笔者不揣浅陋,试对《待问录》中部分语词做尝试性的延证考释,还望雷先生及同道方家不吝斫之。

【剌㩭】

宋·楚圆集《汾阳无德禅师歌颂》卷下《又拄杖歌》:"颂曰:一条拄杖剌㩭,劲直螺纹爆节。寻常肩上横担,大地乾坤挑斡。"(T47/622c①)

按:"剌㩭"一词,雷汉卿(2010:633)将其收入《待问录》。又此拄杖歌为六言,《待问录》因不明"剌㩭"词义,引文标点误作"一条拄杖,剌㩭劲直,螺纹爆节。寻常肩上横担,大地乾坤挑斡",今正。此拄杖歌又见宋·慧洪撰《禅林僧宝传》卷十四"神鼎谭禅师"下,云:"又曾同作拄杖子偈。昭②曰:'一条拄杖剌蝎,劲直螺纹爆节。寻常肩上横担,大地乾坤挑斡。'"(X79/520a)其中"剌㩭"作"剌蝎"。关于"剌㩭"或"剌蝎"词义所指,《又拄杖歌》"颂"前云:"我有一条曲𣔌杖,节𨷂螺纹山势样。横担天下拨虚空,邪魅见之皆胆丧。实坚贞,硬如铁,击石山河须爆裂。"(T47/622b—c)两相对照,可以推定"一条拄杖剌㩭"与"一条曲𣔌杖"语义所指相类。其实"剌㩭"与"剌蝎"皆为"杖"之梵语 laguda 之音译,"剌"为"剌"之形讹。梵语 laguda 佛经中常音译作"剌竭节""粝竭节"。在线《电子佛学辞典》(Digital Dictionary of Buddhism)佛教梵语术语"L"条(Sanskrit Terms Index:l):"laguda 剌竭节、粝竭节。"③"lagu"为"执持,拄握"义,音译为"剌竭","da"为"杖、策"义,音译为"节",非为意译。其同根词有"laguda-vyagra-hasta 执杖"。④ 又唐·义净撰《梵语千字文》卷一:"𑌲(la)𑌕𑍁(ku)𑌟(ta),杖。"(T54/1192c)唐·礼言集《梵语杂名》卷一:"杖,攞矩吒𑌲(la)𑌕𑍁(ku)𑌟(ta)。"(T54/1238c)此 lakuta 即 laguda 另一转写形式。宋·法云《翻译名义集》卷七《犍稚道具篇第六十》:"剌竭节,此云杖。柳

---

① 本文所引佛典来源《CBETA 电子佛典集成》,中华电子佛典协会(Chinese Buddhist Electronic Text Association,简称 CBETA),2014 年。标注格式为"T"指《大正新修大藏经》、"X"指《卍新纂续藏经》、"J"指《嘉兴藏》、"K"指《高丽藏》、"C"指《中华藏》、"D"指国家图书馆善本佛典,"/"前后的数字分别表示册数和页数,a、b、c 分别表示上中下栏。下同。
② 按,昭当为"颂"之误。
③ 网址:http://www.buddhism-dict.net/ddb/indexes/term-sa-l.html。
④ 同上。

栗横担不顾人,直入千峰万峰去。"(T54/1169c)宋·善卿编正《祖庭事苑》卷三"粝竭节"下云:"梵云粝竭节,此言杖。智门祚和上《纲宗歌》云:'粝竭节,拽路布,灵利衲僧通一路,师子不捉麒麟儿,猛兽那堪床下顾。'粝,或作刺。郎达切。"(X64/358b)宋·文政编《明觉禅师祖英集》卷五《送僧》:"人间天上不知他,粝竭节有顶门眼,归去清风拂薜萝。"(T47/704a)《古尊宿语录》卷三十九:"粝竭节,拽路布,刬利衲僧通一路,师子不捉麒麟儿,猛兽那堪床下顾。"(X68/257b)元·居简等编《月江和尚语录》卷下自赞文《徒弟寿嵩院主请》:"山行六七里,手把粝竭节。老去懒登高,十步九回歇。"(X71/145c)

准此,"刺竭"与"刺蝎"之"刺"为"刺"字形讹,"刺蝎"即"刺蝎节"之省,又作"粝竭节",皆为"拄杖"梵语 laguda 音译。

【拍盲】

宋·蕴闻编《大慧普觉禅师语录》卷十二:"咄!这担版汉,从来无所知。曾经一顿饱,忘却累年饥。动便触人讳,拍盲不识时。"(T47/862a)

宋·绍隆等编《圆悟佛果禅师语录》卷十四:"此门瞥脱契证,即是素来不曾经人坏持,拍盲百不知一,但以利根种性孟八郎便透,直下承当,要用便用,要行即行。"(T47/778a)

同上卷十四:"俱胝凡见僧来及答问,唯竖一指。盖通上彻下契证无疑,差病不假驴驼药也。后代不谙来脉,随例竖个指头。谩人不分皂白,大似将醍醐作毒药,良可怜愍……有般拍盲底,随语生解,便抑屈俱胝。"(T47/780b)

宋·净善重集《禅林宝训》卷四:"衲子传至虎丘,瞎堂曰:'遮个山蛮杜拗子,放拍盲禅治尔那一队野狐精。'或庵闻之,以偈答曰:'山蛮杜拗得能憎,领众匡徒似不曾。越格倒拈苕菷柄,拍盲禅治野狐僧。'"(T48/1038b)

宋·普济集《五灯会元》卷六《涌泉景欣禅师》:"拍盲不见佛,开眼遇途人。借问途中事,渠无丈六身。"(X80/125b)

按:"拍盲"一词,雷汉卿(2010:644)将其收入《待问录》。《葛藤语笺》引《碧岩古钞》四:"拍盲,以手塞眼不见物,非生盲也。"无著道忠云:"此解杜撰。"《大般涅槃经》卷八:"如百盲人为治眼故造诣良医。"无著认为"拍、百音近,拍盲亦百盲之义乎?"①无著怀疑《碧岩古钞》说是,然释"拍盲"为百盲之义,似也未达其间。又清·智祥述《禅林重刻宝训笔说》卷下"也来者里放出些拍盲禅"下云:"拍,拊也;盲者,自

---

① 《禅语辞书类聚二·葛藤语笺》,第49页。

不能行拍拊人肩而行,谓其不脱洒也。"此亦为望文生义。

我们比照《朱子语类辑略》卷七《论诸儒》:"使公到今已老,此心怅怅然,如村愚陌盲无知之人,撞墙撞壁,无所知识。"认为"拍盲"似为"陌盲",拍与陌,《广韵》同为入声陌韵字,声母分别为滂、明母,在一些方言里读音相近,又唐五代西北方音明母字常与帮滂母字相混。文献中也见"拍""陌"通用例。如"拍刀"又作"陌刀",为古代兵器一种长刀名。《新唐书·阚棱传》:"(阚棱)善用两刃刀,其长丈,名曰'拍刀',一挥杀数人,前无坚对。"明·朱国祯《涌幢小品·兵器》:"刀两刃者曰'拍刀',起于隋阚棱。"《旧唐书·文宗纪下》:"先是,宰相武元衡被害,宪宗出内库弓箭、陌刀赐左右街使,俟宰相入朝,以为翼从,及福建门退。"《资治通鉴·唐玄宗天宝六载》:"仙芝以郎将高陵李嗣业为陌刀将。"胡三省注引《唐六典》:"武库令掌兵器,辨其名数,以备国用。刀之制有四:曰仪刀、曰障刀、曰横刀、曰陌刀……陌刀,长刀也,步兵所持,盖古之斩马剑。"

"陌盲"指乡野无知之人。《朱子语类》中"陌盲"与"村愚"并提,二者构词理据亦同。"陌"指田间小路,"盲"本指目失明,引申则有"昏暗、胡涂、不明事理"之义。《吕氏春秋·音初》:"天大风晦盲,孔甲迷惑。"高诱注:"盲,瞑也。"唐·韩愈《代张籍与李浙东书》:"当今盲于心者皆是。"禅宗语录中的"陌盲"喻指缺乏利根,不能见心了悟之人。

【番款】【退款】

宋·重显颂古、克勤评唱《佛果圜悟禅师碧岩录》卷一:"师顾视左右云:'这里还有祖师么?'克勤着语:'尔待番款那,犹作这去就。'"(T48/141a)

宋·普济集《五灯会元》卷十四《长芦清了禅师》:"问僧:'你死后烧作灰,撒却了向甚么处去?'僧便喝,师曰:'好一喝,祇是不得翻款。'僧又喝,师曰:'公案未圆,更喝始得。'"(X80/297a)

宋·妙源集《虚堂和尚语录》卷七:"太阿横按血淋漓,铁作心肝也皱眉。入得门来翻死款,不庵未必肯饶伊。"(T47/1035a)

同上卷二:"僧云:'学人才见和尚升堂便出礼拜,得个甚么?'师云:'他时不得退款。'僧云:'且喜水米无交。'师云:'早是退款了也。'"(T47/1002a)

同上卷八:"僧云:'且道今日是什么日?'师云:'我也不知。'僧云:'老和尚也被使得七颠八倒。'师云:'尔也脱不得。'僧云:'争奈学人不入者保社。'师云:'岂容退款。'"(T47/1042a)

按:"番款""退款"二词,雷汉卿(2010:635;647)分别将其收入《待问录》。今谓"番款"与"翻款"同,翻为翻异体,番为翻之借字。"款"有"招供、供认"义。南朝梁·任昉

《奏弹刘整》:"婢采音不款偷车栏、龙牵,请付狱测实。"《陈书·沈洙传》:"未知狱所测人,有几人款?几人不款?"唐·张鹭《朝野佥载》卷五:"湖州佐史江琛取刺史裴光判书,割字合成文理,诈为徐敬业反书以告。差使推光,款书是光书,疑语非光语。"引申指供辞,《资治通鉴·唐则天后天授二年》:"来俊臣鞫之,不问一款,先断其首,仍伪立案奏之。"胡三省注:"狱辞之出囚口者为款。"南宋·普礼录《无门开和尚语录》卷上《隆兴府翠岩广化禅寺语录》:"涅槃上堂。'诸行无常,是生灭法,生灭灭已,寂灭为乐。黄面老子四十九年,三百余会末后供出死欵,后代儿孙随邪逐恶,无一个与他出气,今日翠岩远孙番欵去也。'"其中,"欵"为"款"的俗通字,《字汇·欠部》:"欵,俗款字。""翻款"本指对所陈述的供词反悔,义同翻供、翻案,泛化则指因后悔而推翻曾经允诺的事或说过的话。

禅宗所谓"公案"原指官府用以判断是非的案牍,后才转为禅宗用语,指祖师、大德在接引参禅学徒时所作的禅宗的问答或具有特殊启迪作用的动作,这些言行可作为后代依凭的法式。《碧岩录·序》:"谓之公案者,倡于唐而盛于宋,其来尚矣。二字乃世间法中吏牍语,其用有三:面壁功成,行脚事了,定盘之星难明,野狐之趣易堕,具眼为之勘辨,一呵一喝,要见实诣,如老吏据狱谳罪,底里悉见,情欵不遗,一也;其次则岭南初来,西江未吸,亡羊之岐易泣,指海之针必南,悲心为之接引,一棒一痕要令证悟,如廷尉执法平反,出人于死,二也;又其次则犯稼忧深,系驴事重,学弈之志须专,染丝之色易悲,大善知识为之付嘱,俾一心死蒲团,一动一参,如官府颁示条令,令人读律知法,恶念才生,旋即寝灭,三也。"(T48/139b—c)而历代祖师具体言行则称为"款",《宗门武库》:"师一日云:'我这里无法与人,祇是据款结案。恰如将个琉璃瓶子来,护惜如什么。我一见便为尔打破,尔又将得摩尼珠来,我又夺了。'"《圆悟佛果禅师语录》卷七:"州云:'水浅不是泊船处意旨如何?'师云:'据欵结案。'"故禅宗语录中的"番款"或"翻款"意为推翻以前禅僧的言行。

"退款"义同"翻款","退"也有"改悔"义,《国语·晋语二》:"申生甚好信而强,又失言于众矣;虽欲有退,众将责焉。"韦昭注:"退,谓改悔也。"又引申谓解除或撤销先前的约定。《红楼梦》第十六回:"谁知爱势贪财的父母,却养了一个知义多情的女儿,闻得退了前夫,另许李门,他便一条汗巾悄悄的寻了自尽。"所以"翻款"又可作"退款"。无著道忠《葛藤语笺》云:"退款者,谓始不白状却退身后方陈实情也。言汝大有所得,却道得个甚么!他时必可退身而白状有所得也。"①似也未达其旨。

---

① 《禅语辞书类聚二·葛藤语笺》,第49页。

【讶郎当】

宋·蕴闻编《大慧普觉禅师语录》卷十:"全死中全活,全活中全死。一个讶郎当,一个福建子。"(T47/852c)

宋·普济集《五灯会元》卷十七:"新罗打鼓,大宋上堂。庭前柏子问话,灯笼露柱着忙。香台拄杖起作舞,卧病维摩犹在床。这老汉我也识得,你病休讶郎当。"(X80/364b)

宋·重显颂古、克勤评唱《佛果圜悟禅师碧岩录》卷四:"举定上座问临济:'如何是佛法大意?'克勤着语:'多少人到此茫然,犹有这个在,讶郎当作什么?'"(T48/171b)

按:"讶郎当"一词,雷汉卿(2010:649)将其收入《待问录》。无著道忠云:"(讶郎当)谓疑惑也。"①今谓此说不确。"讶郎当",《大正新修大藏经》及《卍新纂续藏经》共有 37 例,又作"牙郎当",南宋·自悟等编《希叟和尚广录》卷二:"汤便洗面,刺脑入胶盆,香严至,更添一个牙郎当。"(X70/427c)又作"砑郎当",《五灯会元》卷十六:"师曰:'大乘砑郎当。'僧退,师乃曰:'僧问西来意?筑着额头磕着鼻,意旨又如何?驴驼并马载,朝到西天暮归唐,大乘恰似砑郎当,何故?'没量大人,被语脉里转却,遂拊掌大笑。"(X80/346a)宋·重显颂古、克勤评唱《佛果圜悟禅师碧岩录》卷七:"这僧眼似流星,也被岩头勘破了一串穿却,当时若是个汉,或杀或活。举着便用,这僧砑郎当。却道收得。似怎么行脚。"(T48/196c)(校勘记:砑,甲、丙本作迓)又作"齼郎当",宋·法应集、元·普会续集《禅宗颂古联珠通集》卷三十八《祖师机缘》:"师曰:'齼郎当汉,又怎么去也。'颂曰:'千人万人行一路,几个移身不移步。对面拈香炉上烧,齼郎当汉又怎去。'"(X65/713b)

今谓"讶郎当""牙郎当""砑郎当""迓郎当""齼郎当"等皆当读为"雅郎当","讶""牙""砑""迓""齼"均为"雅"的记音字。"雅"有"甚、颇"义,《后汉书·皇后纪上·章德窦皇后》:"肃宗先闻后有才色,数以讯诸姬傅。及见,雅以为美。"唐·白居易《燕子楼》诗序:"善歌舞,雅多风态。""郎当"即吊儿郎当,形容仪容不整、作风散漫。宋·王灼《碧鸡漫志》卷五:"世传明皇宿上亭,雨中闻牛铎声,怅然而起,问黄幡绰:'铃作何语?'曰:'谓陛下特郎当!'特郎当,俗称'不整治'也。"此处的"特郎当"义同"雅郎当"。禅宗语录中亦有"雅郎当"用例,明·佚名集《普庵印肃禅师语录》卷三:"白日上云霄,帝里风光好。门前废草庵,平常不离方。失却庵中主,犹是

---

① 《禅语辞书类聚二·葛藤语笺》,第 128 页。

雅郎当。"(X69/433b)

禅宗语录中还习见与"讶郎当""牙郎当""砑郎当""迓郎当""齖郎当"相类的"甚郎当""太郎当""忒杀郎当""忒甚郎当""忒郎当"用例。如清·超质等编《佛古闻禅师语录》卷三:"临济语话甚郎当,引得傍观笑几场。豪气一身都丧却,名存忤逆播诸方。"(J36/810a)宋·法应集、元·普会续集《禅宗颂古联珠通集》卷二十一:"播土扬尘没处藏,面门出入太郎当。撒屎撒尿浑闲事,浩浩谁分臭与香。"(X65/604a)宋·重显颂古、克勤评唱《佛果圜悟禅师碧岩录》卷四:"麻谷云:'章敬道是,和尚为什么道不是?这老汉不惜眉毛,漏逗不少,南泉道章敬则是,是汝不是?南泉可谓见兔放鹰。'庆藏主云:'南泉忒杀郎当。'"(T48/170c)清·寂惺等编《樱宁静禅师语录》卷四:"师拈云:尊者自经败阙,祗宜倒卷旗鎗,更要夸张声势,撩空将飞天,罗汉扑下地来,跌得肋断骨折,苦屈煞人,个师忒甚郎当样,被他粘住眉毛,直至如今开眼不得。"(J33/505c)明·机峻等编《古瓶山牧道者究心录》卷二:"秋声飒飒觉清凉,日炙风吹彻体彰。赁房住,忒郎当,生死路上好商量。咄!瞎汉无限风流,只这是掀翻鹘臭为人扬。"(J28/297a)

【则剧】

宋·崇岳、了悟等编《密庵和尚语录》卷一:"师云:'二尊宿蓦札相逢,大似小儿则剧相似,佛法身心何在。'"(T47/972b)

宋·蕴闻编《大慧普觉禅师语录》卷十五:"若是全锋敌胜,同死同生,正按旁提,横来竖去,蟠根错节,结角罗纹。于诸人分上,正是小孩儿则剧,家事不劳拈出。"(T47/876b)

宋·法应集、元·普会续集《禅宗颂古联珠通集》卷三十四:"当阳打动番南鼓,万象森罗立地闻。不是大家齐则剧,难消白日到黄昏。"(X65/689a)

按:"则剧"一词,雷汉卿(2010:650)将其收入《待问录》。今谓"则剧"当指戏乐、开玩笑。除禅宗语录外,其他文献亦见,《朱子语类》卷一〇四:"此等议论,恰如小儿则剧一般。"宋·刘克庄《贺新郎》词:"生不逢场闲则剧,年似龚生犹夭,吃紧处无人曾道。"其实"则剧"当读为"作剧"。则,《广韵》"子德切",精母开口一等入声德韵,拟音为[tsək][①]。作,《广韵》有"则落切"音,精母开口一等入声铎韵,拟音为[tsak]。声同韵近,故可通用。可能在某些南方方言中,则、作读音相同,"则"字仅

---

① 本文中古音拟音依据王力先生《汉语史稿》第十节"中古的语音系统"的拟音。参见《汉语史稿》,中华书局,2004年,第60—65页。

是口语记音而已。文献中常见"则""作"互代例,如"则么""则么生""则甚"又作"作么""作么生""作甚",又"则声"即为"作声"①。又敦煌写本 S.6300《丙子年二月十一日僧随愿共乡司判官李福绍结为兄弟契》:"丙子年二月十一日,干元寺僧随愿共乡司判官李福绍结为弟兄,不得三心二意,便须一心一肚作个。或有一人作别心,对大佛刑罚。"②此例中的"作个"即为"则个"③。"作剧"义为"开玩笑、捉弄",宋·陈师道《送晁无咎守蒲中》诗:"的桃作剧聊同俗,遇事当前莫后儿。"元·方回《六十五春寒吟》:"老眼闲中子细看,天公作剧故多端。"佛典中亦习见"作剧",失译《西方陀罗尼藏中金刚族阿蜜哩多军吒利法》:"复可畏者见种种色形,令小儿惊怕,为欲得饮食故,或欲得作剧故。复有诸鬼,爱乐作剧,见身为小儿如母一种。复有诸鬼,令小儿笑。复有诸鬼。令小儿啼哭,或遣小儿作舞,或共小儿作舞,或共小儿作剧。"(T21/70a)新罗慧超等《游方记抄》卷一《往五天竺国传》:"纵有饮者,得色得力而已,不见有歌舞作剧饮宴之者。"(T51/976c)敦煌本 S.2401《惠远外传》:"量(良)久之间,乃唤善庆近前,上来言语总是共汝作剧,汝也莫生颇我之心,吾也不见汝过。"(T85/1317c)宋·怀远录《首楞严经义疏释要钞》卷一:"瑠璃幼岁于释摩南家学射,其家新建一堂,欲请佛琉璃幼孩入中作剧,由是释种以言骂之曰:'汝是何人,輙污我堂?'"(X11/93c)上例中"共小儿作剧"及"幼孩入中作剧"正与禅宗语录中"小儿则剧"相类。

【猷窑】

宋·惟盖竺编《明觉禅师语录》卷二:"雪窦即不然。圆光一颗儱伺④真如,神用六般和泥合水。猷窑人设齐,且致水中拈月致将一问来。"(T47/684b)

按:"猷窑"一词,雷汉卿(2010:650)将其收入《待问录》。"猷窑"之"窑"为"窯"之异体,"窯"即为"窑"。《说文·穴部》:"窯,烧瓦灶也。"《墨子·备穴》:"穴内口为灶,令如窯。"孙诒让间诂:"毕(沅)云:《说文》云:'窯,烧瓦灶也。'即今窑字正文。"《集韵·宵韵》:"窯、窑,《说文》:烧瓦灶也。或从䍃。"《龙龛手鉴·穴部》:"窼、空、竂,三俗;窯、窑,二正。音摇。陶师烧瓦窑也。"然"猷窑"词义仍难索解。类似话头

---

① 参见袁宾、段晓华、徐时仪、曹澄名编著《宋语言词典》,上海教育出版社,1997年,第343页。又参李崇兴、黄树先、邵则遂编著《元语言词典》,上海教育出版社,1998年,第410—411页。王学奇、王静竹编《宋金元明清曲辞通释》,语文出版社,2002年,第1355页。
② 唐耕耦、陆宏基编:《敦煌社会经济文献真迹释录》(第二辑),书目文献出版社,1990年,第201页。
③ 参见董志翘《敦煌社会经济文书词汇语法札记》"作个、则个"条,《古汉语研究》,2009年第1期。
④ 伺为"侗"之形讹。

又见(日)妙超撰《特赐兴禅大灯国师参详语要》卷二,云:"填窑人设斋,且致水中拈月致将一问来。"(D46/69b)知"设齐"之"齐(齊)"当为"斋(齋)"字形讹,"猷窑"又作"填窑","填窑"即莫猺(莫傜)。宋·善卿编正《祖庭事苑》卷一《雪窦后录》:"填窑,本作莫傜。地名,今沩山塔庄是矣。古语云:'不作沩山一顶笠,无由得到莫傜村。'"(X64/326b)"猷窑"之"猷"为"莫"的形体变异,其讹变途径应为:

$$猷←(构件移位)←奠←(形讹)←莫$$

"莫猺"是现代瑶族的先民,宋以前称"莫猺",宋以后一般单称"猺",现作"瑶"。莫猺之名,最早见于《梁书·张缵传》,云:"州界零陵、衡阳等郡有莫猺蛮者,依山险为居,历政不宾服。"莫猺由免服猺役而得名。《隋书·地理志下》:"长沙郡又杂有夷蜒,名曰莫猺,自云其先祖有功,常免猺役,故以为名。"据《隋书·地理志》载,当时莫猺主要散布在长沙、武陵、巴陵、零陵、桂阳、澧阳、衡山、熙平等郡,足迹遍布洞庭湖周围及湘、资、沅、澧诸水流域。禅宗主要活动于长江以南,禅宗语录中多次提到"莫猺/莫傜",如宋·惟白集《建中靖国续灯录》卷九《沂州望仙山宗禅师》:"僧曰:'莫压良为贱。'师云:'多是莫猺人。'"(X78/699a)宋·赞宁等撰《宋高僧传》卷十七《玄泰》:"尝以衡山之阳多被山民,莫傜辈斩木烧山,损害滋甚,泰作畲山谣,远迩传播达于九重。"(T50/818a)元·昙噩述《新修科分六学僧传》卷七《唐玄泰》:"时寺尤苦山民莫傜辈所扰,斩木烧山,不可谁何。"(X77/135c)禅宗语录中也习见"莫猺人设斋"话头。如:宋·守坚集《云门匡真禅师广录》:"一日,云:泥水不分,过在什么处。代云:昨日莫猺人设斋。或云:日里来往总识尔,怎么生是影身一句。代云:某甲亦见日头从东边上。"(T47/562b)宋·李遵勖编《天圣广灯录》卷二十五:"师上堂云:'有一人怎么去,有一人怎么来。且道此二人,阿那个为得人天眼目衲僧,怎么生辨?若辨得去,有参学眼,若辨不得,莫傜人设斋。珍重。'"(X78/551c)宋·智超集《人天眼目》卷六《禅林方语》:"驴拣湿处尿,乌龟陆地行。莫径①人设斋,谢三娘秤银。"(T48/332c)

参考文献

[1] 雷汉卿 2010 《禅籍方俗词研究》,巴蜀书社。
[2] (日)芳泽胜弘等 1992 《禅语辞书类聚二·葛藤语笺》,日本禅文化研究所。
[3] 中华电子佛典协会 2014 《CBETA电子佛典集成》,中华佛典协会及法鼓山佛学院。
[4] 吕澂 1979 《中国佛学源流略讲》,中华书局。

---

① 径为"猺"之形讹。

[5] 周裕锴　1999　《禅宗语言》,浙江人民出版社。
[6] 袁宾,康健　2010　《禅宗大词典》,崇文书局。
[7] 许宝华,(日)宫田一郎　1999　《汉语方言大词典》,中华书局。

（赵家栋:南京师范大学文学院,210097,南京）

从训诂学的自觉看其诠释学特质

周光庆

摘要：大凡"自觉",总是标志着人们在特定活动中,理解了自己活动的意义,并且具有较为明确的目的性和计划性,故而也就能够真正体现出其活动的基本特质。而从训诂学的原始性自觉来看,从训诂学的建构性自觉来看,从训诂学的变革性自觉来看,从训诂学的总结性自觉来看,中国训诂学都已经越来越深厚地具有着诠释学的基本特质,都已经成为了不断地从自己的视界出发,总结解释文化经典的实践,以拓展解释的人文目标、完善解释的多种方法、提高解释的社会效应的学问。

关键词：自觉 特质 训诂学 诠释学

引 言

从根本上说,人是理解和解释的动物,是在理解和解释过程中实现共同之建构、"筹划"自己之存在的动物,是以理解和解释自己存在之方式而存在着的动物;理解和解释,不仅是人与动物最为根本的区别,而且也是人类共有的、使其生存发展得以成功的活动。有如西方著名学者格朗丹指出的:人都有其世界观,而其"世界观不是对现实本身的复制,而是包含在我们语言世界中的实用主义的解释"[①]。由此以进,我们就能认识到:任何人,只要他在认知事物、开展交流、建构理想、从事社会活动和文化活动,他就必须也必然要运用语言并对言语进行理解和解释活动;任何国家,只要她在努力整合民众的认识成果和创造成果,只要她在切实制定自己的有效法则和发展蓝图,就总会有文化精英应时而起,从事总结解释活动、改进解释活动、提升解释活动的事业。也正因为如此,所以世界上许多文明国家都曾在其发展的重要时代,建构起自己的诠释学。而其诠释学,虽然各具特色,却都在一定程度上具有这样的基本特质:不断地从各自的视界出发,总结理解和解释活动,尤

---

① （加拿大）格朗丹：《哲学解释学导论》,商务印书馆,2009年,第30页。

其是总结解释文化经典的实践,以拓展解释的人文目标、完善解释的多种方法、提高解释的社会效应,从而推助整合民众的认识成果和创造成果,推助制定国家的有效法则和发展蓝图。简而言之,其诠释学就是研究解释活动以提升其解释目标、解释方法、解释效应的学问。在中国,这样的诠释学就是训诂学;正如古代学者们早已指出的,训诂学是研究训诂的学问,而训诂者,"通古今之异辞,辨物之形貌,则解释之义尽归于此"(孔颖达《毛诗正义》卷一)。在西方,这样的诠释学就是在诠释《圣经》过程中最终形成的解释学。

然而,19世纪以后,在各自的社会文化背景下,中国的训诂学和西方的解释学却都逐渐发生了重大的变化:中国的训诂学发展了"离词——辨言"的目标与方法,却淡漠了"相接以心——终乎闻道"的目标与方法;西方的解释学则完全实现了哲学的转型。由此一来,在中国训诂学这里,产生了一个值得特别关注的现象:研究者们对于训诂学最高远的目标、最基本的性质、最有效的方法应该是什么等根本性问题,竟然形成了难以统一的对立看法。以致最近三十多年来,训诂学者还为中国当代训诂学的发展前途而在讨论,并且产生了两种较有代表性的意见。一种意见认为:"训诂学是科学的汉语词义学的前身","训诂学的生命力,维系在建立汉语语义学的需要上",训诂学如果"固守自己作为解读技艺或经验的原来面貌,那么,它便无法在语言科学中找到自己的位置"。[①] 另一种意见认为:训诂学具有诠释学的特质;在当今,训诂学应该适应中华文化转型发展的需要,恢复它固有的诠释学精神,拓展它本有的发展方向,并以平视的态度借鉴西方解释学,从而走向具有自己特色的当代中国诠释学。[②] 由此可见,广大学者对于训诂学高远目标和基本性质这一根本性问题的认识与把握,确实直接关系到当代训诂学发展的方向与前途,容不得丝毫的马虎。正是有鉴于此,本人不揣浅陋,尝试开启训诂学"自觉"这一新的角度,分析其固有的诠释学特质。而我们之所以要特别关注训诂学的"自觉",是因为大凡"自觉",总是标志着人们在特定活动中,理解了自己活动的意义,并且具有较为明确的目的性和计划性,故而也就能够真正体现出其活动的基本特质。

一 从训诂学的原初性自觉看其诠释学特质

中国训诂学的形成,植根于哲人学者的训诂活动和训诂自觉。而中国哲人学

---

① 王宁:《试论训诂学在当代的发展及其旧质的终结》,《中国社会科学》,1988年第2期。
② 周光庆:《中国经典解释学研究刍议》,《华中师范大学学报》,1993年第2期;《王弼老子解释方法论》,《中国社会科学》,1998年第5期;《二十世纪训诂学研究的得失》,《华中师范大学学报》,1999年第2期;《由中国训诂学走向中国诠释学》,《长江学术》,2009年第3期。

者的训诂活动和训诂自觉,其渊源至少应该上溯到周代。

远自西周初年,华夏政治精英和文化精英,就从商亡周兴的巨大变革中逐步认识到,社会变革与人的发展,是有一定法则的。他们称之为"天命"或"天道"。为了能够证明并传承这些法则以启迪后人,华夏先哲找到了一种有效的方式:追溯和记录一些往圣前贤的嘉言懿行和历史故事,总结刻骨铭心的教训,树立永垂不朽的典范,以供后人时时解读。此即《国语·周语上》记载的"修其训典",《尚书·多士》强调的"有册有典",这就产生了中华文化原初的"经典"。《尚书》多篇引用的"先王之言""迟任有言"等,就是这样的原初"经典"。于是,"言以考典,典以志经"(《左传·昭公十五年》),就成为中华先民的一种文化共识;"教之训典",解释经典,"以训御之"(《国语·楚语上》),就成为中华先民的一种行为方式。而中华民族最早的经典意识和训诂自觉,也就由此滋生。这样的训诂自觉,虽然是原初性的,却也孕育着树立解释的人文目标、建构解释的多种方法、追求解释的社会效应的基本特质。

历史进入春秋时期,中国精英们的训诂活动和训诂自觉都有着兴起之势。在那个时代,随着社会的转型、士人的崛起、哲学的突破,有越来越多的新问题困扰着人们,激励着人们。他们需要理解老的传统,更需要确立新的信仰;他们需要借鉴过去的经验,更需要引出现在的办法。于是,称引和解释文化经典,成为那时中上层社会的普遍风气。无论谋臣策士还是哲人学者,无论外交使节还是内宫后妃,都以此为尚。他们或赋《诗》于会盟之时,或引《书》于庙堂之上,或巧解《周易》以决断大事,或析赏《礼》《乐》以抒发胸臆,都竞相从文化经典中阐发出新的哲理。而在那时的训诂原初性自觉里,树立解释的人文目标、建构解释的多种方法、追求解释的社会效应的基本特质,已经在蓬勃萌发。

譬如,《国语·周语下》记载的晋国著名政治家叔向对《诗经·昊天有成命》的解说,就最能体现早期训诂的风貌:

> 且其(单子)语说《昊天有成命》,《颂》之盛德也。其诗曰:"昊天有成命,二后受之,成王不敢康。夙夜基命宥密,于缉熙,亶厥心,肆其靖之。"是道成王之德也,成王能明文昭、能定武烈者也。夫道成命而称昊天,翼其上也。二后受之,让于德也。成王不敢康,敬百姓也。夙夜,恭也;基,始也;命,信也;宥,宽也;密,宁也;缉,明也;熙,广也;亶,厚也;肆,固也;靖,和也。其始也,翼上德让而敬百姓;其中也,恭俭信宽帅归于宁;其终也,广厚其心以固和之。始于德让,中于信宽,终于固和,故曰成。单子俭敬让咨,以应成德。单若不兴,子孙必蕃,后世不忘。

叔向进行的"训诂"是一种从现实出发解释文化经典的工作。其目的是鲜明的,就是阐发出"始于德让,中于信宽,终于固和"的意义;其内容是清晰的,主要包括释词、析句、概括主题和阐发义理;其方式是成功的,有语言性诠释,有体验性诠释,有推论性诠释,初步具有了"诂""训""传"体式。由此,它体现出了训诂的原初性自觉。在这种自觉里,固然孕育着对语言的观察与解释,但是更多地还是萌发出了确立解释的人文目标、建构解释的多种方法、追求解释的社会效应的诠释学特质。

又如《国语·楚语上》记载的一则史实:

> 庄王使士亹傅太子箴,辞曰:"臣不才,无能益焉。"……王卒使傅之。问于申叔时,叔时曰:教之《春秋》,而为之耸善而抑恶焉,以戒劝其心;教之《世》,而为之昭明德而废幽昏焉,以休惧其动;教之《诗》,而为之导广显德,以耀明其志;教之《礼》,使知上下之则;教之《乐》,以疏其秽而镇其浮;教之《令》,使访物官;教之《语》,使明其德,而知先王务用德于民也;教之《故志》,使知废兴者而戒惧焉;教之《训典》,使知族类,行比义焉……"

为了教育好太子,庄王执意延请士亹,士亹诚恳请教叔时,叔时坦然发布主张:以民族的文化经典为教材,从当下的视界出发进行新的讲解,以培育太子的品德与能力,使之将来堪担大任。而叔时所列举的文化经典,主要是《春秋》《世》《诗》《礼》《乐》《令》《语》《故志》《训典》。这一主张是对历代训诂的总结,很快赢得了广泛的认同。由此,我们不难领悟到训诂的原初性自觉及其指导下的训诂活动,在那个时代具有何等的地位与功用。

在这样的时代里,孔子对于文化经典解释有着异乎常人的感受和追求,而他的训诂自觉也就更为彰明。他曾一往深情地慨叹:"夏礼,吾能言之,杞不足征也;殷礼,吾能言之,宋不足征也。文献不足故也。足,则吾能征之矣!"(《论语·八佾》)他率先打破"官学"桎梏,开创私人讲学,为学生选定《诗》《书》《礼》《乐》作为基础教材,选取《周易》《春秋》作为高级教材。而且,孔子注重从现实出发,对典籍予以重新解释,阐发出往古的历史经验,阐发出新的思想理论,使之有利于重构社会文化的秩序与规则。为此,孔子建构起了自己的《诗经》解释观:其根本目的应该是"《诗》,可以兴,可以观,可以群,可以怨。迩之事父,远之事君;多识于鸟兽草木之名"(《论语·阳货》);其正确角度应该是"一言以蔽之,曰思无邪"(《论语·为政》);其主要方法应该是体验与联想,就像子夏在他的启发下解释"素以为绚"(《论语·八佾》)。为此,孔子也建构起了自己的《周易》解释观:其正确角度应该是乐其辞义,"不占而已"(《论语·子路》);其根本目的应该是:"观其德义",用以修身(帛书

《要》);其主要方法应该是撇开象数,紧扣辞义,发掘和引申其中的义理(帛书《要》)。特别重要的是,孔子关于经典解释的理论,在分散的论述中却有一个总体的枢纽,那就是"述而不作"(《论语·述而》)。而他的"述",就是要在对文化经典进行传述与解释的过程里折中是非,自出理论,其本质是寓作于述,以述为作。由此可见,孔子的训诂原初性自觉已经较为成熟,已经彰显出确立解释的人文目标、建构解释的多种方法、追求解释的社会效应的诠释学特质。①

在孔子的启示与激励下,墨子、孟子、庄子、荀子、韩非子等思想巨子,又形成了各自的训诂自觉。他们为了论述和宣传各自的变革主张,努力在各自社会文化环境里进行新的经典解释活动,并且竞相争鸣,建立起若干中国训诂学的解释方法和理论范畴。特别是孟子建构的"知人论世"和"以意逆志"的解释方法影响更为深远。这就在各个历史阶段标志出中国训诂学初生的历程,越来越多地显示出中国训诂学的诠释学特质。

二 从训诂学的建构性自觉看其诠释学特质

中国训诂学的完全形成,是在汉代。汉代初年,百废待兴,严酷的现实使最高统治者认识到,马上得天下却不可以马上治之,而是既要吸取秦王朝灭亡的惨痛教训,又要显示新王朝的合法性与权威性,更要在安定社会的进程中巩固政权。而治国不可专任刑法,必须注重仁义,则又成为当时人们的共识。这种种原因,促使最高统治者采用了"独尊儒术"的国策。于是,儒学成为官方认可的意识形态,《诗》《书》《礼》《乐》《易》《春秋》成为独尊的经典,诠释儒家经典的学问也逐渐形成。而在这一时代背景下形成的《诗诂训传》,最先建构起中国训诂学的基本体式,集中表现出汉代学人的训诂学建构性自觉,成为中国训诂学形成的主要标志之一,因此是我们进行考察的最为可靠、最为适合的案例。

根据《汉书·艺文志》的记载,汉初诠释《诗经》成就较大、流传较广者凡六家。其中以"故"名书者,有《鲁故》《韩故》《齐后氏故》《孙氏故》;以"传"名书者,有《齐后氏传》《孙氏传》《韩内传》《韩外传》。而唯独毛亨将其著作称为《诗诂训传》。这些书名的不同,是经过了作者的精心撰构,并由此反映了作者诠释《诗经》的观念、方法、体式亦即训诂学建构性自觉的不同。那么,我们应该如何从实际出发,考察《诗诂训传》的书名、这个书名所表现的训诂学建构性自觉、这种训诂学建构性自觉所

---

① 参见拙文《孔子创立的儒学解释学之核心精神》,《孔子研究》,2005年第4期。

具有的特质呢？

唐代训诂学大师孔颖达已在《毛诗正义》卷一中指出：

> "诂训传"者，注解之别名。……传者，传通其义也……诂者古也，古今异言，通之使人知也；训者道也，道物之貌，以告人也。……然则"诂训"者，通古今之异辞，辨物之形貌，则解释之义尽归于此。

结合《毛诗正义》许多相关论述来看，孔颖达是明确地肯定了三点：第一，合而言之，"诂训传"是经典解释体式之整体，是注解之别名；而这个别名，简单明了地标示了解释体式。第二，分而言之，"诂训传"又是由三种体式组合而成的，"诂"是古今异言通之使人知也，"训"是道物之貌以告人也，"传"是传通其义也。第三，"诂训传"三种体式组合起来，能在相互配合中发挥很好的解释作用，故而能使"解释之义尽归于此"。应该说，这个论述是十分切实而又中肯的，有着很大的启发性。

乾嘉训诂学大师马瑞辰则特别撰写《毛诗诂训传名义考》一文，在继承的同时又别有一番创新之论：

> 盖"诂训"第就经文所言者而诠释之，"传"则并经文所未言者而引伸之，此"诂训"与"传"之别也。……"诂"第就其字之义旨而证明之，"训"则兼其言之比兴而训导之，此"诂"与"训"之辨也。毛公传《诗》多古文，其释《诗》实兼诂、训、传三体，故名其书为《诂训传》。尝即《关雎》一诗言之：如"窈窕，幽闲也"、"淑，善；逑，匹也"之类，诂之体也；"关关，和声也"之类，训之体也。若"夫妇有别则父子亲，父子亲则君臣敬，君臣敬则朝廷正，朝廷正则王化成"，则传之体也。而余可类推矣。"训故"不可以该"传"，而"传"可以统"训故"。故标其总目为《诂训传》，而分篇则但言《传》而已。

结合《毛诗传笺通释》许多相关论述来看，马瑞辰是着重强调了三点：第一，毛公诠释《诗经》，实际上是建构起并全面地运用了诂、训、传三种解释体式，故特地名其书为《诂训传》，使之彰明较著。第二，诂、训、传三种体式既各有功用，又相互结合，"盖'诂训'第就经文所言者而诠释之，'传'则并经文所未言者而引伸之"。第三，诂、训、传三种体式已经组合为经典解释体式之整体，但是为了简便，称呼上可以有所变通，既可以称之为"训诂"，又可以称之为"传"，当然也可以称之为"诂训传"。由此可见，后世所谓的"训诂学"，其实也就是"诂训传学"。此外，为了说明诂、训、传三种解释体式如何分工、如何结合，他还以《关雎》一诗的解释为例，进行了具体的讲解。应该说，马瑞辰的论述是全面而又深刻的，具有乾嘉学术那种总结性的时代特征。

在孔颖达、马瑞辰等训诂学家的启发下,我们可以思考更多、更深的问题:

第一,毛亨集思广益,建构起并全面地运用了诂、训、传三种经典解释体式,还特地名其书为《诂训传》,这说明了什么？不正说明了他有一种训诂学的建构性自觉吗？不正说明了他力图明确地表达出这种建构性自觉吗？而且,他所具有的这种建构性自觉,既表现在理论的思考上,更表现在诂、训、传多种解释方法的建构上,既是那个时代的产物,也是那个时代的代表。从此,中国训诂学的解释体式就建构起来了,就流传下去了,直到两千多年以后的今天。从这一角度看,中国训诂学其实就是中国诂训传学。所以我们应该凭借诂、训、传三种解释体式及其解释效应,来分析毛亨所具有的训诂学的建构性自觉及其本质特征。

第二,一当进行这样的分析,就会碰到一个重要问题:如果说,其"诂训"第就经文所言者而诠释之,我们能够完全理解;那么,其"传"则并经文所未言者而引申之,我们汉语史研究者还能完全认同吗？要想真正解决这一问题,只有考察实际情况。请看一个实例:

> 《诗经·齐风·卢令》:卢令令,其人美且仁。
>
> 《诗诂训传》:卢,田犬。令令,缨环声。言人君能有美德,尽其仁爱,百姓欣而奉之,爱而乐之。顺时游田,与百姓共其乐,同其获,故百姓闻而说之,其声令令然。

"卢,田犬。令令,缨环声"是"诂训",第就经文所言者而诠释之,重点是进行语言解释,我们读后完全理解,感到很有收获;而"言"字以下一段文字,则是"传",并经文所未言者而引申之,应该如何看待呢？原来,这一段文字是联系社会背景,发掘了诗人的意图,揭示了百姓对主人公"欣而奉之"的原因,说明了王公们"与百姓共其乐,同其获"的重要性。这不正是全诗的主旨及其社会意义吗？而最后一句"其声令令然",还颇富于审美体验。由此我们不难理解,诠释者所确立的解释目标、所追求的解释效应,更多的都在这里。所以,我们应该加深理解、予以认同。

第三,综合以上思考进而可以认识到,毛公的训诂学建构性自觉,不仅相当成熟,而且已经实实在在地表现出了以自己的视界出发,确立解释的人文目标、建构解释的多种方法、追求解释的社会效应、整合《诗经》学研究成果的趋向。其中蕴藏着"科学的汉语词义学"的矿藏,却又绝非"科学的汉语词义学"所能包容的,正是一种诠释学的特质。而训诂学的发展历史表明,毛公逐步形成的训诂学建构性自觉,毛公建构起来的诂、训、传三种解释体式,早已为广大经典诠释者所继承,所不断改进,并且成为中国训诂学的主要指导思想和基本解释体式。这就有力地说明,就其大体而言，中国训诂学也就确实具有诠释学特质。

三　从训诂学的变革性自觉看其诠释学特质

　　中国训诂学的发展，经历了巨大的坎坷。北宋初期的帝王们，在长期动乱之后的内忧外患中，希望凭借儒学以强化尊王攘夷精神和道德伦常秩序。而庆历新政以后，读书人也纷纷起而批评佛道"异端"，要求全面复兴儒学，为试行更大改革找到具有说服力的哲学依据。可是，当时的儒学却不仅难以复兴，甚至还面临着深刻的危机，"儒门淡薄，收拾不住，（人心）皆归释氏"已是儒学家们难以讳言的事实。这就促使哲人学者认识到：如其排佛攘道，"莫若修其本以胜之"（欧阳修语）！然而，如何才能复兴儒学、"修其本以胜之"呢？这一重大时代课题，推动一些儒家学者对于汉唐经学的积弊有了全新的认识，从而兴起了一股疑传疑经、议古拟圣的思潮，有如王应麟《困学纪闻》卷八《经说》指出的："自庆历后，诸儒发明经旨，非前人所及……不难于议经，况传注乎！"正是在这一思潮中，儒家学者呼唤着、尝试着变革经典诠释方法论。

　　朱熹深切地感受到了时代的这一召唤。他素有一种志向：要建构并坚守人文信仰，传承并发展儒学理论；要传播儒学人文信仰以实现"国家化民成俗之意"、成就"学者修己治人之方"！现在他又清醒地看到："秦汉以来，圣学不传，儒者惟知章句训诂之为事，而不复求圣人之意，以明夫性命道德之归。至于近世，先知先觉之士始发明之，则学者既有以知夫前日为陋矣。然或乃徒颂其言以为高，而又初不知深求其意；甚者遂至于脱略章句，陵籍训诂，坐谈空妙，辗转相迷。而其为患反有甚于前日之为陋者。"（《朱文公文集》之《中庸集解序》①）正是在这种情势下，朱熹逐步形成了训诂学的变革性自觉，立意要创建起新的经典诠释方法论，并提出了一个纲领性主张："读书之法，要当循序而有常，致一而不懈；从容乎句读文义之间，体验乎操存践履之实；然后心静理明，渐见意味。"（《朱文公文集》之《答陈师德》）在这一纲领之下，他又进而提出：

　　　　圣人之言，即圣人之心；圣人之心，即天下之理。且逐段看令分晓……则道理自逐旋分明。（《朱子语类》第2913页②）
　　　　学者必因先达之言以求圣人之意，因圣人之意以达天地之理，求之自浅以

---

　①　本文引用的《朱文公文集》，均载于朱杰人、严佐之、刘永翔主编的《朱子全书》，上海古籍出版社、安徽教育出版社，2002年。以下不另注。
　②　本文凡是引用朱子语录，皆采自宋儒黎靖德编辑的《朱子语类》，中华书局，1986年。以下不另注。

及深,至之自近以及远,循循有序,而不可以欲速迫切之心求也。夫如是,是以浸渐经历,审熟详明,而无躐等空言之弊驯致其极,然后吾心得正,天地圣人之心不外是焉。(《朱文公文集》卷42《答石子重》)

大凡看书,要看了又看,逐段、逐句、逐字理会,仍参诸解、传,说教通透,使道理与自家心相肯,方得。(《朱子语类》第162页)

大凡为学有两样:一者是自下面做上去,一者是自上面做下来。自下面做上者,便是就事上旋寻个道理凑合将去,得到上面极处,亦只一理。自上面做下者,先见得个大体,却自此而观事物,见其莫不有个当然之理,此所谓自大本而推之达道也。(《朱子语类》第2762页)

读书须是以自家之心体验圣人之心。少间体验得熟,自家之心便是圣人之心。(《朱子语类》第2887页)

诚能鉴此而有以反之,则心潜于一,久而不移,而所读之书文意接连、血脉通贯,自然渐渍浃洽、心与理会。(《朱文公文集》卷14《行宫便殿奏劄二》)

读书更须从浅近平易处理会,应用切身处体察,渐次接续,勿令间断,久之自然意味浃洽,伦类贯通。(《朱文公文集》卷52《答吴伯丰》)

乃能真实该徧,无所不通,使自家意思便与古圣贤意思泯然无间,不见古今彼此之隔,乃为真读书耳!(《朱文公文集》卷62《答林思退》)

如果联系朱熹的经典诠释实际特别是其《四书集注》,深入分析他关于经典诠释方法论的种种主张,我们就能认识到:

第一,朱熹的诠释方法论主张,既回应了时代的急切呼唤,又针对着儒学的现实弊病,还切合儒家经典诠释的实际,是他经过长期反思与探索而获得的重要成果。因此,他的这些诠释方法论主张,既体现出了他的训诂学变革性自觉,同时也是他的训诂学变革性自觉的产物。请看他贯彻主张的一个实例:

《论语·述而》:子曰:"志于道,据于德,依于仁,游于艺。"

《论语集注》:此章言人之为学当如是也。盖学莫先于立志,志道,则心存于正而不他;据德,则道得于心而不失;依仁,则德性常用而物欲不行;游艺,则小物不遗而动息有养。学者于此,有以不失其先后之序、轻重之伦焉,则本末兼该,内外交养,日用之间,无少间隙,而涵泳从容,忽不自知其入于圣贤之域矣!

这篇短短的注文,妙在于诠释中进行了理论性论证。它首先通过发掘经典原文内在的固有逻辑,体验出"志于道,据于德,依于仁,游于艺",乃孔子"人之为学当如是"的系统性主张。它然后又以此为依据,结合许多圣贤的人生经验,告诫与鼓励读者:有志者于此,本末兼该,内外交养,不断扩充,就一定能够从体验诠释出发,进而扩充和提升自己的心灵,忽不自知其入于圣贤之域矣! 这正是儒家学人追求的境界,因而也是朱熹赢得的最高诠释效应。

第二,朱熹诠释方法论的重点之一,是大力倡导语言诠释方法论。为此:他论述了语言诠释的根本性,强调学者必因圣人之言以求圣人之心,因圣人之心以悟天地之理;他论述了语言诠释的指向性,强调最好的语言诠释,就应该能够激发学者的意趣,促使学者通过语言诠释体悟天地之理;他创建了语言诠释的立足语境法,强调着眼于言语各种要素与其环境的互动关系以分析各种言语要素的准确意义;他创建了语言诠释的循环反复法,强调不仅要从词语到句子、从句子到段落、从段落到篇章、从篇章到文本而"详密有序",并且还要反过来从文本到篇章、从篇章到段落、从段落到句子、从句子到词语而循环反复。从这里,我们可以发掘出若干语言哲学的理论要素,特别难能可贵。

第三,朱熹诠释方法论的更大重点,是大力倡导体验诠释方法论。为此:他探寻了体验诠释的理论依据,强调心具众理而能应万事,具有认知功能与实践功能,而且圣凡之心同然,古今人情不远,所以诠释者可以通过诠释经典知晓圣贤之心;他激发了体验诠释的切己精神,强调诠释主体在诠释过程中,要真正将自己摆进去,以身心做根柢,以自家之心体验圣人之心,并将领悟得来的道理应用于自己的社会实践;他开拓了体验诠释的上透进程,亦即"唤醒—涵泳—浃洽—兴起",层层上透,直入精微,以识得儒家建构的天地之理,以扩充和提升自己的心灵,以阐发出新的思想理论,既有哲学根基,又有美学意蕴。

第四,朱熹的训诂学变革性自觉,不仅蕴含着可贵的变革精神和创造精神,而且已经转化为这样的创造活动:确立解释的人文目标,即圣人之心和天地之理;建构解释的多种方法,即语言诠释与体验诠释等;追求解释的社会效应以提升儒学研究成果,实现"国家化民成俗之意"、成就"学者修己治人之方"。由此,我们完全可以断言:无论从其训诂学变革性自觉看,还是从其经典诠释实践看,朱熹所努力复兴并真正代表的训诂学,具有深厚的诠释学特质。①

四 从训诂学的总结性自觉看其诠释学特质

到了清代初期,继承晚明渐开的启蒙新路,带着动荡变革的时代色彩,中国学

---

① 参见拙文《朱熹四书解释方法论》,《中国古典解释学导论》,中华书局,2002年。

术思想领域一度呈现出恢弘而活跃的局面。学术反思盛行,经世思潮兴起,呼唤回归儒学原典,是其显著特征。然而,清廷在政权稳固之后厉行"黜异端以尊正学"的专制政策,迫使中国学术思想失去了一次科学发展的机遇,走上了一条狭隘而崎岖的路径。可是,专制制度和专制政策无论多么强硬,实际上并不能扑灭文化精英心灵中的火焰;文化精英之所以成为文化精英,正在于他们有着辨识并对抗一切专制的理性与勇气!所以清代广大学人质疑并反抗清廷的专制政策,弘扬反思精神,抨击理学末流,考据文字名物,以"取证经书"相号召,以变革经典诠释方法相期许,从而走向总结传统"经学"以图开创新局的道路。而乾嘉训诂学大师戴震则是其杰出的代表人物。

戴震"自幼为贾贩,转运千里,复具知民生隐曲"(章太炎《释戴》),长而亲历饥寒交迫之苦,却又满怀经世抱负,深受西学影响。所以他能直面清廷以文字杀人的残酷,感受"后儒以理杀人"(《孟子字义疏证》)的悲哀,体认学术演变的最新趋向,由此决心恢复原始儒学以"民为贵"的人文气质,进而呼唤"通民之欲,体民之情"的清明政治(《孟子字义疏证》),高高树起"解蔽"的旗帜,倡言"儒者之学,将以解蔽而已矣。解蔽斯能尽我生!"①将自己的生命价值,寄托在"解蔽"的事业上。而他所追求的"解蔽",有着特定的内涵:"其得于学,不以人蔽己,不以己自蔽;不为一时之名,亦不期后世之名"(《文集》143页);落实到儒家经典的解释,则是强调"治经先考字义,次通文理,志存闻道,必空所依傍"(《孟子字义疏证》)。因此这种"解蔽"主张,具有强烈的现实针对性,蕴含着一种深厚的训诂学总结性自觉,其可贵的本质特征在于:

第一,其自觉是在全面总结中国训诂学特别是理学训诂学之得失的基础上形成的。诚如章学诚在《文史通义·书朱陆篇后》中指出的:"戴君学术,实朱子道问学而得之。"然而,戴震对于理学训诂学的弊端却有着清醒而深刻的认识。他在《孟子字义疏证》里向人们直接指出:"程子朱子其出入于老释,皆以求道也","其初非背六经、孔孟而信彼也,于此不得其解,而见彼之捐其物欲,返观内照,近于切己体察",以为"能使思虑渐清,因而冀得之为衡事务之本";殊不知引入之后,"往往受其蔽而不自觉"。有了这样冷静的总结与分析,他的自觉就显得格外强烈而又深刻。

第二,其自觉首先表现为纠正和拓展儒家经典的诠释目标。他主张,经典解释之人文目标在于"闻道"——用实事求是的精神和方法,破解宋明理学家的种种误

---

① 戴震:《沈处士戴笠图题咏序》,《戴震文集》,中华书局,1980年,第167页。以下征引此书,只随文注《文集》某页。

说,从儒家经典中探求到真正的圣人之道。这是因为"圣人之道,使天下无不达之情,求遂其欲而天下治",只有探求到这种没有被修正过的圣人之道,才能扫谬说、正人心、复兴儒学传统,并且"用必措天下于治安"。而"圣人之道在六经",不在宋明语录,更不在佛氏之旨。这就必须怀着求真的精神重新诠释经典,"以六经孔孟之旨还之六经孔孟,以程朱之旨还之程朱,以陆王佛氏之旨还之陆王佛氏"。(《文集》240页)只不过,有所不足的是,同顾炎武一样,他的信条是"建立在一个过分乐观的假定之上,即以为六经、孔孟中的道或'理'只有一种正确的解释,经过客观的考证之后,便会层次分明地呈现出来。事实上,问题决不如此简单"。[①]

第三,其自觉更为实在的表现是建构和完善经典诠释方法。根据他的总结,自两汉以来,学者们在解释方法上往往存在着两种相对立的偏差:一是"凿空言理","语言文字实未之知",疏于语言解释;二是不注重阐发义理,不注重"以心相接",略于心理解释。为此,他有针对性地提出了自己的经典解释方法论:

> 凡学始乎离词,中乎辨言,终乎闻道。离词则舍小学故训无所藉,辨言则舍其立言之体无从相接以心。(《文集》165页)

> 故训明则古经明,古经明则贤人圣人之理义明,而我心之所同然者,乃因之而明。(《文集》168页)

> 不求诸前古贤圣之言与事,则无从探其心于千载下,是故由六书、九数、制度、名物,能通乎其词,然后以心相遇。(《文集》177页)

如果联系戴震的经典诠释实际特别是其《孟子字义疏证》进行分析就能看到:所谓"离词"大致是考释文本语词的组合关系和语境意义,所谓"辨言"主要是分析文本的表达方式和逻辑结构,所谓"以心相遇"主要是以设身处地进行"体验"的方式,它是整个经典解释的关键与高潮。而从其解释运作方式来看,则是以"离词——辨言——以心相遇——闻道"四项工作相衔接,相贯通,逐层上透,既重视"由语言以通乎古圣贤之心志",又强调"得其志则可以通乎其词"(《文集》146页),努力使"自下而上"与"自上而下"的信息加工过程互相结合。

第四,其自觉更为突出的表现是提高解释的社会效应,推助整合学人的认识成果和创造成果并使之健康发展。例如:

> 孟子曰:"理义之悦我心,犹刍豢之悦我口",非喻言也。凡人行一事,有当于理义,其心气必畅然自得;悖于理义,心气必沮丧自失。以此见心之理义,一

[①] 余英时:《内在超越之路》,中国广播电视出版社,1992年,第493页。

同乎血气之于嗜欲,皆性使然耳。……就人心言,非别有理以予之而具于心也。(《孟子字义疏证》)

在这里,引述孟子言论之后,立即以"非喻言也"一语断之,于是便由语言解释步入心理解释,对孟子的生命体验进行再次体验。其中"有当于理义,其心气必畅然自得"几句,描写的既是孟子的心境,也是他自己的心境,同时还是许多人共有的心境。所有这些人的心境,都能突破时空的限隔,相通、相融。这就引出并且证明了"非别有理以予之而具于心"的结论。而这一结论的产生,实际上就有助于打破宋明理学的本体论框架,成为建构并不追求宇宙万物本原之新哲学理论的一种有益尝试。

总之,戴震的训诂学总结性自觉,不仅在总结中迸发出创造精神,而且能从自己的视界出发:确立解释的人文目标,那就是"终乎闻道";建构解释的多种方法,那就是"离词——辨言——以心相遇——闻道"相贯通;追求解释的社会效应以提升儒学研究成果并使之启迪后人,那就是"贤人圣人之理义明,而我心之所同然者,乃因之而明"。由此,我们可以相信:无论从其训诂学总结性自觉看,还是从其经典诠释实践看,戴震所复兴并代表的训诂学,同样具有更加鲜明的诠释学特质。当然,在他的"离词——辨言"的语言解释中,蕴含着丰富的"科学的汉语词义学"的理论与材料,但这绝非戴震训诂学的核心。[①]

本文应该已经初步证明,从训诂学的原始性自觉来看,从训诂学的建构性自觉来看,从训诂学的变革性自觉来看,从训诂学的总结性自觉来看,中国训诂学都已经越来越深厚地具有诠释学的基本特质,都已经越来越成为了研究解释活动以提升其解释目标、解释方法、解释效应的学问。从中国训诂学里,特别是从其语言解释里,确实可以发掘出"科学的汉语词义学"的矿藏,但是"科学的汉语词义学"绝对包容不了中国训诂学的全部核心内容。可惜自近代以来,在特定的社会文化环境中,训诂学被多方面严重误解,这倒也是值得专题研究的。[②] 但是现在,当我们为中国当代训诂学的发展前途而思虑、而讨论的时候,是否也应该考虑为适应中华文化转型发展的需要,去努力恢复它固有的诠释学精神,拓展它本有的发展方向,并以西方的解释学为借鉴,促使它走向具有自己特色的当代中国诠释学呢?

(周光庆:华中师范大学文学院,430079,武汉)

[①] 参见拙文《戴震孟子解释方法论》,《通往中国语言哲学的小路——周光庆自选集》,华中师范大学出版社,2011年。

[②] 参见拙文《二十世纪训诂学研究的得失》,《华中师范大学学报》,1999年第2期。

中古佛经中的"仁""尊""贤"

周 文

摘要："仁""尊""贤"三个本是形容词,在中古佛经中,由于经常作为构词成分用在表敬类称谓当中,它们逐渐被单用,于是有了表敬代词的用法,这种用法逐渐渗透到稍后的中土文献当中,虽然最后都消失于现代汉语,但揭示它们特殊用法、来源和历时发展,对于汉语词汇史和语法史的研究具有积极意义。

关键词：中古　佛经　代词　"仁"　"尊"　"贤"

《礼记·曲礼上》云："夫礼者,自卑而尊人。"中国自古就是礼仪之邦,大量谦敬称谓词语正是礼仪在语言中的体现。它们通常由一些固定语素与其他名词性或者形容词性语素组合而成。以谦称词语为例,如由"家""舍"为语素构成的称谓词有"家父、家尊、家严、家君(父亲)、家母、家慈(母亲)、家兄、家姐、家叔、舍弟、舍妹、舍侄、舍亲(亲戚)"等；以"小""老""拙""鄙""愚"等形容词语素构成的称谓词有"小弟、小儿、小女、小人、小生、小可、老粗、老朽、老身、拙荆、鄙人、愚兄"等。在表敬称谓词语中,又以"令、仁、尊、贤"为固定语素构成的词语最多,如以"令"构成的称谓词语有"令子、令尊、令堂、令夫、令兄、令弟、令妹、令郎、令爱、令合、令阃、令亲、令祖、令叔、令叔祖、令先称、令曾祖、令亲台、令亲家、令亲戚、令甥女、令先大人、令尊大贤、令尊伯伯、令弟夫人"等；以"仁"构成的称谓词语有"仁子、仁公、仁兄、仁君、仁弟、仁妻、仁姑、仁贤"；以"尊"构成的称谓词语有"尊上、尊公、尊正、尊老、尊明、尊府、尊重、尊嫂、尊慈"；以"贤"构成的称谓词语有"贤弟、贤良、贤妹、贤契、贤俊、贤彦、贤室、贤侄、贤孙、贤尊、贤媛、贤亲、贤东、贤婿、贤昆玉、贤竹林"等。为什么"令、仁、尊、贤"会有如此强大的构词能力,这还要从它们的源头说起。(由于"令+～"类表敬称谓不见于佛经,故本文不予讨论。)

一　中古佛经中"仁"的用法及来源

"仁"是儒家提出的有关道德的哲学名词,其核心指人与人相互亲爱。又常作形容词,表"仁慈、厚道"。《论语·泰伯》:"君子笃于亲,则民兴于仁;故旧不遗,则民不偷。"中古佛经中,"仁"经常单独使用,早期是对佛、罗汉的尊称,西晋竺法护译《生经》卷一:"又问比丘:'仁从何来?'比丘答曰:'吾主分卫,故来乞丐。'"后来逐渐泛化,指称一般对象,表"您、您的"敬称义。"仁"的语法功能类似代词,常见有三种:

1. 用作主语,如西晋竺法护译《生经》卷一:"(鳖)往请猕猴:'吾数往来到君所顿,仁不枉屈诣我家门。今欲相请到舍小食。'"三国吴支谦译《菩萨本缘经》卷一:"王即问言:'大婆罗门,是处可畏无有人民,是中唯是闲静修道之人独住之处,仁何缘来?'"

2. 用作宾语,如三国吴康僧会《六度集经》卷四:"妾等四女给仁使役,晚息夙兴,惟命所之。"

3. 用作定语,如《生经》卷一:"起舞歌声音,乃尔爱敬我。又当洗仁足,为其梳头髻。"同卷:"所以相请,吾妇病困,欲得仁肝,服食除病。"

"仁"本是形容词,在佛经中,由于"仁"经常在句中单独做主语、宾语和定语,又表敬称谓,它的语法功能和意义逐渐与人称代词靠近,成为一个表敬义的代词,如以上所举几例。后来又由于其使用的频次增多,指称范围的不断泛化,它的表敬义逐渐消失,成了一个地道的第二人称代词,如《生经》卷一:"又当洗仁足,为其梳头髻,反当调戏,然后爱敬我。"同卷:"童子曰:'唯勿广之,协令静密,设如仁言,当重念恩,不敢自憍。'"

古汉语人称代词单复同形,没有形式上的区别,但第一、二人称代词后可加"侪、属、曹、辈、等"等类似词尾的形式,意即"这辈人""这类人"表达复数意义。由于"仁"有用作代词的用法,它也有了类似代词的词尾形式,如佛经中有"仁等",西晋竺法护译《大哀经》卷八:"尔时世尊咨嗟释梵护世四天及诸天子菩萨声闻,善哉善哉,仁等正士,汝等乃能拥护正法。"元魏慧觉等译《贤愚经》卷十二:"遭值圣师过踰仁等百千万倍,闻法心净疾获道果。"南朝梁宝唱撰《经律异相》卷二:"折梨祇儿语目连等及舍利弗,愿以我言因请世尊诸菩萨僧并及仁等也,受而归去具白父母。"北凉昙无谶译《佛本行经》卷七:"仁等若执意,不与舍利者,今便可出城,与客共捔力。"

又有"仁辈",西晋竺法护译《正法华经》卷二:"舍利弗身,坚固信之,仁辈如是,信大法典,现在尽悉,不着因缘。"西晋竺法护译《佛说弘道广显三昧经》卷三:"于是贤者耆年迦叶,谓诸太子,又贤目等如仁辈言,独欲全完供养如来神身舍利,汝等是言。"唐义净译《根本说一切有部尼陀那目得迦》卷二:"彼二人作如是说,我等论议研寻道理,仁辈何因辄作羯磨。"隋达摩笈多译《起世因本经》卷八:"四天大王,仁辈当知,诸阿修罗,今者欲来共诸天斗……诸阿修罗,欲共天斗,汝等仁辈,应可助我。"此例前用"仁辈",后用"汝等","仁"与代词"汝"同。

正因为"仁"有表敬意代词用法,以其作为语素,构成一些表敬称谓词出现在稍后的一些汉文文献中,如"仁妻",晋陶渊明《咏贫士》诗之五:"年饥感仁妻,泣涕向我流。"如"仁子",北魏无名氏《元恩墓志》:"亲戚惜硕德之云亡,父母恋仁子之永岁。"如"仁公",南朝齐王俭《褚渊碑文》:"诚由太祖之威风,抑亦仁公之翼佐。"但"仁"单独用作第二人称代词不见于同时期和后来的本土文献,只见于佛经当中,并且消失于现代汉语。

至于"仁"作为代词的来源,一般认为"仁"是"仁者"的省略。因为中古佛经中常见"仁者"一词,如《生经》卷二:"仁者已弃家,至此无眷属,诸仙人之法,忧死非善哉。"三国吴支谦译《菩萨本缘经》卷上:"我则更无如是福田,唯愿仁者明受我请。"三国吴康僧会译《六度集经》卷一:"吾闻仁者获世上宝可得观乎,即以示之。"梁晓虹认为,"汉译佛经的句子有对称整齐的特点,所以当'仁者'用在句子里会破坏这种协调之美时就省略作'仁',特别是当句子中出现第二人称用作修饰语时,更只能用'仁'而不能用'仁者',因为后者实在是太别扭,不符合汉语的习惯。"[①]俞理明[②]、张惠英[③]也有类似看法。这种看法有一定道理,因为有的用例似乎可以说明二者之间的关系,如西晋竺法护译《舍头谏太子二十八宿经》卷一:"时以偈赞摩登王曰:'仁为长仁尊,仁者无等伦。'"一句之中,因为节律原因,前用"仁",后用"仁者"均指一人。这样看来,"仁"用作代词是由一种特殊的结构形式省略而来,它在佛经翻译过程中产生,主要用于佛经文献,到了近代,由于佛经翻译停顿,"仁"用作代词的用法逐渐消失。

二 中古佛经中"尊"的用法及来源

"尊"在甲骨文中为双手捧酒器之状,黄侃曰:"其一,但说字形之谊而不及本谊。如'尊,酒器也……'是也。夫酒器所以名为尊者,奉酒以所尊故也。是尊卑之

---

① 梁晓虹:《小议佛经"仁""仁者"用作第二人称代词》,《南京师大学报》,1986年第3期。
② 俞理明:《佛经文献语言》,巴蜀书社,1993年,第103页。
③ 张惠英:《汉语方言代词研究》,语文出版社,2001年,第62页。

义在前,乃'尊'字之本谊。"①故"尊"本义为形容词高贵、尊贵。引申为高。《易·系辞上》:"天尊地卑,乾坤定矣。"又引申称辈分、地位高或年纪大。《礼记·丧服小记》:"养尊者必易服,养卑者否。"

中古时期,"尊"在佛经中被广泛用于敬称,早期称佛祖或者高僧,如三国吴支谦译《佛说义足经》卷上:"愿尊及比丘僧,从我家饭七日。"西晋竺法护译《佛说方等般泥洹经》卷十二:"以偈问佛言:'世间之光明,谁于是四方,右敷师子座,愿尊为我说。'"北凉昙无谶译《佛所行赞》:"尊为我大师,我是尊弟子。"后来扩散到指称其他对象,比如称君主,《生经》卷一:"知已嗣立,即诣宫门求觐,门监启曰:'外有梵志,欲求觐尊。'"称主人或上司,南朝梁宝唱撰《经律异相》卷二十三:"婢报言:'若尊不施此沙门者,我今日所应得分食愿莫爱惜。'"

受佛经的这种用法影响,同时期及稍后的汉文文献也出现了这种用法。从语法功能来看与代词同,主要有用作主语、宾语和定语三种:

1. 用作主语,可指称不同对象,如可用来称主人或上司,《宋书·王弘传》:"(王弘)弱冠,为会稽王司马道子骠骑参军主薄……弘以为宜建屯田,陈之曰:'……至于当否,尊自当裁以远鉴。'"称呼叔父,《宋书·谢灵运传》:"阿连才悟如此,而尊作常儿遇之。何长瑜当今仲宣,而饴以下客之食。尊既不能礼贤,宜以长瑜还灵运。"称呼丈夫,《晋书·列女传》:"皆曰:'尊若不讳,妾请效死。'"

2. 用作宾语,可用来称父母,《世说新语·品藻》:"刘尹至王长史许清言,时苟子年十三,倚床边听。既去,问父曰:'刘尹语何如尊?'"《晋书·王羲之传》:"(王羲之)于父母墓前自誓曰:'维永和十一年三月癸卯朔,九日辛亥,小子羲之敢告二尊之灵……'"因为指称"父母",所以又有"家尊"一词,《世说新语·品藻》:"谢公问王子敬:'君书何如君家尊?'答曰:'固当不同。'"此指王献之父王羲之。唐韩愈《送进士刘师服东归》诗:"携持令名归,自足贻家尊。"

3. 用作定语,可用来称呼君主,《宋书·张邵传》:"十二年,武帝北伐,邵请见,曰:'……尊业如此,苟有不讳,事将如何?'"

从"尊"的语法功能来看,它已用作代词,与前面"仁"类似,它也有带"等"的词尾形式"尊等",西晋竺法护译《渐备一切智德经》卷二:"无慢无所爱,心性常乐快。精进不回还,奉尊等合集。"姚秦鸠摩罗什译《大树紧那罗王所问经》卷三:"心常不染着诸色,导师作归作救护,无与尊等况有胜,妙音演说我顶礼。"后汉安世高译《中

---

① 黄侃:《文字声韵训诂笔记》,上海古籍出版社,1983年,第192页。

阿含经》卷五十:"黑婢头破血流,便出语比邻,讼声纷纭,多所道说,尊等见是忍辱行人堪耐温和……"唐菩提流志等译《大宝积经》卷八十一:"尔时福焰王子,知佛许已白其父母,告诸眷属并婇女等言,尊等当知,我今以胜喜乐城并庄严具,悉以奉施彼如来及比丘僧终无悔也。"

所以,从"尊"的语法功能来看,它已用作代词,这种用法沿用至近代汉语,宋欧阳修《与梅圣俞书》:"久不承问,不审尊体何似?"《说岳全传》第一回:"今蒙员外盛席,意欲去相邀这道友同来领情,不知尊意允否?"但到了现代汉语中,这种用法消失。

笔者以为,"尊"用作敬称代词的来源,与"仁"来源于"仁者"类似,由于佛经翻译节律的原因,"尊"可能来源于"世尊"或"尊者"的省略。因为佛经屡见"世尊""尊者",《生经》卷二:"于时世尊告梵志长者,假使有人来问汝者。"又卷五:"尔时世尊,明旦着衣持钵……遥见世尊与众僧俱……世尊问之。"三国吴支谦译《撰集百缘经》卷一:"见佛世尊,三十二相,八十种好……善来世尊。"又卷五:"唯愿尊者,慈哀怜愍……唯愿尊者,从我亲里,求索财物。"有些用例更能说明"尊"与"世尊""尊者"之间的关系,如《生经》卷一:"行四等心,乃可得度,而反怀恶,谤佛谤尊,轻毁众僧,甚可疑怪,为未曾有。时佛彻听,往问比丘,属何所论,比丘具启向所议意,于时世尊告诸比丘。"后秦佛陀耶舍、竺佛念译《长阿含经》:"世尊于静室出,坐清凉处。阿难见已,速疾往诣。而白佛言,今观尊颜,疾如有损。"一句当中,由于节律原因,前用"尊",后用"世尊",均指佛祖。有意思的是,佛经中常见"尊等",也常见"世尊等",如唐菩提流志等译《大宝积经》卷七十六:"彼诸世尊等,不度声闻众,一一诸佛等,俱寿一劫岁。"唐澄观述《大方广佛华严经随疏演义钞》卷十七:"时主俱通者,会会之初,皆云尔时世尊等,处众俱局者。"唐法成译《般若波罗蜜多心经》卷一:"一时薄伽梵住王舍城鹫峰山中,与大苾刍众,及诸菩萨摩诃萨俱,尔时世尊等入甚深明了三摩地法之异门。"可见,佛经翻译由于节律的需要,有的地方用"尊等",有的用"世尊等",二者同义。

三 中古佛经中"贤"的用法及来源

"贤"本为形容词,乃"贤德"之意,《书·大禹谟》:"克勤于邦,克俭于家,不自满假,惟汝贤。"又有优良,美善,《礼记·内则》:"若富则具二牲,献其贤者于宗子。"郑玄注:"贤,犹善也。"在中古佛经中,已经出现了"贤"单独用作代词的用法,表敬义,可做主语和宾语,但用例不多,如南朝梁慧皎《高僧传》卷二:"贤三岁孤与母居,五岁复丧母为外氏所养……贤一日诵毕,其师叹曰:'贤一日敌三十夫也。'"姚秦竺佛念译《鼻奈耶》卷一:"木工答曰:'若王赐贤木,随意取。'"

到了宋元时期，"贤"用作敬词的用法由佛经扩散到中土文献，这在宋元话本小说中多见，在句中可做主语、宾语和定语，如《武王伐纣平话》卷中："(姜)尚又问曰：'尔年岁生月日时说与吾，奉贤一相。'"又卷下："文王见言大喜：'正合吾梦也，此真名将也。贤之妻子在于何处？'"卷下："文王又问：'……望贤垂意，顿首顿首，惶恐惶恐，贤意如何？'"《五代史平话》卷上："朱五经道：'分明是如贤所教；但是小生自小兀坐书斋，不谙其它生活，只得把这教学糊口度日，为之奈何？'"宋苏轼《李行中秀才醉眠亭》诗："醉中对客眠何害，须信陶潜未若贤。"

同前面"仁""尊"一样，"贤"也有带词尾的复数形式，如"贤等"，西晋竺法护译《正法华经》卷四："一切道父，而觉了之，贤等事办。"西晋法立共法炬译《大楼炭经》卷一："转轮王便告诸小王言，贤等各自治国以正法，莫行非法，贤等莫杀生莫盗窃，莫犯人妇女。"后汉安世高译《中阿含经》卷三："如是说，谓人所为一切皆因宿命造耶。彼答言，尔我复语彼，若如是者，诸贤等皆是杀生。"又卷四十二："尊者大迦旃延告诸比丘，诸贤等，共听我所说……比丘眼见色。"宋释志磐撰《佛祖统纪》卷四十四："九月西天竺沙门知贤等来进舍利梵经，赐紫服。"

又有"贤辈"，南朝梁僧祐撰《出三藏记集》卷十三："领选临入过视蜜，乃抚背而叹，若使太平世尽得选此贤辈，真令人无恨。"宋遵式述《往生净土决疑行愿二门》卷一："安令五逆凡夫十念便登于宝土，二乘贤辈回心即达于金池也哉。"

更有意思的是，"贤"单独具有表敬代词功能之后，逐渐丧失了表敬色彩，成为一个纯粹的第二人称代词。这种变化始见于宋元时期，如《武王伐纣平话》卷中："飞虎仗剑，再问殿使曰：'尔若实说，免贤性命。你若不实说，目下交你分尸而死！'"例中黄飞虎抽剑要杀使臣，"贤"显然已经没有表敬色彩。金董解元《西厢记诸宫调》中有很多"贤"的用例，有些同样已不具有表敬色彩，如卷二："贤不是九伯，既言了怎改抹？见法聪临阵恁比合，与飞虎冲军恶战讨，也独力难加他走却。"同卷："又不待夺贤寺宇，又不待要贤金宝。众军饥困权停待，甚坚把山门闭着？众僧其间只有你做虎豹，叨叨地把爷凌虐。"又卷八："那将军，见郑恒分辩后冲冲地怒，道：'打脊匹夫怎敢唬吾！当日个，孙飞虎，因亡了元帅，夺人妻女。莺莺在普救，参差被虏。若非君瑞，以书求救，怎地支吾？怕贤不信，试问普救里僧行、我手下兵卒。'"张惠英调查《董西厢》中的"贤"的用法后也认为："'贤'的敬语色彩虽有留存，有时也不太明确。"[①]

[①] 张惠英：《汉语方言代词研究》，语文出版社，2001年，第59页。

"贤"用作代词到了现代汉语中已经消失,但某些方言中仍有遗留,如福建邵武话至今还使用"贤"作第二人称代词,但不用作敬称,如～去哪儿(你到哪里去)?～食儿饭毛(你吃过饭没有)?①

"贤"用作代词的来源,有学者认为中古佛经中的代词"贤"是"贤者""贤首"的省略②。在中古佛经中,屡见"贤者",被广泛运用作敬称,指称不同的对象,如东晋瞿昙僧伽提婆译《中阿含经》卷三十四:"时,大众人便答彼(商人)曰:'贤者,我等是阎浮洲诸商人也,皆共集会在贾客堂,而作是念……'"刘宋求那跋陀罗译《杂阿含经》卷二十二:"时给孤独长者问天神言:'贤者,汝是何人?'"隋阇那崛多译《佛本行集经》卷四十七:"尔时彼大长者,从外入来,见彼使女啼哭如是,而问之曰:'贤者何故如此啼哭?'"又有"贤首",也可以指称不同对象,西晋竺法护译《佛说离垢施女经》卷一:"菩萨其名宝光菩萨……贤首菩萨。喜王菩萨。行无思议脱门菩萨。"魏国西寺沙门法藏述《华严经探玄记》卷一:"是故十信满处普贤位中亦得此定。如贤首品说。"唐义净译《根本说一切有部毗奈耶杂事》卷一:"时有医人来过其所,诸苾刍告曰:'贤首,暂为观察,此少苾刍有何疾患。'"又卷三:"税人问曰:'圣者,颇有可税物不?'答言:'贤首,我无税物。'"

笔者通过考察以上这些用法,似乎除了节律原因之外,"贤"与"贤者""贤首"之间的联系并不紧密,结合中土文献的使用情况,尤其是近代汉语"贤"的用法,我们认为它主要来源于汉语本身。"贤"作为表敬代词,与它本义有关。它本有美善之意,又受到中古佛经表敬用法的影响,中古汉文文献常用在某些称谓之前,表示对人的敬词,北齐颜之推《颜氏家训·风操》曰:"凡与人言,称彼祖父母、世父母、父母及长姑,皆加尊字,自叔父母以下则加贤字,尊卑之差也。"这说明中古时期,称呼辈分较高的长辈称谓前多加"尊",稍低的称谓前加"贤"。"贤"比"尊"表敬程度低一点。中古构成的"贤+～"称谓词较多:

"贤弟",《北史·王晞传》:"(王晞)小名沙弥……与邢子良游处。子良爱其清悟,与其在洛两兄书曰:'贤弟弥郎,意识深远。'"

"贤姊",晋陆云《答车茂安书》:"尊堂忧灼,贤姊涕泣。"

"贤昆",晋陆云《答兄平原诗》:"惟我贤昆,天姿秀生。"

"贤室",唐张鷟《朝野佥载》卷六:"选者曰:'耻见妻子。'安期曰:'贤室本自相

---

① 许宝华、(日)宫田一郎主编:《汉语方言大词典》,中华书局,1999年,第3340页。
② 张惠英:《汉语方言代词研究》,语文出版社,2001年,第63页。

谐,亦不笑。'"

"贤甥",敬称人之外甥。晋陆云《答车茂安书》:"云白,前书未报,重得来况,知贤甥石季甫当屈鄮令。"

"贤宰",《后汉书·左雄周举等传论》:"陈蕃、杨秉处称贤宰,皇甫、张、段出号名将。"

"贤吏",《后汉书·孔融传》:"虽懿伯之忌,犹不得念,况恃旧交,而欲自外于贤吏哉!"

到了近代汉语,"贤+～"这种构词依然多见,如:

"贤丈"称呼对方的,如《武王伐纣平话》卷中:"姜尚道:'贤丈今日有人命交加之事。'"《五代史平话·梁史平话》卷上:"朱五经看了这诗道:'……觇贤丈志气不凡,非小生所敢与闻。'"

"贤弟"称呼对方的,《五代史平话·汉史平话》卷上:"敬瑭听得知远这说,心下欣然,应道:'贤弟说的话,使我心下豁然。'"《儿女英雄传》第四十回:"老贤弟,你倒不可乱了方寸,努力为之。"

"贤妹"称呼对方的,明冯梦龙《情史·情疑·张果老》:"兄久客寄,何以自娱?贤妹略梳头,即当奉见。"

"贤侄"称呼对方的,《警世通言》卷三十三:"王将仕邀乔俊到家中坐定道:'贤侄,听老身说,你去后家中如此如此。'把从头之事,一一说了。"《三侠五义》第三十回:"见展爷一表人材,不觉满心欢喜,开口便以贤侄相称。"

综合上面这些例子,我们认为由于"贤"频繁作为语素出现在"贤丈""贤弟""贤妹""贤侄"这类词语当中,"贤+～"用来敬称对方,"～"本是中心语,是说话人所要表达的焦点信息。正是因为古人往来礼节"尊人"的心理,"贤+～"在语用中出现了错位,在实际交流中,人们传达信息的焦点却是表"尊人"的"贤",这样使得后面的"～"成为了冗余成分而逐渐被抛弃,"贤"代替了"贤+～"指称功能,单独具有了表敬义的代词意义,后来由于使用频率的增多,其表敬义逐渐消失,成为纯粹的第二人称代词。同样道理,前面讨论的"仁者"缩略为"仁","世尊""尊者"缩略为"尊"也应该有这方面的因素。

四 结语

通过以上对"仁""尊""贤"的分析,有几点值得我们注意:

(一)由于在汉文文献中,"仁""尊""贤"本是表美善的形容词,在中国人"自卑尊人"的语言习俗背景下，它们除了可作为表敬语素参与构词，形成大量的表敬词语之外，还可以互相构词，组成表敬称谓词，比如"仁尊"，东晋佛驮跋陀罗译《大方广佛华严经》卷二十九："仁尊若能眷纳我，甘心分受无辞苦。"西晋竺法护译《普曜经》卷四："诸清净地悉生尘垢无复众好，仁尊所见。"如"仁贤"，《汉书·孔光传》："毁潛仁贤，诬愬大臣。"失译《大方便佛报恩经》卷一："尔时波罗奈大王聪睿仁贤，常以正法治国不枉人民。"如"尊贤"，南朝宋鲍照《行乐至城东桥》诗："尊贤永照灼，孤贱长隐沦。"《北史·房彦谦传》："故疏贱之人，有善必赏；尊贤之戚，犯恶必刑。"如"贤尊"，隋侯白《启颜录·遭见贤尊》："且来遭见贤尊，愿郎君且避道。"唐李公佐《南柯太守传》："王曰：'前奉贤尊命，不弃小国，许令次女瑶芳，奉事君子。'"宋马令《南唐书·谈谐传·彭利用》："客吊之曰：'贤尊奄岁，不胜哀悼。'"如"贤仁"，《东观汉记·光烈阴皇后传》："上以后性贤仁，宜母天下，欲授以尊位。"

（二）在词义系统中，一旦某个词语的意义发生了变化，同一语义场中的其他词语可能也会受到影响，如"仁""尊""贤"都是由修饰词引申出具有代词意义的用法，由于代词有词尾形式，受其影响，它们也出现了词尾的形式。比如宋元时期，一些新兴代词（如"俺""咱""您"等）均可带"每（瞒）""家"等词尾[①]，由于的"贤"有了人称代词的指代功能，受其影响，这一时期也出现了"贤家""贤每（瞒）"的形式，如宋无名氏《错立身》戏文第一出："为路岐，恋佳人，金珠使尽没分文。贤每雅静看敷演：《宦门子弟错立身》。"宋刘焘《花心动》词："低傍小桥，斜出疏篱，似向陇头曾识。暗香孤韵冰雪里，初不怕，春寒要勒。问桃杏贤瞒，怎生向前争得？"金董解元《西厢记诸宫调》卷一："不问贤家别事故，闻说贵州天下没，有甚希奇景物？你须知处？"又卷二："朝廷咫尺不晓？定知道，多应遣军，定把贤每征讨。不当稳便，恁时悔也应迟，贤家试自心量度。"同卷："国家又不曾把贤每亏负……""尊"到了近代汉语，有"尊家"，清无名氏《武则天四大奇案》第十三回："吴小官道：'敝东是本地人氏，住在寨内，已有几代，名叫陆长波。不知尊家在北京哪家宝号？'"清王梦吉《济公全传》第一百五十七回："贫道我可是直言无隐，尊家可别恼。"又第一百五十八回："话说王太和给老道一相面，老道说：'可是直言无隐，尊家可别见怪。'"

（三）"仁""尊""贤"作为形容词语素参与构成了大量的双音节表敬称谓词，在使用过程中，由于佛经翻译节律的原因，它们逐渐单用，有了代词用法。这是词类的交叉，实际上属于一种兼类词。正如吕叔湘在其《汉语语法分析问题》一书中指

---

① 参见冯春田《近代汉语语法研究》，山东教育出版社，2000年，第12、21、43页。

出的:"由于汉语缺少发达的形态,许多语法现象就是渐变而不是顿变,在语法分析上就容易遇到'中间状态'。"①在汉民族注重礼仪的文化影响下,在语言交流中,由于表敬的需要,一些本来不是代词的词语逐渐有了代词意义和功能,它们丰富了汉语的代词系统;在后来的发展中,"仁""尊""贤"由于使用频率远比不上主流第二人称代词(如"你"),在代词系统中始终处于劣势地位,传统的代词处于强势地位,它们只能在代词系统的边缘徘徊。因此,在后来语言的发展和竞争中,它们只是汉语史中匆匆的过客,受到主流代词的排挤,到了现代汉语中,它们的这些用法只见于方言,普通话中已经消亡。

参考文献

[1] 张惠英.汉语方言代词研究[M].语文出版社,2001.
[2] 许宝华、(日)宫田一郎主编.汉语方言大词典[Z].中华书局,1999.
[3] 俞理明.佛经文献语言[M].巴蜀书社,1993.
[4] 黄侃.文字声韵训诂笔记[M].上海古籍出版社,1983.
[5] 冯春田.近代汉语语法研究[M].山东教育出版社,2000.
[6] 梁晓虹.小议佛经"仁""仁者"用作第二人称代词[J].南京师大学报,1986.
[7] 吕叔湘.汉语语法分析问题[M].商务印书馆,1979.

(周文:五邑大学文学院,529020,江门)

---

① 吕叔湘:《汉语语法分析问题》,商务印书馆,1979年,第11页。

从秦汉律简看沈家本的秦汉刑名训诂

朱湘蓉

摘要：沈家本从文献学角度进行的法律考证卓有成效,尤其是《历代刑法考》中的《刑法分考》对秦汉刑名的考释,搜罗排比,分条比类,颇显训诂之功。沈氏既有扎实小学功底,又精通西欧诸国的法制,尤其是日本明治维新的变法实例。其刑名训诂既有传统小学考据之功,又运用了法律的诠释思想。所论如"磔、弃市、城旦、舂、鬼薪、白粲、司寇、完、耐、罚作、复作"等,今以秦汉律简验之,多能证实;即有未确之处,亦可作为借鉴,启迪新思。他的考释虽从传世文献出发,但能"知历代之因革损益,以及法系之源流,非取其遗籍参稽而会通之,不能深明其故",考证刑名从探明实况出发,重考实、重历史发展、语料面扩大,方法上也有所突破。

关键词：秦汉律简　沈家本　训诂　刑名

沈家本是清末律学大家,也是中国近代法之父。他对法律史的种种考证不仅总结了传统法文化,更推动了法律制度的近代化。在沈家本看来,近代化与传统并不绝对矛盾,近代化是奠定在传统基础上的。沈氏运用训诂、文献、校勘方法,无论是对律法体制、律令内容的辨析,还是对汉律的辑佚,乃至读律校勘等方面都有独到的建树。他的《历代刑法考》"是一部在法学和史学推动下成功的训诂实践,具有乾嘉时代正统派学者考据工作中不可能产生的诸多特色,它所采用的方法,对传统语言学的发展有着不可忽略的价值","应当作为晚清实学派的训诂代表作"。[①] 秦汉律对后世的法律产生了重大影响,《明史·刑法志》云:"历代之律,皆以汉《九章》为宗。"沈家本《历代刑法考》最见功力的部分之一,就是《刑法分考》中博采文献对历史上出现的99种刑名和考求的13种刑名细加考据,其中利用先秦及两汉文献对秦汉刑名的分析诠释,试以秦汉律简验之,可现其训诂之功。

---

① 王宁:《训诂学原理》,中国国际广播出版社,1996年,第193页。

一　视野开阔,选材广泛

沈氏精通《周官》与汉史,"以律鸣于时"①。深厚的国学功底与开阔的视野使他的考释虽从传世文献出发,但能"知历代之因革损益,以及法系之源流,非取其遗籍参稽而会通之,不能深明其故"②。因此虽未见秦汉律令原貌,沈家本却能从传世文献中寻踪觅迹,抽丝剥茧,详加辨析,考求刑名。在材料使用上广博与精审并重,卓见成效。

以下以表格列举部分刑名考释中文献征引的情况。

刑罚名称	《分考》卷数	考释所引文献③	见于秦汉律令④	备注
腰斩	三	《公羊传》何休注、《周礼》郑玄注、《战国策》、《管子》、《礼记》、《后汉书》、《汉书》、《仓颉篇》、《列子》注、《说文》、段注、桂馥《说文解字义证》、《释名》、《庄子》、《韩非子》、《史记》、《商君书》	张3	均作"要斩"。
枭首	三	《说文》、段注、《广韵》、《汉书》、《玉篇》、王筠《说文解字句读》、钮树玉《说文解字校录》、《史记》、《逸周书》及孔晁注、朱右曾《逸周书集训校释》、《列女传》、《战国策》、《容斋随笔》、《左传》、《公羊传》何休注、《太平御览》	张1	作"枭其首市"。
宫	六	《白虎通》、《史记》、张守节《史记正义》、司马贞《史记索隐》、《汉书》及注、《文献通考》、徐天麟《西汉会要》、梁玉绳《史记志疑》、王棻《知新录》、《周礼》贾公彦疏、《后汉书》、《汉旧仪》注	睡2,张2	睡、张亦言"腐"。

---

① 王式通:《吴兴沈公子惇墓志铭》,闵尔昌《碑传集补》卷六,1923年。
② 沈家本:《寄簃文存·日本享保本明律跋》,《历代刑法考》(四),中华书局,1985年,第2365页。
③ 按:表中所列文献指对秦汉时刑名含义考释时所引文献,按文中引用先后次序排列,重复不计,前代及后代使用所引文献不做罗列。
④ 按:此项指睡虎地秦简《秦律十八种》《效律》《秦律杂抄》《法律答问》和张家山汉简《二年律令》《奏谳书》,前者简称"睡",后者简称"张",数字为该词出现次数。

(续表)

刑罚名称	《分考》卷数	考释所引文献	见于秦汉律令	备注
城旦	十一	《史记》、裴骃《史记集解》、《汉书》注、卫宏《汉旧仪》、《汉书》	睡47，张28	睡另有城旦舂18，舂城旦3，仗城旦1，城旦司寇3；张另有城旦舂79。
舂	十一	《周礼》及注、《汉书》及注、《汉旧仪》、《后汉书》注	睡5，张1	睡另有舂司寇1。
鬼薪	十一	《史记》、裴骃《史记集解》、《汉旧仪》、《汉书》及注	睡13，张3	睡另与白粲连用1；张另与白粲连用20。
白粲	十一	《汉旧仪》、《汉书》及注、《说文》、段注	睡1，张2	
司寇	十一	《汉旧仪》、《汉书》及注	睡8，张12	
完①	十一	《易》及程颐传、惠栋《辩证语类》、《汉书》及注、《后汉书》及注	睡11，张35	
耏(耐)	十一	《易》程颐传、惠栋《辩证语类》、《后汉书》及注、《说文》、段注	睡51，张59	

　　从表中可见，沈氏征引的文献范围广泛，涵盖经史子集及学者论著，注重参考小学相关研究，如《说文》、《玉篇》、《释名》、《广韵》、《仓颉篇》、段玉裁《说文解字注》、桂馥《说文解字义证》、王筠《说文解字句读》、钮树玉《说文解字校录》等；更注重吸收清人考据成果，如对"完"的解释引用惠栋《辩证语类》，对"宫"的考察参考王棠《知新录》等。在同类材料中，则细加分析，参证互现。如"枭首"在引书证辨析《史记·殷本纪》"周武王斩纣之头，悬之白旗"不可信，亦非枭首之源后，考证"枭首"一刑，以《汉书·刑法志》、《公羊传》何休注为主证，列举《史记》、《太平御览》"董仲舒决狱"、《汉书》相关书证验之，以明"车裂刑之枭首""不孝刑之枭首""大逆不道之枭首"，又列《汉书》之《梁平王襄传》、《薛宣传》、《袁涉传》、《太平御览》"廷尉决事"与《续汉书》诸例辨"非律枭首者"。沈家本对材料的选取分析都用功颇深，相比律简中对刑名使用罪责的明确规定，沈氏所用材料不仅能够提供刑名执行实例，更能探究显现刑名命名的意图，如"枭首"一名，张家山汉简作"枭其首市"，"子贼杀伤

---

　　① 按：沈氏将完、耐并举，秦汉律简中则常见完、耐对举，故表中分列两项。

父母,奴婢贼杀伤主、主父母妻子,皆枭其首市"。(《张家山汉墓竹简·二年律令》贼律34)与沈氏之论参证,对"枭首"的理解将更全面。正像王宁先生评价的:"在历代封建朝廷人治高于法治这一事实面前,探讨刑法问题只靠律令的明文规定是不够的,因此,沈家本不只要考证刑律,还特别注意到各种执法史实的记载。"①

二　以史定名,辨其同异

这里的史指的是刑法流变史,刑名作为专类名称,历代或沿袭或变革,纠结难明,沈氏在定名时,如何统摄内涵、彰显线索,颇下功夫。

如墨。秦汉律简中未见"墨",而"黥"习见。如《睡虎地秦墓竹简·法律答问》1—2:"'害盗别徼而盗,驾(加)罪之。'·可(何)谓'驾(加)罪'?·五人盗,臧(藏)一钱以上,斩左止,有(又)黥以为城旦;不盈五人,盗过六百六十钱,黥劓(劓)以为城旦;不盈六百六十到二百廿钱,黥为城旦;不盈二百廿以下到一钱,迁(迁)之。求盗比此。"《张家山汉墓竹简·二年律令》贼律4:"贼燔寺舍、民室屋庐舍、积𥱼(聚),黥为城旦舂。"贼律13:"为伪书者,黥为城旦舂。"贼律22:"谋贼杀、伤人,未杀,黥为城旦舂。"贼律23:"贼杀人,及与谋者,皆弃市。未杀,黥为城旦舂。"盗窃、纵火、伪造文书、谋划杀人未遂、杀人未遂等都可处以黥刑。汉文帝时黥作为肉刑之一被废除,但后代仍断续使用。如《南史·宋明帝纪》:"泰始四年,诏定黥刖之制。"沈氏在《刑法分考》中以"墨"名之,盖墨,一名黥。沈氏考《尚书》《周礼》《礼记》,明先言墨刑,后有"黥"名,唐以前文献中或言墨或言黥,统言无别,析言则如《说文·黑部》"黥,墨刑在面也",即黥刑为墨刑之一种。宋代之后则有黥刺之法,沈氏曾辑《刺字集》,著《刺字考》,考厥源流,究其得失,所论编入"墨"条下。可见沈氏定"墨"以统摄"黥、刺",示其历代流变。《清史稿·刑法志》亦云:"刺字乃古墨刑,汉之黥也。文帝废肉刑而黥亦废。魏晋六朝虽有逃奴劫盗之刺,旋行旋废。隋唐皆无此法。至石晋天福间,始创刺配之制,相沿至今。"

又如秦汉律简中"笞"多见,如《睡虎地秦墓竹简·秦律十八种》13—14:"以四月、七月、十月、正月肤田牛。卒岁,以正月大课之,最,赐田啬夫壶酉(酒)束脯,为旱〈皂〉者除一更,赐牛长日三旬;殿者,谇田啬夫,罚冗皂者二月。其以牛田,牛减絜,治(笞)主者寸十。有(又)里课之,最者,赐田典日旬;殿,治(笞)卅。"《张家山汉墓竹简·二年律令》具律91:"城旦舂有罪耐以上,黥之。其有赎罪以下,及老小不

---

① 王宁:《训诂学原理》,中国国际广播出版社,1996年,第195页。

当刑、刑尽者,皆笞百。"亡律164:"城旦舂亡,黥,复城旦舂。鬼薪白粲也,皆笞百。"田律254:"牛、羊,罚吏徒主者。贫弗能赏者,令居县官;□□城旦舂、鬼薪白粲也,笞百,县官皆为赏主,禁毋牧麑。"行书律273:"邮人行书,一日一夜行二百里。不中程半日,笞五十;过半日至盈一日,笞百;过一日,罚金二两。"《肩水金关汉简(一)》73EJT1:93:"丑命加笞八百要斩 □丑命加笞八百要斩 □月丁未命笞二百弃市 (削衣)。"可见秦汉时笞刑作为常见刑罚使用广泛,养牛不力者、轻罪者、逃亡者、邮人行书误期者均可被笞,少则十、卅,多则五十、百数,甚至与重刑并用。沈氏未专列"笞"之条目,却以"杖"统摄,另在《刑法分考》卷十七"考囚"和《刑具考》"笞杖"中较多涉及①。沈氏引《汉书·刑法志》为证,并指出:"古者扑作教刑,自汉文帝除肉刑,劓及斩左止者并改为笞,而笞为死刑之次,视城旦等刑为重。景帝所定箠令,尚未有杖之名,亦无小大之别也。""杖、笞古本不分,自隋除鞭而分杖、笞为二,杖重笞轻。唐以下承之,至今未改。"②刘俊文先生也指出:"按唐律之杖刑,袭自隋律。……然隋前非无杖刑。考隋、唐之杖刑与笞刑,虽有区别,其实质均为以刑杖击打身体,就此论之,则秦汉之笞刑已包括隋唐之杖刑矣。不过彼时法律尚欠发达,笞、杖不分,故无杖刑之名。"③正是因为沈氏认为"笞、杖"一脉,且后多用"杖",故以"杖"名之,并辨析二者流变异同。

可以说,历史系统性与近代法意识使沈氏在订立刑名、考溯源流时多有创见。高恒先生这样评价沈家本律学研究的特点:"清代众多律学家中,沈家本先生出类拔萃,堪称律学巨擘。他胜于其他律学家之处,不仅在于他有渊博知识,著作丰富,主要在于他给中国古代律学研究注入了新的思想。他在律学研究中首先突破(不是完全摆脱)儒家伦理观念的束缚,用现代资产阶级的新思维来系统考察中国古代法制体系,从而将中国古代律学推向新的发展阶段。"④

三 尊重事实,慎作结论

沈氏继承清代考据之风,无证不立,对结论的表述非常谨慎。

---

① 按:黄晓明先生认为这两部分关于"笞"的内容较集中,其他较零散。(《笞刑论考》,《安徽大学学报》,1997年第2期)张家山汉简《奏谳书》中确可见讯因以笞(如"黥城旦讲乞鞫",简109),但从秦汉律简来看,这一时期笞还是主要作为刑罚手段出现的。沈氏所论的这部分内容主要包含在"杖"内。
② 沈家本:《历代刑法考》(一),中华书局,1985年,第358、361页。
③ 刘俊文:《唐律疏议笺解》,中华书局,1996年,第24页。
④ 高恒:《沈家本与中国古代律学》,《博通古今学贯中西的法学家——1991年沈家本法律思想国际学术研讨会论文集》,陕西人民出版社,1992年,第50页。

如"罚金"一条,沈氏以《史记》注和《汉书》注中所记汉《乙令》《宫卫令》《令甲》为据,验以《史记·张释之传》所载罚金的执法实例,得出:"汉之罚金,载在律令,是汉初即有之。"①张家山汉简《二年律令》中"罚金"明载,多有适用,如《张家山汉墓竹简·二年律令》具律86:"吏、民有罪当笞,谒罚金一两以当笞者,许之。"杂律185:"擅赋敛者,罚金四两,责所赋敛偿主。"贼律11:"拆(矫)制,害者,弃市;不害,罚金四两。"可证沈氏之论。

对于缺乏相关材料进行证明的问题,沈氏往往采取存疑或阙而不论的做法。"弃市"一条中,沈氏根据《汉书·景帝纪》师古注和《周礼·掌戮》郑玄注指出:"是汉之弃市乃斩首之刑。"又引《史记·高祖本纪》"偶语者弃市"司马贞《索隐》指出:"此秦法也。秦法弃市为何等?刑书无明文,以汉法推之,当亦斩刑。"因未见秦法实据,故只作疑问推测。秦汉律简中"弃市"多见,如《睡虎地秦墓竹简·法律答问》71:"士五(伍)甲毋(无)子,其弟子以为后,与同居,而擅杀之,当弃市。"《张家山汉墓竹简·二年律令》贼律4:"贼燔城、官府及县官积冣(聚),弃市。"贼律21:"贼杀人,斗而杀人,弃市。"可见"弃市"当属死刑。至于执行的方式,张建国先生、曹旅宁先生认为非斩刑,应为绞杀。②

沈氏所作刑名训诂不仅考义,也论其使用、发展,带有诠释的色彩。伽达默尔指出,在理解的过程中存在两种意义的世界,一个是文本所描摹的世界,一个是理解者所生活的经验世界。理解的实质就是将两种不同的世界进行调和与沟通。③如"磔"一条,沈氏指出"是凡磔必张其尸并枭首",又结合史书所载执行实例,指出"两《汉书》之磔亦只为榜示之意",宋元辽诸《纪》所言之磔,"似为陵迟之别名,非汉之磔也"④。沈氏对"磔"的考订,将文本与经验体悟结合起来,诠释了"磔"刑的含义与时代内涵的变迁。沈氏认为磔有"张、开二义",并推论磔刑有"榜示""陵迟"二义。张家山汉简《奏谳书》"黥城旦讲乞鞫"中讯问讲时有"磔治(笞)讲北(背)"(简107)、"磔讲地"(简108)可证"磔"之"张"义。可为沈氏之说提供支持。

---

① 沈家本:《历代刑法考》(一),中华书局,1985年,第329页。
② 按:张先生用居延汉简例,曹先生则用到睡虎地秦简、放马滩秦简、张家山汉简例。参看张建国《秦汉其实非斩刑辨》,《北京大学学报》,1996年第5期;曹旅宁《从天水放马滩秦简看秦代的弃市》,《广东社会科学》,2000年第5期。
③ (德)伽达默尔著,洪汉鼎译:《真理与方法——哲学诠释学的基本特征》,上海译文出版社,1999年,第243页。
④ 沈家本:《历代刑法考》(一),中华书局,1985年,第113、114页。

四　囿于所见，启迪新思

沈氏受所见秦汉材料所限，一些刑名考释未确，但他对刑名的系统思考，深入挖掘，可以启发我们结合新材料，进一步订补其观点或论断。李力先生就汇总近百年来考古资料中所见秦汉"隶臣妾"之史料以为沈氏之补正，并指出："作为战国、秦汉时期的一个专有名词，迄今所见'隶臣'及'隶臣妾'最早出现于战国时期秦青铜器铭文与秦简资料之中。这最终推翻了清人沈家本所作的有关秦无'隶臣妾'而汉代始增的推论。"①

又如对汉代"赎"的认识，沈氏囿于《史记》《汉书》之纪、传、志所载，提出："西汉赎罪之法，据（贡）禹言始于孝武，盖即《食货志》所载赎禁锢免臧罪也……终西汉之世，赎法只禁锢、坐赃二事，其他罪未尝行。"②在"罚金"条下亦言："赎为武帝以后事，与罚金各为一法也。"③但他也认识到："赎法，自隋以前《史》《志》但载大纲而条目不具，其体裁然也。"④秦汉律简中，关于"赎"的律令多见，极大丰富了对于秦汉赎刑的认识。《睡虎地秦墓竹简·秦律杂抄》32："匿敖童，及占癃（癃）不审，典、老赎耐。"《睡虎地秦墓竹简·法律答问》4："甲谋遣乙盗，一日，乙且往盗，未到，得，皆赎黥。"《睡虎地秦墓竹简·法律答问》113—114："可（何）谓'赎鬼薪鋈足'？可（何）谓'赎宫'？·臣邦真戎君长，爵当上造以上，有罪当赎者，其为群盗，令赎鬼薪鋈足；其有府（腐）罪，赎宫。其它罪比群盗者亦如此。"《张家山汉墓竹简·二年律令》贼律21："贼杀人，斗而杀人，弃市。其过失及戏而杀人，赎死；伤人，除。"具律96—97："赎死、赎城旦舂、鬼薪白粲、赎斩宫、赎劓黥、戍不盈四岁，毄（系）不盈六岁，及罚金一斤以上罪，罚金二两。"具律119："赎死，金二斤八两。赎城旦舂、鬼薪白粲，金一斤八两。赎斩、腐，金一斤四两。赎劓、黥，金一斤。赎耐，金十二两。赎䙝（迁），金八两。"可见赎的种类繁多，可以赎黥、赎耐、赎死、赎鬼薪鋈足、赎城旦舂、赎斩、赎宫、赎劓等，而且金额明确。赎与罚金确实各为一法，但并非只禁锢、坐赃二事。丰富的新材料可以补充订正沈氏对于"赎"的认识。⑤

---

① 李力：《〈历代刑法考·刑法分考十一〉之补正（之一）——考古资料中所见秦汉"隶臣妾"史料汇辑》，《沈家本与中国法律文化国际学术研讨会论文集（下册）》，中国法制出版社，2005年，第640页。
② 沈家本：《历代刑法考》（一），中华书局，1985年，第443页。
③ 同上，第329页。
④ 同上，第456页。
⑤ 按：利用秦汉简牍对赎刑的研究，可参看刘海年《秦律刑罚考析》，《云梦秦简研究》，中华书局，1981年；（日）角谷长子著，陈青、胡平生译《秦汉时代的赎刑》，《简帛研究二〇〇一》，广西师范大学出版社，2002年；曹旅宁《张家山汉律赎刑考辨》，《张家山汉律研究》，中华书局，2005年。

沈氏虽然囿于所见，但他从法律的系统与源流出发进行的分析与推测，与秦汉律简所载内容结合起来看，常常会提出新的问题，推动刑名训诂的研究。如罚作、复作，文献所载不多，沈氏分析指出："罚作者，输作之事。""复作是女徒之名，见秦制……是汉时亦有复作之女徒也。此男子而亦曰复作，疑即罚作之别名。"①沈氏发现的男子复作，《居延汉简》中的实例可予肯定，"复作大男蔡市。"(《居延汉简释文合校》60.2)"居延复作大男王建。"(《居延汉简释文合校》37.33)目前秦汉律简中未见罚作、复作之名，《居延汉简》中可见"复作"一名，"四月旦，见徒、复作三百七十九人。"(《居延汉简释文合校》663)"徒、髡、钳、釱左右止、城旦舂以下及复作品书到言所☐。"(《居延新简》E.P.T.56:280A，281)可见汉代确有"复作"，但有无性别之分，有待进一步讨论。《居延新简》中也有"罚作治一月"(E.P.T5:194)，但到底是"罚作"还是罚"作治"还存在分歧。②

又如谪戍、屯戍，沈氏据《史记》《汉书》所载，分析推演，指出："谪戍者发罪人以守边也，屯戍者发罪人以实边，农戍兼修也，其事是一是二？秦之谪戍，一时之计，不以为常，汉之屯戍，时时行之，后且成为赦罪降等之常制。谪戍、屯戍二者，遂难区别，兹姑列为二门，互备参考。"③目前秦律未见"谪戍"，有"戍"或"赀戍"，《睡虎地秦墓竹简·秦律杂抄》11—14："不当稟军中而稟者，皆赀二甲，法（废）；非吏殹（也），戍二岁；徒食、敦（屯）长、仆射弗告，赀戍一岁；令、尉、士吏弗得，赀一甲。·军人买（卖）稟稟所及过县，赀戍二岁；同车食、敦（屯）长、仆射弗告，戍一岁；县司空、司空佐史、士吏将者弗得，赀一甲；邦司空一盾。"也有谈及谪与戍边的关系的，《睡虎地秦墓竹简·秦律十八种》151："百姓有母及同牲（生）为隶妾，非适（谪）罪殹（也）而欲为冗边五岁，毋赏（偿）兴日，以免一人为庶人，许之。"目前汉律中亦未见"屯戍"，"戍边"作为刑罚多见，如《张家山汉墓竹简·二年律令》盗律76："盗出黄金边关徼，吏、卒徒部主者智（知）而出及弗索，与同罪；弗智（知），索弗得，戍边二岁。"捕律141："吏将徒，追求盗贼，必伍之，盗贼以短兵杀伤其将及伍人，而弗能捕得，皆戍边二岁。"杂律186："博戏相夺钱财，若为平者，夺爵各一级，戍二岁。"置吏律210："有任人以为吏，其所任不廉、不胜任以免，亦免任者。其非吏及宦也，罚金

---

① 沈家本：《历代刑法考》（一），中华书局，1985年，第303、304页。
② 按：已有多位学者结合秦汉简牍对"罚作""复作"进行讨论，可参看（日）富谷至著，柴生芳、朱恒晔译《秦汉刑罚制度的研究》，广西师范大学出版社，2006年；（日）崛毅《秦汉法制史论考》，法律出版社，1988年；张建国《汉代的罚作、复作与弛刑》，《中外法学》，2006年第5期。
③ 沈家本：《历代刑法考》（一），中华书局，1985年，第286页。

四两,戍边二岁。"户律323:"诸不为户,有田宅,附令人名,及为人名田宅者,皆令以卒戍边二岁,没入田宅县官。"守关、捕盗不力者,博戏夺财者,举荐人不当者、非法名田宅者均可受戍边之罚,近于"谪戍",未见田作的含义,与沈氏所提"屯戍"的关系有待进一步讨论。

沈家本的刑名训诂是实学派训诂的一个里程碑,如果没有新材料的出现,后来的研究者将很难在整体上超越他。他的刑名考证从探明实况出发,重考实、重历史发展、语料面扩大,方法上也有所突破,带有诠释色彩。所论如"磔、弃市、城旦、舂、鬼薪、白粲、司寇、完、耐、罚作、复作"等,今以秦汉律简验之,多能证实;即有未确之处,亦可作为借鉴,启迪新思。结合秦汉律简观察沈氏的刑名训诂,足可一窥沈氏所代表的清末实学派考据训诂之特色。

(朱湘蓉:陕西师范大学文学院,710119,西安)

《经典释文》音义辨析
——以"分""别""离""去"四字为例

黄坤尧

一 汉字形音义的错综关系

汉字是记录语言的工具。汉字的构造以形声指事,会意传情为尚,反映汉民族早期的生活文化及意识形态。但在文字的发展过程当中,配合文化的姿采和语言的运用,转注假借孳乳繁多,因应不同时代的需要,渐渐也加入了很多的新颖元素及思维模式,其实也就产生了不同的用法,花样百出,约定俗成。《经典释文》主要是以音义结构的方式解读古代的经典及其注本。经典是指先秦的儒家经籍及老庄作品,而注本则是汉晋经师的著述,郑玄(127—200)的成就尤为杰出。至于音义之学则以南渡后的东晋及陈代最盛,东晋的书音制作以李轨(?—342?)、刘昌宗、徐邈(344—397)三家最为大宗,而徐邈的规模最大,因音辨义,订出规律。陈代亦为书音制作的高潮,计有沈重(500—583)、王元规(515—589)、施乾、谢峤、顾野王(519—581)、戚衮(519—581)等,其中更以隋唐之际的陆德明(555—627)为重心了。陆德明精于审音,而《经典释文》更是陈代标准书音的集大成著作,归纳了历代经师学者的观点,对重要的儒道经典文字的形音义都有所规范,订出标准的字形、读书音及语法意义,跟《切韵》相互辉映,配合经注的语句,历经唐宋元明清五朝,盛行于整个科举时代,一直到二十世纪初期国语审音改用北京音为标准音为止。不过,在港澳地区,我们沿用粤语作主要的生活语言及教学语言,基本上保留唐代汉语的格局和风貌,尤其是在阅读经典方面,徐邈、陆德明等所订的音义规范还是全盘可用,千古常新的,琅琅上口,影响还及于日常生活。先秦经典的时代以单音词为主,魏晋以后复音词增多,因此有必要利用音义分化的手段去解读古籍,同一汉字多音多义,派生构词,表现不同的形态变化,这对于准确理解经籍的意义,应该还是大有帮助的。

《说文》解释汉字形音义的构成及原委,字各一音,多言本义,行文比较简单,但用来解释经典文句,特别是后起的语言现象,恐怕是不够用的。尤其是在文字的应用方面,除了本字本音之外,很多时还会有一字多音、多音多义的现象,反映不同的词性区别及语法意义。因此在古籍训诂中往往会衍生不同的解释。本文以《经典释文》(以下简称《释文》)"分""别""离""去"四字为例,从而考察古籍训诂中错综复杂的语言现象。以上四字都是常用字,浅白平易,人所共识,几乎没有太大的讨论空间。但此四字在《说文》和《广韵》之间却有很多不同的理解方式,可见在汉唐之间,这四个字的音义训释也产生了复杂的变化,引申发展,不只限于本义,甚至超越于《说文》之外。案《说文》云:

分:别也,从八从刀,刀以分别物也。甫文切。〔八部,卷二上〕

别:分解也,从冎从刀。凭列切。〔冎部,卷四下〕

离:〔离〕黄,①仓庚也,鸣则蚕生,从隹离声。吕支切。〔隹部,卷四上〕

去:人相违也,从大凵声,凡去之属皆从去。丘据切。〔去部,卷五上〕②

其中"离"字本为鸟名,后代则假借为离别义。段玉裁云:"吕支切,古音在十六部。今用鹂为鹂黄,借离为离别义。"③因此这四个字一般来说都有分别、离去的意思,字各一音,《说文》所附的乃五代南唐的徐铉音。其弟徐锴及同时的朱翱亦分别为《说文》作音。④

分:徐铉甫文切。徐锴府文反。朱翱翻文反。〔朱翱非敷不分〕

别:徐铉凭列切。徐锴平列反。朱翱鄙辍反。〔朱翱帮並不分〕

离:徐铉吕支切。徐锴吕支反。朱翱邻之反。〔朱翱支之不分〕

去:徐铉丘据切。徐锴丘据反。朱翱气恕反。〔朱翱溪晓不分〕

二徐切语用字大同小异,完全同音。而朱翱重订切语,反映唐末五代语音合流的情况,出现非敷不分、帮並不分、支之不分、溪晓不分的现象,这是语言发展的现实。

这四字在《玉篇》《广韵》中显出读音分化的现象。每字起码各增一组读音,以

---

① 案《说文》原作"黄仓庚也","黄"上脱"离"字,依《尔雅音义》《广韵》补。参段玉裁《说文解字注》,上海:上海古籍出版社,1981年,第142页。

② 许慎撰、徐铉校定:《说文解字》,香港:中华书局,1979年,第128、86、76、104页。

③ 《说文解字注》,第142页。

④ 徐锴:《说文解字篆韵谱》,奈良:天理大学出版社,昭和五十六年(1981年),第69、364、25、252页。朱翱音参徐锴《说文解字系传通释》,《四部丛刊》初编影常熟瞿氏藏残宋本配吴兴张氏藏影宋写本,台北:台湾商务印书馆,1967年,第24、77、68、95页。

及大量的义项,基于同一字形,但审音辨义,作用不同。《玉篇》各增一读,辨析音义,更能准确地解读经典作品,发挥文字多功能的用途。

分:甫坟切,隔也,半也,施也,别也,赋也,与也,徧也。又扶问切,限也,意深也,又刈禾分齐也。

别:蒲列切,离也。又彼列切,分别也。

离:力知切,亦作鹂,仓庚也。又散也,去也,明也,丽也,遇也,两也,判也,陈也,罗也,又力智切。

去:羌据切,除也,违也,行也。又丘与切,去之也。①

《广韵》收录的切语同于《玉篇》,四字俱属两读别义,其中"离"字三音,增多了去声十二霁韵郎计切一读,训着也。

分:赋也,施也,与也。《说文》别也。府文切。(上平二十文)分:分剂。扶问切。又方文切。(去二十三问)

别:异也,离也,解也。《说文》作𠛱。又姓,何氏《姓苑》云:"扬州人。"皮列切,又彼列切。(入十七薛)别:分别。方别切。②(入十七薛)

离:近曰离,远曰别。《说文》曰:"离黄,仓庚,鸣则蚕生。"今用鹂为鹂黄,借离为离别也。又姓,孟轲门人有离娄。吕支切。(上平五支)离:去也,又力知切。力智切。(去五寘)离:《汉书》云:"附离,着也。"郎计切。(去十二霁)

去:离也。又却吕切。近倨切。③(去九御)去:除也,《说文》从大囗也。羌举切,又丘据切。(上八语)④

《广韵》将"离"的去声再分为两读,力智切训去也,郎计切训着也,具有别义作用。

"分""别""离""去"四字都是动词,意义相近,而且可以互为语素,构成复词,例如分别、分离、离别、别离、离去、别去等。但这四字的音义变化各具个性,各有特色,《释文》以异音别义,注出了大量经典用例中的第二读音,展现不同的语法功能及意义区别,只是缺乏构成同组规律的音义特征而已。由于这四个字都有离别意,也就放在一块考察了。

---

① 顾野王撰、潘重规主编:《大广益会玉篇》,国字整理小组,台北:国立中央图书馆,1982年,第407、180、351、236页。又参《大广益会玉篇》,影张氏泽存堂本,北京:中华书局,1987年,第133、58、115、77页。
② 余迺永云:"本纽有'别'字,切韵系book作'列'是也。"参《新校互注宋本广韵》,上海:上海辞书出版社,2000年,第500页。
③ 余迺永云:"'近'字楝亭本同,《唐韵》及《广韵》余本作'丘'。"《新校互注宋本广韵》,第259页。
④ 《新校互注宋本广韵》,第111、396;499;500;45、362、374;362、259页。

《释文》为经典古籍注音,其中"如字"一读是最通行的读音,一般就是《说文》诸书所订出的单音。除非为了辨析特殊意义,或区别异文,或相互比较,要引起读者的注意,《释文》如字一般是不作音的,我们称之为 a 音,也就是相当于《说文》音了。《释文》所注如字以外的第二读音,即后代为别义而新增的破读,我们所谓 b 音,具有特殊意义,也就不厌其烦地一注再注了,很多时《广韵》亦见收录,可供参考比较。惟段玉裁并不相信两读别义之说:"分别、离别皆是也。今人分别则彼列切,离别则凭列切,古无是也。"①坚持《说文》原来的一读,否定了一切后起的读音区别。

《释文》各字的读音更多,除了通行的 a 音、b 音之外,很多时还特别注出了 c 音、d 音等。"分"有如字、方云反、夫云反;扶问反、符问反、扶运反、愤问反;皮苋反;甫问反;共四音。"别"有如字;彼列反、彼竭反、兵列反;共二音。"离"有如字、列池反、力知反、力氏反;力智反、音罝、音利〔寘至不分〕;音丽、力计反、音俪、吕计反;共三音。"去"有如字、起据反、欺虑反、起虑反;起吕反、羌吕反、丘吕反;起居反;共三音。《释文》或二音、或三音、或四音,音义各别,或兼注多音,配合经典句例,可以产生不同的解读意义。其中分,皮苋反;离,音丽、音俪;乃假借改读之例。又分,甫问反;去,起居反;则因应古籍文句而新增不同的音义。文字衍生为词语,有时会共享同一字形,增多了不同的音义功能,流转相生,妙用无穷。

二 《释文》"分"字音义辨析

分　a. 如字、方云反、夫云反。20/109

　　b. 扶问反(徐 3、郑 1)、符问反、扶运反、愤问反。69/109

　　c. 皮苋反(裍)

　　d. 甫问反(徐 1)

　　ab:6　ba:11　bca:1　ad:1　da:1

《释文》"分"字注音者 109 条,②共有四音。a 音如字平声 20 条;b 音去声扶问反 69 条,其中郑玄音 1 条、徐邈音者 3 条。而兼注 a、b 二音者 17 条,又 a、b 二音除了平去之异外,声纽的清浊亦异。其他 c 音皮苋反 1 条,乃假借改读;d 音甫问反 2 条,亦见于徐邈音。

---

① 《说文解字注》,第 164 页。
② 《释文》"分"字依注增补 3 条,则有 112 条,包括 a 音如字 1 条:"齐也:才细反。郭云:'谓分齐。'王肃云:'分齐其肉,所当用也。'分,如字。"(412—12b—8)b 音去声 2 条:"其介:音界。本又作分,符问反。"(34—32b—9)"守介:音界,或作分。扶问反。"(119—24a—1)

《释文》"分"字 a 音如字用于"分国""分熟食""分地利""能分"等词组,有分封、分遍、分别诸义,皆为动词,都读平声。

1.《礼记·儒行》:"博学以知服,近文章,砥厉廉隅;虽分国如锱铢,不臣不仕,其规为有如此者。"郑注:"言君分国以禄之,视之轻如锱铢矣。八两曰锱。"(979—59—11a)①《释文》:"分国:如字。"(216—17a—11)②

2.《左传·哀公元年》:"在国,天有菑疠,亲巡其孤寡,而共其乏困。在军,熟食者分,而后敢食。"杜注:"必须军士皆分熟食,不敢先食,分犹遍也。"(993—57—7a)《释文》:"熟食者分:如字,一读以分字连下句。"(298—15a—6)

3.《孝经·庶人》:"用天之道,分地之利。"御注:"分别五土,视其高下,各尽所宜,此分地利也。"(27—3—1a)《释文》:"分:方云反,注同。"(342—3a—4)

4.《庄子·秋水》:"无形者,数之所不能分也;不可围者,数之所不能穷也。"郭注:"无形不可围者,道也。至道深玄,绝于心色,故不可以名数分别,亦不可以数量穷尽。"③《释文》:"能分:如字。"(382—20a—6)

《释文》"分"字注 b 音者较多,用于"分夹""分器""分部""性分""骈赘之分"等词语或词组,"分"训为部曲、明器、性分诸义,皆为名词用法,都读去声。

5.《礼记·乐记》:"天子夹振之而驷伐,盛威于中国也。分夹而进,事蚤济也。"郑注:"分,犹部曲也,事,犹为也,济,成也。舞者各有部曲之列,又夹振之者,象用兵务于早成也。"(696—39—11b)《释文》:"分夹:扶问反,又注同。分,部曲。"(197—6b—5)

6.《左传·昭公十五年》:"诸侯之封也,皆受明器于王室。"杜注:"谓明德之分器。"(823—47—10b')《释文》:"分器:扶问反,年内同。"(282—16b—11)

7.《尔雅·释言》:"局,分也。"郭注:"谓分部。"邢昺疏:"成十六年《左传》云:'离局奸也。'杜注云:'远其部曲为离局。'"(41—3—10a)《释文》:"分:符问反,注同。"(411—10b—10)④

8.《庄子·逍遥游》:"化而为鸟,其名为鹏。"郭注:"夫庄子之大意,在乎逍遥

---

① 诸经引文参《十三经注疏附校勘记》,嘉庆二十年(1815年)江西南昌府学开雕本,台北:艺文印书馆,1955年。注用三组数字,前者为总页码,中间为原刻卷次,末为页码(再分 a、b,注文 a'、b')。
② 邓仕梁、黄坤尧编:《新校索引经典释文》,台北:学海出版社,1988年。注用三组数字,前者为总页码,中间为原刻页码(再分 a、b),末为原刻行数。通志堂本同。
③ 郭庆藩辑、王孝鱼整理:《庄子集释》,北京:中华书局,1961年,第572页。
④ 案郭璞注附释音云:"分,部问切。"则并奉不分,"分"读重唇音并纽去声。又《春秋左氏音义》之三:"离局:力智反,注同。"(254—15a—3)参看下文"离"字例13。

游放,无为而自得,故极小大之致以明性分之适。"(3页)《释文》:"性分:符问反,下皆同。"(360—1a—11)

9.《庄子·骈拇》:"附赘县疣,出乎形哉!而侈于性。"郭注:"夫物有小大,能有少多,所大即骈,所多即赘。骈赘之分,物皆有之,若莫之任,是都弃万物之性也。"(312页)《释文》:"之分:符问反,后可以意求。"(373—1a—11)

《释文》"分"字兼注两读之例亦多,主要是议论前代经师的读音,商榷正读,一般以首音为主要选择。

10.《尚书·舜典》:"帝厘下土,方设居方,别生分类。"孔传:"生,姓也。别其姓族,分其类,使相从。"(48—3—30a)《释文》:"下土:绝句,一读至'方'字绝句。别:彼列反。分:方云反,徐扶问反。"(38—5b—8)

11.《礼记·曲礼下》:"君天下曰天子,朝诸侯,分职,授政,任功,曰予一人。"(78—4—18a)《释文》:"分职:方云反,徐扶问反。"(166—9b—3)

12.《礼记·儒行》:"分散者,仁之施也。"孔疏:"言分散蓄积而振贫穷是仁儒之恩施也。"(979—59—12b)《释文》:"分散:方云反,徐扶问反。"(216—17b—4)

13.《论语·微子》:"四体不勤,五谷不分,孰为夫子。"何晏集解引包曰:"丈人云不勤劳四体,不分殖五谷,谁为夫子而索之邪!"(166—18—5a)《释文》:"不分:包云'如字';郑扶问反,云'犹理'。"(354—20b—8)

14.《左传·桓公二年》:"庶人工商,各有分亲,皆有等衰。"杜注:"庶人无复尊卑,以亲疏为分别也。衰,杀也。"(97—5—20b)《释文》:"有分:扶问反,又如字。"(225—9a—8)又云:"复,夫又反;别,彼列反。"(225—9a—9)

15.《左传·昭公五年》:"及其舍之也,四分公室,季氏择二。"杜注:"简择取二分。"(742—43—2a')《释文》:"取二分:扶运反,或如字。"(276—3b—2)

16.《穀梁·庄公三十年》:"何善乎尔,燕,周之分子也。"范注:"燕,周大保召康公之后,成王所封。分子谓周之别子孙也。"(64—6—16a)《释文》:"之分:扶问反,又如字。本或作介,音界,注同。"(330—11a—7)

以上例10—12"分类""分职""分散"各条,有分别种类,分设职权,分散蓄积的意义,都是动词用法,陆德明主张读平声;而徐邈则认为是名词用法,该读去声。陆德明否定徐邈的旧音,不能读去声。例13"不分殖五谷"一句,包咸主张"分"读如字平声,有分工、分担之意;而郑玄则训为"理"也,意指为负责本分的工作,宜读去声。例14"分亲",意为成分、身分、本分等,乃名词用法,当读去声。至于杜注"以亲疏为分别也","分别"之"分"乃动词,则读平声了,《释文》以去声为首音。例15杜注"取二分",就是一份两份的"分",亦为部份之"分",陆德明以去声为首音。至于《左传》原文"四分公室"之"分",则有动词分解、分出之意,《释文》不作音,当读如字平声。例16"分子",或作"介子",是指同宗另一支系的子孙,都是构成国族的主要成分,名词用法,自然亦以去声为首音了;又读如字 a 音,则直接解为分支子孙了。可见《释文》兼注两读之例都有辨析音义的作用,自有规范,不能随意误读。

此外《释文》"分"字尚有其他较为罕见的皮苋反及甫问反二读。

17.《礼记·丧大记》郑注:"齐,象车盖菱,缝合杂采为之,形如瓜分然。"孔疏:"云缝合杂采为之,形如瓜分然者,言齐形既圆,上下缝合杂采,竖有限襡,如瓜内之子,以穰为分限然也。皇氏云:'如虎掌之爪,皮外其色有部分若然。'此注唯据斑瓜,事恐不合耳。"(788—45—21a')《释文》:"分:扶问反,又皮苋反,又夫云反。"(202—16a—6)

《释文》此条盖解释饰棺"齐五采"之说,"瓜分"一词共注三读。一为 b 音去声,意为一份两份的瓜状。又读 a 音平声,则读如日常"瓜分"一词。至于 c 音皮苋反则属假借改读之例,参考孔颖达疏"以穰为分限然也"的解释,则"瓜分"或读为"瓜瓣";倘以皇侃"如虎掌之爪,皮外其色有部分若然",则当读为"瓜采"。案《说文》云:"瓣,瓜中实。从瓜辡声。"又云:"采,辨别也。象兽指爪分别也。凡采之属皆从采。读曰辨。"徐铉及《广韵》"瓣""采"同读蒲苋切,去三十一襉韵。①

18.《左传·僖公元年》:"凡侯伯救患,分灾,讨罪,礼也。"杜注:"侯伯,州长也;分谷帛。"(198—12—4a)《释文》:"分灾:甫问反,又如字。"(231—21b—6)

19.《左传·昭公十四年》:"夏楚子使然丹简上国之兵宗丘,且抚其民。分贫振穷,长孤幼,养老疾,收介特。"杜注:"分,与也;振,救也。"孔疏:"分减富者之财以与贫者,则分为施与之名,故分为与也。"(820—47—3a)《释文》:"分贫:如字,徐甫问反。"(282—16a—1)

例18、19 二条特为"分灾""分贫"作音,分训与也,或读 a 音如字,或读 d 音甫问反,且互为首音。又杜注"分谷帛"一句,《释文》未作音,疑当读平声。甫问反古籍未见,亦未见于日常口语之中,据《释文》所载,此音或首出徐邈,即如字方云反的

---

① 《说文解字》,第149、28 页。《新校互注宋本广韵》,第406 页。

去声,同读非纽,没有清浊之异。此音《广韵》未载,一般亦罕见收录,仅见录于《类编》《集韵》《康熙字典》等。①

过去对"分"字 a、b 二音的音义关系讨论不多。贾昌朝《群经音辨·辨字音清浊》云:"分,别也,方云切;既别曰分,扶问切。"②张正男论云:"凡此训别之分为动词,音方云切,今读作阴平ㄈㄣ。……凡此训既别之分为名词,音扶问切,今读作去声ㄈㄣ丶。"③案二音平去不同,声纽清浊亦异,a 音为动词,b 音乃既分之后的成果或状态,而为独立的分剂了,属名词用法。G. B. Downer 则专论 a、d 二音,同读非纽,平去异读,而归入 D 项派生形式是表效果的(Derived form 'Effective'),平声训分开(to divide),去声则训分配、支持等(to distribute, give relief),两读同为动词用法。④ d 音甫问切适用的句例不多,Downer 同以例 18"分灾"、例 19"分贫"为证,论证稍嫌薄弱。

三 《释文》"别"字音义辨析

别　a. 如字(皇 1)。
　　　b. 彼列反(徐 1)、彼竭反、兵列反。271/279
　　　ab:4　ba:4

《释文》"别"字只有二音,a 音读如字者为并纽,训离别义,陆德明完全不作音。b 音帮纽训区别义,陆德明几乎全力为 b 音作音,其他兼注两读者似亦当读 b 音,共得 279 条。⑤ 案两读都是动词,只有意义区别,后世 b 音并不通行,一般都读 a 音。现代粤语"别"音 bit⁹,亦依 a 音并纽读低入,没有意义区别。

---

①　司马光等编《类篇》:"又方问切,均也。《春秋传》:'捄患分灾。'"(姚刊三韵本,上海:上海古籍出版社,1988 年,第 38 页)丁度等编《集韵》:"方问切,比也。春秋传:'救患分灾。'"(影述古堂影宋钞本,上海:上海古籍出版社,1985 年,第 545 页)案"比"字误,当为"均"字。《康熙字典》云:"又《集韵》方问切,纷去声,均也。春秋传:'救患分灾。'"(影同文书局原版,香港:中华书局,1979 年,第 64 页)

②　贾昌朝《群经音辨·辨字音清浊》,《四部丛刊》续编经部影日本岩崎氏静嘉文库藏影宋钞本,台北:台湾商务印书馆,1934 年,(6—4a)。又参《群经音辨》,《百部丛书集成》影《畿辅丛书》本,台北:艺文印书馆,1972 年,(6—2b)。

③　张正男为去声一读举例云:"《礼记·曲礼上》'分毋求多',《释文》'分:扶问反',疏'所分之物毋得求多也';《广韵》'分:分剂,扶问切'。"《群经音辨辨字音清浊门疏证》,台北:联贯出版社,1973 年,第 53—54 页。

④　G. B. Downer. Derivation by Tone—Change in Classical Chinese, *Bulletin of the School of Oriental and African Studies*, University of London, Volume XXII, Part 2, p.284。

⑤　《释文》"别"字依注文增补 3 条,则有 282 条,即:"辩吉凶:如字,京云:'明也。'虞董姚顾蜀才并云:'别也。'音彼列反。"(31—25a—7)"条列:如字。本或作别,彼列反。"(40—10b—7)"辨色:如字。本又作别,彼列反。"(112—9a—7)亦只为帮纽一读作音。

1.《毛诗·邶风·谷风》:"行道迟迟,中心有违。"郑笺:"徘徊也,行于道路之人,至于将别,尚舒行。"(90—2/2—11b')

2.《毛诗·邶风·谷风》:"不远伊迩,薄送我畿。"郑笺:"迩,近也,言君子与己诀别,不能远,维近耳,送我裁于门内,无恩之甚。"(90—2/2—11b')

以上例1、2"将别""诀别"二条,都有别离义,《释文》不作音,即读 a 音如字并纽。惟《释文》有时仅于篇章首出的"别"字作音,其他承上省略,因此不作音的不见得一定就是 a 音。

3.《礼记·曲礼上》:"夫礼所以定亲疏,决嫌疑,别同异,明是非也。"(14—1—9b)《释文》:"别同:彼列反,下注下文同。"(162—1b—7)

4.《礼记·曲礼上》:"使人以有礼,知自别于禽兽。"孔疏:"言人能有礼,然可异于禽兽也。"(15—1—11a)

5.《礼记·乐记》:"昏姻冠笄,所以别男女也。"(667—37—11a)《释文》:"以别:彼列反,下文注皆同。"(196—3b—4)

6.《礼记·乐记》:"好恶著则贤不肖别矣。"(667—37—12a)

7.《礼记·乐记》:"乐者,天地之和也;礼者,天地之序也。和,故百物皆化;序,故群物皆别。"郑注:"化犹生也,别谓形体异也。"(669—37—16a)

以上例3、5"别同异""别男女",有区别义,《释文》皆注 b 音帮纽。其他例4、6、7"自别""别矣""皆别"三条,明显亦有区别义,《释文》不作音,盖承上文省略,自亦以读 b 音为是。

8.《礼记·杂记上》:"丧冠,条属,以吉凶。"郑注:"别吉凶者,吉冠不条属也。"(722—41—6b)《释文》:"以别:徐彼列反,注同。"(199—9a—4)

例8亦有区别义,徐邈注 b 音。至于两读之例八见,a 音如字及 b 音帮纽互为首音者各四见。

9.《礼记·大传》:"系之以姓而弗别,缀之以食而弗殊。"郑注:"系之弗别,谓若今宗室属籍也。"(619—34—7b)《释文》:"弗别:皇如字,旧彼列反,注及下同。"(193—27a—11)

10.《左传·哀公十一年》杜注:"今欲别其田及家财,各为一赋,故言田赋。"(1019—58—27b')《释文》:"别其田:如字,一音彼列反。"(301—21a—8)

11.《左传·哀公十二年》杜注:"更具列其月以为别者,丘明本不以为义例。"(1027—59—6a')《释文》:"为别:如字,又彼列反。"(301—21b—10)

12.《穀梁·哀公十二年》范注:"今别其田及家财,各出此赋。"(203—20—

11b')《释文》:"今别:如字,又彼列反。"(340—31a—2)

例 11"弗别"与"弗殊"对举,皇侃主张读如字 a 音,或无 a、b 两读之别。其他 10—12 三例"别其田及家财"及"别者"等亦有区别义,《释文》当读 b 音。但以上四例竟然全以 a 音如字为首音,可能不大恰当。万群以例 10、12 说明:"《释文》首音用'如字'音,陆德明认为其意义首选不是'分别'义。""这里的浊声并母义为'分出,使之与整体事物相离'义。如上文所述清声帮母的'别'是'分开事物的动作行为',它指把对象分开的动作义,在词义上不兼及结果义。这里的'别'词义中包含了动作及其结果,指分而使之与整体相离,让事物单独另立出来。"①其实训为单独出来也还是以有所"分别"为主,不见得一定要读如字 a 音,掉过来说也解释不了例 9、11 二条。

13.《礼记·玉藻》:"凡自称天子,曰予一人。"郑注:"谦自别于人而已。"(569—30—24b')《释文》:"自别:彼列反,又如字。"(191—23a—8)

14.《穀梁·昭公三十一年》:"冬,黑肱以滥来奔,其不言邾黑肱,何也,别乎邾也。"范注:"邾以滥邑封黑肱,故别之若国。"(182—18—14a)《释文》:"别乎:彼列反,又如字,注同。"(338—28a—11)

15.《庄子·天下》:"宋钘、尹文闻其风而悦之,作为华山之冠以自表,接万物以别宥为始。"成疏:"宥,区域也。始,本也。置之名教,应接人间,而区别万有,用斯为本也。"(1082 页)《释文》:"以别:彼列反,又如字。宥为始:始,首也。崔云:'以别善恶,宥不及也。'"(403—28b—6)

16.《尔雅·释亲》郭注:"从祖而别,世统异故。"(61—4—14b')《释文》:"而别:彼列反,又如字。下皆同。"(415—17b—1)

以上例 13—16"自别""别乎""以别""而别"各例俱有区别义,《释文》以 b 音为首音,是也。惟兼注两读者,可能表示经师之间不同的观点,不见得都同意改读 b 音。万群训释例 13 云:"并母,义为将自己和天下之人分开来,独立出来。"例 14"浊声音义是理解为'不言邾黑肱',因为(黑肱封滥邑)从邾分立出来了。"例 15 别宥读如字音,"对应的是'分出,把事物独立出来,使之与来整体相离'义。"②意在有所区别,可见读如字 a 音也还是牵强的。

《群经音辨》云:"别,辨也,彼列切;既辨曰别,皮列切。"张正男云:"凡此训明辨

---

① 万群:《"别"的音义关系问题》,《澳门语言学刊》,2012 年第 2 期,总第 40 期,第 83 页。
② 同上,第 84 页。

之别为动词,音彼列切;……凡此训既辨之别为形容词或动态限制词(副词),音皮列切。"①吴杰儒认为是"区分动词用为形容词者",又云:"凡此言分别之别为动词,凡言既辨之别为形容词,或言离别之别者为浊声。"②其实"别"字的两读同属动词,只是意义区别,并没有复杂的语法关系,张、吴二氏为《群经音辨》"既辨"义所误导,以为b音是形容词或副词,均属过度解释,想象太多。万群沿用贾昌朝"既辨曰别"的解释,指出"'别'读清声帮母为'分开事物的动作行为'义,指用外力分开整体事物的具体动作,其词义引申为较抽象的'区别、辨别'义,由'分别'义变声构词,滋生出'分出,独立出来,使之与原来整体事物相离'义,浊声並母,义指动作及其结果,由之引申为'分支'义、'另外'义、'离开、告别'义"。③跟贾、张、吴三家一样误认彼列切一读为如字,订为帮並清浊之异,本末倒置,混淆概念,也是难以成立的。

王力云:"a.凭列切,自动词。……b.彼列切,使动词。《广韵》:'分别。'按即使离异为二,使有分别之意。《诗·大雅·生民》:'克岐克嶷。'郑笺:'能匍伏则岐岐然意有所知也,其貌嶷嶷然有所识别也。'《释文》:'别,彼列反。'"④案"有所识别"并不就是"使离别",则使动词之说终难成立。

周祖谟论云:"古代书音中亦有不变调而仅变声组者,实亦与文法或意义有关。"又云:"别,分也。离别音皮列切,並母。分别音彼列切,帮母。案《易·节卦》王注云:'节之大者,莫若刚柔分,男女别也。'《诗·关雎》传'鸷而有别',别并音彼列反。"⑤可见亦以意义为别。

四 《释文》"离"字音义辨析

离　a. 如字、列池反、力知反、力氏反。9/90
　　b. 力智反(梁武1、王嗣宗1)、音䅲。72/90
　　b1. 音利(至)。3/90〔寘至不分〕
　　c. 音丽、力计反、音俪、吕计反。2/90
　　ab:2　cb:1　0:1

---

① 《群经音辨·辨字音清浊》(6—3b;6—2b)。《群经音辨辨字音清浊门疏证》,第48—49页。
② 吴杰儒撰:《异音别义之源起及其流变》,陈新雄指导,台北:国立台湾师范大学国文研究所硕士论文,1983年,第189页。
③ 万群:《"别"的音义关系问题》,《澳门语言学刊》,2012年第2期,总第40期,第79页。
④ 王力:《古汉语自动词和使动词的配对》,《龙虫并雕斋文集》第三册,北京:中华书局,1982年,第13页。
⑤ 周祖谟:《四声别义释例》,《问学集》,北京:中华书局,1966年,第116页。其中节卦误作"简卦",今正。

《释文》"离"字三音,其中为 a 音如字作音者九条,另释义而不作音者一条,兼隶名词和动词,动词训别离也、罹也,表现多方面的用法。

1.《毛诗·豳风·七月》:"春日载阳,有鸣仓庚。"毛传:"仓庚,离黄也。"(281—8/1—11b')《释文》:"离黄:本又作鹂作鹏,同力知反。"(73—5b—1)

2.《毛诗·邶风·旄丘》:"琐兮尾兮,流离之子。叔兮伯兮,褎如充耳。"毛传:"琐尾,少好之貌。流离,鸟也。少好长丑,始而愉乐,终以微弱。"郑笺:"卫之诸臣,初有小善,终无成功,似流离也。"(94—2/2—20a)《释文》:"〔流〕离:如字。流离,鸟名,少好而长丑。《尔雅》云:'鸟少美而长丑为鹠鹠。'《草木疏》云:'枭也。'关西谓之流离,大则食其母。"(59—13a—9)

3.《周易·离卦》:"离利贞亨。"孔疏:"离,丽也。"(73—3—36a)《释文》:"离:列池反,丽也。丽,着也。八纯卦,象日象火。"(24—12a—7)

4.《毛诗·王风·黍离》:"黍离,闵宗周也。周大夫行役,至于宗周,过故宗庙,宫室尽为禾黍。"(147—4/1—3b)《释文》:"黍离:如字,《说文》作䕩。"(63—21a—4)

5.《左传·昭公十三年》:"蔡公知之,曰:'欲速。且役病矣,请藩而已。'乃藩为军。"杜注:"藩,篱也。"(806—16—6b')《释文》:"请藩:方元反,注同,离也。"(281—13b—10)"离也:依字应作篱,今作离,假借也。力知反。"(281—13b—11)

6.《周易·小过》:"上六,弗遇过之,飞鸟离之,凶,是谓灾眚。"王注:"小人之过,遂至上极,过而不知限,至于亢也。过至于亢,将何所遇?飞而不已,将何所托?灾自己致,复何言哉!"孔疏:"其犹飞鸟飞而无托,必离矰缴,故曰'飞鸟离之,凶'也。"(135—6—20b)《释文》:"鸟离:力知反。"(30—24a—1)①

7.《周礼·春官·小宗伯》:"既葬,诏相丧祭之礼。"郑注:"丧祭,虞祔也。〈檀弓〉曰:'葬日虞,弗忍一日离也。'是日也,以虞易奠。卒哭曰成事。是日也,以吉祭易丧祭。明日祔于祖父。"孔疏:"是不忍一日使父母精神离散。"(294—19—10a')《释文》:"离也:力知反。"(119—24b—9)

8.《庄子·马蹄》:"道德不废,安取仁义;性情不离,安用礼乐。"(336 页)《释文》:"性情不离:如字,别离也。"(374—4a—9)

9.《庄子·则阳》:"天下有大菑,子独先离之,曰莫为盗,莫为杀人。"郭注:"杀人大菑,谓自此以下事。大菑既有,则虽戒以莫为,其可得已乎!"成疏:"离,罹也。

---

① 此条原未见于《经典释文》,今据敦煌唐写本《周易音义残卷》(伯 2617)补录。

蔳,祸也。"(901页)《释文》:"离之:离,着也。"(395—12b—7)

10.《庄子·大宗师》:"彼,游方之外者也;而丘,游方之内者也。"郭注:"是故靓其与群物并行,则莫能谓之遗物而离人矣。"(268页)《释文》:"而离:力知〔智〕反,下同。"(371—23a—8)①

以上例1"离黄"〔仓庚〕、例2"流离"〔鹠鹖〕等,都是用"离"字的本义,原为鸟名。例3"离"乃卦名,离释为丽也,则训着也,兼属名、动。例4词语"黍离"、例5"藩离",则属假借用法,陆德明以如字表示异文,亦为名词。例6"离之"训遇上、例7"离也"训离散、例8"不离"训别离等,则为动词。八例全读a音如字平声。例9"离之"训罹也,即遭罹义,同例6,不作音即亦读a音也。至于例10"遗物而离人",《释文》注力知反,而"知"有平、去两读,或亦作"智"者。案此句"遗""离"都有离开义,似宜读b音去声。注音"知"字或误。

《释文》为b音去声一读作音者亦多,训为去也、去离、离去、远离等,盖与a音的别离义有所区别。

11.《周易·渐卦》:"夫征不复,离群丑也。"王注云:"三本艮体,而弃乎群丑,与四相得,遂乃不反。"孔疏:"丑,类也。"(117—5—31b)《释文》:"离群:力智反。郑云:'犹去也。'"(28—20b—11)

12.《左传·庄公二十二年》:"赦其不闲于教训,而免于罪戾,弛于负担。"杜注:"弛:去离也。"(162—9—22b')《释文》:"去离:力智反。"(229—17b—7)

13.《左传·成公十六年》:"侵官冒也,失官慢也,离局奸也。有三罪焉,不可犯也。"杜注:"远其部曲为离局。"(476—28—9b)《释文》:"离局:力智反,注同。"(254—15a—3)

14.《老子》十章:"载营魄抱一,能无离乎?"王注:"言人能处常居之宅,抱一清神能常无离乎? 则万物自宾也。"②《释文》:"能无离:力智反。"(356—2a—6)楼宇烈校释云:"宾,归附。自宾,即自来归附。"③

15.《庄子·则阳》:"遁其天,离其性,灭其情,亡其神,以众为。"郭注:"夫遁离灭亡,以众为之所致也。"成疏:"逃自然之理,散淳和之性,灭真实之情,失养神之道者,皆以徇逐分外,多滞有为故也。"(899页)。《释文》:"离其:力智反。下同。"

---

① 宋刻《经典释文》亦作"力知反"。下册,第1451页。而《庄子集释》所引《释文》则作"力智反"。第268页。似以去声为宜。
② 《老子道德经注》,据楼宇烈《王弼集校释》,北京:中华书局,1980年,第22页。
③ 《王弼集校释》,第24页。

(395—12a—11)

例11"离"训离弃或离去。例12"弛"训为去离。例13"离局"即远其部曲，即远离也。例14"无离"与"自宾"相对，一离去，一自来。例15"离"与"遁"相对互文，意义相通。以上五例《释文》全注 b 音去声。

《释文》又有 b1 音利一读，凡三条，跟 b 音的音义相同，只是韵母寘至不分而已。

16.《礼记·檀弓上》："吾离群而索居，亦已久矣。"郑注："群谓同门朋友也。索犹散也。"(129—7—9a)《释文》："离群：群，朋友也。上音利〔詈〕。"(168—14a—11)①

17.《老子》二十六章："重为轻根，静为躁君，是以圣人终日行不离辎重。"王注："以重为本，故不离。"(70 页)《释文》："离：音利。"(357—3b—11)

18.《老子》五十章王注："故物，苟不以求离其本，不以欲渝其真。"(135 页)《释文》："离：音利。"(358—5b—11)

以上"离群""不离""离其本"皆有离去、离弃义，跟 b 音完全一致。至于 c 音读如俪偶之俪，吕计反，训耦也，着也。或即假借改读，共二条。

19.《周礼·春官·冯相氏》："乃命大史，守典奉法，司天日月星辰之行，宿离不贷〔貣〕。"②贾疏云："郑彼注云：'离，耦也，谓其属冯相氏、保章氏掌天文者也。谓其相与宿耦，当审候伺，不有差忒。'"(266—17—15a)《释文》："离：力计反。"(119—23a—4)

20.《礼记·月令》："乃命大史，守典奉法，司天日月星辰之行，宿离不贷。毋失经纪，以初为常。"郑注："离读如俪偶之俪。宿俪，谓其属冯相氏、保章氏，掌天文者，相与宿离，当审候伺，不得过差也。经纪谓天文进退度数。"(287—14—19a)《释文》："离：依注音俪，吕计反。"(175—28a—4)

以上二例依注音俪，皆训偶也，《释文》注 c 音吕计反，仅得三条。其他兼注两读之例亦三条。

21.《尚书·胤征》："惟时羲和，颠覆厥德，沉乱于酒，畔官离次。"③孔传："沉谓

---

① 《礼记注疏》作"上音詈"。(129—7—9a')宋刻《经典释文》(上海：上海古籍出版社，1985 年)亦作"上音詈"，宋本及注疏本均作"詈"，则为寘韵不误。中册，第 661 页。
② 阮元校云："《释文》作'不貣'，按'貣'是。"第 268 页。
③ 李学勤主编《十三经注疏·尚书正义》校云："'官'原作'宫'，据诸本及下疏文改。"(北京：北京大学出版社，1999 年，第 183 页)

醉冥,失次位也。"(102—7—10b)《释文》:"离:如字,又力智反。"(41—12a—6)

22.《庄子·在宥》:"而儒墨乃始离跂攘臂乎桎梏之间。"成疏:"离跂,用力貌也。"郭庆藩云:"案即《荀子·荣辱篇》离纵而跂訾之义,谓自异于众也。"(377页)《释文》:"离:力氏反,又力智反。"①(376—8b—6)

23.《周易·离卦》:"六五之吉,离王公也。"孔疏:"以其所居在五,离附于王公之位,被众所助,故得吉也。五为王位,而言公者,此连王而言公,取其便文,以会韵也。"(74—3—38b)《释文》:"离王公也:音丽,郑作丽。王肃云:'丽王者之后为公。'梁武力智反,王嗣宗同。"(24—12b—4)

例21"离次"训失次位也,有离失义,似以 b 音为宜,《释文》以 a 音如字为首音。例22"离跂"乃联绵词,宜依首音读 a 音平声。例23"离"训为离附,陆德明依郑玄、王肃(195—256)注读 c 音,但又兼注梁武帝(萧衍,464—549)、王嗣宗 b 音力智反。

《群经音辨》云:"离,两也,力支切;两之曰离,力智切。"张正男云:"凡训两之离为数量指称词,音力支切。……凡此训别离、离去即贾氏所谓两之者,为动词,音力智切。"②周祖谟云:"离,两也,力支切。平声。两之曰离,力智切。去声。"订为区分自动词变为他动词或他动词变为自动词。③案《礼记·曲礼上》云:"离坐离立,毋往参焉。离立者,不出中间。"郑注:"为干人私也。离,两也。"(37—2—13a)《释文》不作音,离训两也,即两人并坐并立。④《公羊·桓公五年》:"夏齐侯、郑伯如纪,外相如不书,此何以书?离不言会。"(52—4—13b)《穀梁·定公十年》:"夏,公会齐侯于颊谷。公至自颊谷,离会不致。"范注引雍泰曰:"二国会曰离。"(191—19—12b)《释文》不作音,亦训两也。

G.B.Downer 订为 F 项派生形式是被动的或中性的(Derived form Passive or Neuter)。⑤ a 音平声训分离(to separate),《礼记·学记》云:"一年视离经辨志。"郑注:"离经,断句,绝也。"(649—36—3a)《释文》不作音。b 音去声两义,训为(1)离去(to leave),《礼记·檀弓下》:"葬日虞,弗忍一日离也。"(171—9—17a)《释文》:

---

① 《广韵》"氏"有章移切、子盈切、承纸切三读。第41、190、241 页。此条"力氏反"当读平声支韵。
② 《群经音辨·辨字音清浊》(6—3a;6—2a)。《群经音辨辨字音清浊门疏证》,第33页。又《群经音辨·辨字音清浊》云:"两,偶数也,力奖切;物相偶曰两,力让切,《诗》:'葛屦五两。'"(6:2b;6:1b)
③ 《四声别义释例》,《问学集》,第101页。
④ 暴拯群译云:"两人并坐或并立时,不要插身其间。两人并立时,不要从中间穿过。"王宁主编:《评析本白话十三经》,北京:北京广播学院出版社,1992年,第360页。
⑤ G.B.Downer. Derivation by Tone—Change in Classical Chinese, *Bulletin of the School of Oriental and African Studies*, University of London, Volume XXII, Part 2, p.288。

"离:力智反,下同。"(171—19a—1)(2)离开(to be different from),《礼记·曲礼上》:"鹦鹉能言,不离飞鸟。猩猩能言,不离禽兽。"(15—1—11a)《释文》:"不离:力智反,下同。"(162—2a—4)综合各家的分析,"离"字 a、b 两音同为动词,亦属意义区别。

五 《释文》"去"字音义辨析

去　a. 如字、起据反、欺虑反、起虑反。4/398

　　b. 起吕反、羌吕反〔李〕、丘吕反。386/398

　　c. 起居反。1/398

　　ab:4　ba:1　cab:1　0:1

《释文》为"去"作音者 398 条,①分属三音。其单注 a 如字去声者四例。

1.《礼记·内则》:"四十始仕,方物出谋发虑,道合则服从,不可则去。"郑注:"方犹常也,物犹事也。"(538—28—20b)《释文》:"则去:如字。"(189—19a—2)

2.《礼记·玉藻》郑注:"大夫去位,宜服玄端玄裳。"(552—29—19b')《释文》:"去位:如字。"(190—21a—2)

3.《老子》二十章:"绝学无忧,唯之与阿,相去几何?善之与恶,相去若何?"(46页)《释文》:"相去:欺虑反。"(357—3a—6)

4.《庄子·在宥》:"岂直过也而去之邪!"郭注:"非直由寄而过去也,乃珍贵之如此。"(368页)《释文》:"去:起虑反。"(376—7b—8)

例 1 "去"训离去。例 2 "去位"亦训离去。例 3 "相去"训差距。例 4 "去也"训过去。诸例也就是《说文》"人相违也"之意。《释文》读 a 音去声。

《释文》"去"字有大量注 b 音上声之例,训为除去、藏也、除也。

5.《论语·八佾》:"子贡欲去告朔之饩羊。"(29—3—10a)《释文》:"欲去:起吕反,注同。"(346—3b—10)

6.《论语·颜渊》:"子贡曰:必不得已而去,于斯三者何先?曰:去兵。子贡曰:必不得已而去,于斯二者何先?曰:去食。"(107—12—3b)《释文》:"去:起吕反,下同。"(351—14a—5)

7.《左传·闵公二年》:"卫人不去其旗,是以甚败。"(191—11—9b)《释文》:"不去:起吕反,藏也。一云:除也。"(230—20b—10)

---

① 《释文》"去"字依注文增补 b 音一条,可得 399 条,"弃夫:本亦作去,羌吕反。"(26—16b—11)

8.《左传·襄公二十八年》:"公膳日双鸡,饔人窃更之以鹜。御者知之,则去其肉,而以其洎馈。"孔疏:"郑玄云:'洎谓增其沃汁也。'"(654—38—25b)《释文》:"则去:起吕反,藏也。"(268—15b—5)

9.《左传·昭公十年》:"及老,托于纪鄣纺焉,以度而去之。"杜注:"因纺纑连所纺以度城而藏之,以待外攻者,欲报雠。"(845—48—23a)《释文》:"而去之:起吕反,藏也。裴松之注《魏志》云:'古人谓藏为去。'案今关中犹有此音。"(284—20b—5)

例5"去告朔之饩羊"、例6"去兵""去食"都是比较有代表性的例子,训为除去,即读b音上声,也就不同于a音的离去了,词义明显有别。例7"去其旗",《释文》既训藏也,又训除也,其实除旗也就是藏旗,语义相关,只是观点角度的问题。例8"去其肉",意为除去,《释文》亦训藏也。例9"去之",杜预即训为"藏之",陆德明既引裴松之(372—451)注《魏志》为证,同时也指出当时的关中方言即有此音。例7—9"去"字训藏者三例,《释文》皆读b音起吕反。案《广韵》云:"弆:藏也。羌举切。又音莒。"又云:"弆:藏也。居许切。"①则"去"或假借"弆"字,训藏也,音义相同。

其他两读之例并不多见,共有六例。

10.《尚书·君奭》:"天不可信,我道惟宁王德延。"孔传:"无德去之,是天不可信,故我以道惟安宁王之德,谋欲延久。"(245—16—19b')《释文》:"去之:上如字,又起吕反。"(48—8b—10)

11.《礼记·乐记》:"虽终其业,其去之必速。"(652—36—9a)《释文》:"其去:如字,又起吕反。"(195—2a—1)

12.《穀梁·宣公十五年》:"初税亩者,非公之去公田而履亩,十取一也。以公之与民为已悉矣。"范注:"悉谓尽其力。"杨疏:"何休云:'宣公无恩信于民,民不敢尽力治公田,故公家履践案行,择其善亩谷最好者税取之,故曰履亩。'徐邈以为除去公田之外,又税私田之十一也。传称'以公之与民为已悉矣',则徐言是也。"(122—12—16a)《释文》:"之去:如字,又起吕反。"(334—20a—10)

13.《庄子·逍遥游》:"今子之言,大而无用,众所同去也。"(39页)郭注:"树既拥肿不材,匠人不顾;言亦迂诞无用,众所不归,此合喻者也。"《释文》:"同去:如字,李羌吕反。"(362—5b—4)

---

① 《新校互注宋本广韵》,第259页。

14.《左传·襄公十九年》:"此之谓夏声,夫能夏则大,大之至也,其周之旧乎?"杜注:"秦本在西戎汧陇之西,秦仲始有车马礼乐,去戎狄之音,而有诸夏之声。"(669—39—21b')《释文》:"去戎:起吕反,又如字。"(269—17a—11)

例10"无德去之"、例11"去之必速"二条,皆有离去意,《释文》以 a 音如字为首音,是也。例13"众所同去",郭璞即以"众所不归"释之,可见亦有归去义,亦宜以 a 音为首音;李轨读 b 音,可能就解为被众人所排除了。例12"公之去公田而履亩",表面上为来去之去,或读 a 音;但徐邈解释为"除去公田之外",则以 b 音为合了。例14"去戎狄之音",训除去义,与《论语》"去兵""去食"各例相同,《释文》以 b 音为首音,是也。

《释文》c 音起居反(qū)者二例,去训疾走,或通作"驱"字。①

15.《礼记·杂记下》:"女虽未许嫁,年二十而笄,礼之,妇人执其礼。燕则鬈首。"郑注:"既笄之后去之,犹若女有鬌紒也。"孔疏:"燕则鬈首者,谓笄之后,寻常在家燕居,则去其笄而鬈首,谓分发为鬌紒也。"(756—43—17a')《释文》:"去之:起居〔吕〕反。"②(200—12b—7)

16.《左传·僖公十五年》:"千乘三去,三去之余,获其雄狐。夫狐蛊必其君也。"(230—14—3b)《释文》:"三去:起居反,又起据反,一音起吕反,下同。"(233—25b—8)

例15"去之"即"去其笄",有除去义,宜读 b 音,但《释文》既注 c 音起居反,或有所据,暂不改为起吕反。例16"三去",《释文》兼注三读,首音为 c 音起居反,盖叶"余""狐"二字,乃叶韵改读,通作"驱"字。其他又注 a 音起据反者,则有离去义;或注 b 音起吕反者,可能又当释为除去了。

关于"去"字两读的音义区别,诸家讨论亦多,惟多误认上声一读为如字,去声为破读。《群经音辨·辨彼此异音》云:"除之曰去,羌举切。自离曰去,丘倨切。"③显为上去别义,除去与离去不同。

周祖谟订为区分自动词变为他动词或他动词变为自动词,论云:"去,离也,弃也。除之曰去,羌举切。上声。自离曰去,丘倨切。去声。……去并训除,均读上

---

① 《集韵》:"去,疾走也。丘于切。"第63页。朱骏声《说文通训定声·豫部第九》订为叚借:"又为驱,《左传》'千乘三去。'"(台北:艺文印书馆,1971年,第467页)

② 《释文》:"去之:起居反。"案宋本、卢本及《四部丛刊》影宋刊本同。《古注十三经》改作"起吕反"。(京都:中文出版社,1978年,第450页)《十三经注疏》本同。

③ 《群经音辨·辨彼此异音》(6—11b;6—7a)。静嘉文库本丘误作"兵",据《畿辅丛书》本改正。

声。至于离去之去,则读去声。此种分别,自汉末已然。……云读去就之去者,以别于除去之去也。足证去有两读,由来已久。"① 去声一读不见得就是自动词,参例2"大夫去位"可证。除了词性之说,周祖谟将"去"字训为去就和除去二义,其实还是意义区别。

G.B.Downer 订为 F 项派生形式是被动的或中性的(Derived form Passive or Neuter)。a 音上声训除去(To get rid of),b 音去声则训离去(to leave)。② 可见亦为意义区别。

周法高订为非去声或清声母为使动式或他动式,去声或浊声母为自动式,论云:"去:除之曰去,羌举切,上声。自离曰去,丘倨切,去声。"又《构词编》订为动词:非去声或清声母为使谓式,论云:"去:除之曰去,羌举切,上声。自离曰去,丘倨切,去声。"③ 周法高将"去"字上声一读订为使动式或使谓式,训为"除之曰去",并不就是"使去",不宜混为一谈。

吴杰儒订作主动被动关系间之转变者,论云:"凡言除去之去为他动,音くㄩˇ。……凡言自离之去为自动,音くㄩˋ。自离之去为本义,除去之去为引申义也。"④ 吴杰儒用了主动被动、他动自动、本义引申义等大量的术语,其实主要还是意义区别。

王力《古汉语自动词和使动词的配对》:"去:去 a.丘据切,自动词。……《论语·微子》:'子未可以去乎?'b.羌举切,使动词。《广韵》:'除也。'按即使离之意,指使人物离开,也就是'除去'。……""去:祛 a.丘据切,自动词。《广韵》:'离也。'意即'离开'。已见前。b.去鱼切,使动词。《广雅·释诂二》:'祛,去也。'《文选》殷仲文《南州桓公九井作诗》:'惑祛吝亦泯。''去'的使动词读平声是后起的现象。"⑤ 王力分为两组,一为去上,一为去平,去声是自动词,上、平二读都是使动词。王力以《论语》"去告朔之饩羊"及"去兵""去食"为例(例5、6),训为除也,却认为有使去之意,指使人物离开,如"使告朔之饩羊去"、"使兵去"、"使食去"等,其实都没有自行离去的能力,语义上有些矛盾,看来难以成立。

案:"去"字主要有去、上两读,去声为如字 a 音,也是古今通行的读音。但除王

---

① 《四声别义释例》,《问学集》,第102页。
② G.B.Downer. Derivation by Tone—Change in Classical Chinese, *Bulletin of the School of Oriental and African Studies*, University of London, Volume XXII, Part 2, p.287.
③ 周法高:《中国语法札记》,《中国语言学论文集》,台北:联经出版事业公司,1975年,第360页。又:《中国古代语法·构词编》,台北:台联国风出版社,1972年,第79页。
④ 《异音别义之起源及其流变》,第188页。
⑤ 王力:《古汉语自动词和使动词的配对》,《龙虫并雕斋文集》第三册,第13、20页。

力外，其他贾昌朝、周祖谟、G.B.Downer、周法高、吴杰儒等均以上声一读为 a 音如字，去声一读为 b 音，都受《群经音辨》的影响，误认为上去别义，亦跟《释文》所订的去上别义不同。在语法分析方面，诸家亦多异说，周祖谟认为上去两读是区别他动词变为自动词，G.B.Downer 认为去声的派生形式是被动的或中性的，周法高认为两读是使谓式和自动式之异，吴杰儒说是他动与自动不同。王力订为自动词和使动词的配对。诸家对于词性的理解各有不同，术语太多，把问题弄得相当复杂。其实《释文》以去声如字训来去义，上声训除去义；两义不同，区别也很清楚。周法高《中国古代语法·造句编上》尝分析《孟子》一书"去"字的用法，论云："'去'字出现了 64 次，有'离去'和'除去'二义。……解作'离去'的'去'和解作'除去'的'去'可以算作两个词而同用一个字形，两个都是动词。"[①]在这里，周法高并没有把"除去"的义项视作"去"的使谓式，反而当作两义处理，跟《构词编》的看法不同，看来更为贴近事实了。

六　形态变化与意义区别

《经典释文》的音义关系有五大类型：一、读音不同，意义相同。二、区别两字、两义或假借。三、区别动词和名词。四、虚词异读。五、动词异读。[②] 本文以"分""别""离""去"四字为例，考察《经典释文》的音义特性。这组字本来可以视作动词异读，各有两个或以上的读音，同属动词，而意义不同。可是语法上缺乏明显的相关特征，只能订为区别两字、两义或假借的异读，也就是意义区别了。大抵诸字都含有分别、离去义，算是有些共同点，可是引申的义项不同，文字的应用方式各异，几乎各有面貌，也就异多于同了。每个字孤立来看，例如不同字书、韵书所列的音义，可能都很简单，但进入句子之后，就会带出深浅不一的意义结构了，古籍训诂与文字形音义的关系错综复杂，不一定能找出共同规律，有时也会令人无所适从的，只能尽量理解，准确解读了。

"分""别""离""去"四字的语音组合各有不同，形态变化的发展各异。简单四个字就有四种区别音义的音韵模式，包括平去、去上、清浊、浊清等，既有声调的变换，亦见声组清浊的异同，甚至同时兼容两种模式，用来别义。

1. 平去兼清浊〔非奉〕不同：分 a〔方云反，fēn〕、分 b〔扶问反，fèn〕

---

① 周法高：《中国古代语法·造句编上》，台北：台联国风出版社，1972 年，第 44 页。
② 参黄坤尧著《经典释文动词异读新探》，台北：台湾学生书局，1992 年，第 52 页。

2. 浊清〔並帮〕不同：别 a〔如字，bié〕、别 b〔彼列反，bié〕。

3. 平去不同：离 a〔力知反，lí〕、离 b〔力智反，lí〕；分 a〔方云反，fēn〕、分 d〔甫问反，fèn〕。

4. 去上不同：去 a〔起据反，qù〕、去 b〔起吕反，qǔ〕。

"分""别""离""去"四字的 a 音，《释文》订为如字，也就是最通行的读音，人人都认识的，一般是不注反切的，恰好也就是《说文》音。例如别 a，徐铉注凭列切，《广韵》注皮列切，可是《释文》始终都没有注出反切。其他三字的 a 音，都是注如字的多，注反切的乃极少数。a 音也是后世通行的读音，而 b 音很多时都不复存在了。除了分 a、分 b 在现代口语中还有辨义功能外，其他离 b 力智反(lí)、去 b 起吕反(qǔ)，现已不用；至于别 b 彼列反、分 d 甫问反等，则已合并于别 a 如字、分 b 扶问反中，没有辨义作用。有些人读书时会刻意为遵守传统的读音规范而改读，但现实口语中可就完全管不住了。此外，过去学者为求划一形态变化，贾昌朝、张正男、吴杰儒误认别 b 彼列切一读为如字，订为帮並清浊之异；又贾昌朝、周祖谟、G.B.Downer、周法高、吴杰儒等均以去 b 起吕反为如字，订为上去不同；不肯认识浊清、去上的形态变化，颠倒两读的关系，很多语法上的解释也就无法确立了。

过去学者对"分""别""离""去"四字两读的音义区别作出很多语法上的解释，但意见比较分歧，互有不同。贾昌朝云："分，别也，方云切；既别曰分，扶问切。""别，辨也，彼列切；既辨曰别，皮列切。""离，两也，力支切；两之离也，力智切。"称之为辨字音清浊，前者为动词，后者训"既别""既辨""两之"则表示作用之后的某种临界状态。又云："除之曰去，羌举切。自离曰去，丘倨切。"订作辨彼此异音，殆属两义区别。张正男疏证指出分 a 分 b 乃动名区别，别 a 别 b 是动词与形容词或动态限制词（副词）的区别；而离 a 离 b 则是数量指称词及动词的区别，反映不同的语法形式。其实离 a 训"两也"就是并排的意思，是动词而不是数量指称词。周祖谟将"离""去"二字订为区分自动词变为他动词或他动词变为自动词，而"别"字为两义区别。吴杰儒将"去"字订为主动被动关系间之转变者，而"别"字则属区分动词用为形容词者。G.B.Downer 专论分 a 分 d 二音，归入 D 项派生形式是表效果的；离 a 离 b，去 a 去 b 都订为 F 项派生形式是被动的或中性的。两读同为动词。王力认为去 a 去 b，别 a 别 b 是自动词和使动词的配对。周法高将"去"字上声一读订为使动式或使谓式，去声为自动式。诸家所论上文已一一辨正，看来都不大可靠。

根据《释文》的用例及句法分析，简单来说，别 a 训离别，别 b 训区别；离 a 训离别或遇上，离 b 训离开或离去；去 a 训离去，去 b 训除去；分 a 训分别，分 d 训分与。

两读都是动词,意义相关,古人为辨义而作音,创出了第二读音,全是为了区别单音节的汉字,以及准确辨义,可能只是权宜之计。后代多用复音节的词语辨义,也就不需要再倚赖语音异读的形态变化了。

(黄坤尧:香港中文大学联合书院,香港)

《现代汉语词典》与训诂学

祝鸿熹

上个世纪末，我在《辞书研究》(1998年第6期)发表过一篇论文：《现代汉语辞书呼唤训诂学》。那是以《现代汉语词典》(以下简称《现汉》)1996年修订本即第3版为例，从正反两方面说明现代汉语语文辞书有必要借助、参照、继承、发展训诂学研究成果。

正面的例子点赞了《现汉》运用训诂的范例。如：

【生死攸关】关系到人的生存和死亡(攸：所)。(注音、举例略。下同。)

【含辛茹苦】经受艰辛困苦(茹：吃)。也说茹苦含辛。

【交迫】(不同的事物)同时逼迫……

以上训释显示古语素的含义，有助于举一反三解决一系列训诂问题。如对"攸""茹""交"的训释，对理解含各该语素的词语如"责有攸归""利害攸关""茹毛饮血""内外交困""饥寒交迫""百感交集""交口赞誉"等有切实帮助。"交"所保留的不同于交叉、交互义的古义(一齐、同时)透彻指明，很有必要。

反面的例子主要指对现代汉语词语包含的古汉语语素或语言成分以及古词语结构、用法乃至历史文化内容未加训释，影响对有关词语正确、准确地理解，甚至误导、误用。如：

【摧枯拉朽】枯指枯草，朽指烂了的木头。比喻腐朽势力很容易打垮。

【金城汤池】金属造的城，滚水的护城河。形容坚固不易攻破的城池。

前例只解释了枯、朽，忽略了极易误解的拉，读者很可能按照拉的现代常用义拉扯来理解。其实这里用的是古义摧折。古书中拉常与摧、折作为对文使用。如"拉胁折齿"(《汉书·邹阳传》)、"折胁拉髂"(《汉书·扬雄传》)、"拉脾摧藏(脏)"(《晋书·刘元海载记》)。《现汉》第5版、第6版改为"摧折枯草朽木，比喻迅速摧毁腐朽势力。"对拉的古义和整个成语都解释得很贴切。

后例只解释了汤、池，忽略了城的古义。读者很可能把城理解为城市、城镇。

其实这里的城沿用了古义城墙。《现汉》第5版、第6版已予补正，改为"金属造的城墙，灌满滚水的护城河"，这就对了。

《现汉》第6版补正旧版的例子还有，如：

【揖让】作揖和谦让，是古代宾主相见的礼节(让：举手与心平)。旧版没有括弧内的解释。

【师心自用】固执己见，自以为是(师心：以自己的想法为师，指只相信自己)。旧版也没有括弧内的解释。

新版的补正说明对训诂的重视。但后例还可商榷。师心原谓循着心领神会而行事，不拘泥成法。语出《关尹子·五鉴》："善弓者师弓不师羿，善舟者师舟不师奡。善心者师心不师圣。"后"师心"同"自用"连用，乃有固执己见之意。新版括弧内的解释虽指明师的动词义，但"只相信自己"并非出处原义，而是后来的意义。

类似这样有待进一步完善、不尽如人意之处在新版《现汉》中确实存在。如：

【弱冠】古代男子二十岁行冠礼，表示已经成人，因为还没达到壮年，所以叫作弱冠，后来泛指男子二十岁左右的年纪……

这个词语作为某一年龄段的代称是有来历的。《礼记·曲礼上》："人生十年曰幼，学。二十曰弱，冠。三十曰壮，有室。……百年曰期，颐。"这里讲述了人生历年的名称和在每一阶段生活和行事的情况。二十岁叫弱，要行冠礼。……一百岁叫期，受侍养。弱与冠、期与颐原来是不连读的。后来连起来作为二十岁和一百岁的代称。犹同三十岁称而立(语出《论语·为政》："三十而立。")一样，是文言中特有的语言现象。不能反过来作为原来称名的缘由，也不能按照后来的用法去解读原来的语句。《现汉》说的"因为还没达到壮年，所以叫作弱冠"，实为混淆古今，举后起用法以律古。二十岁原称弱，不称弱冠。百岁原称期，不称期颐。《现汉》第3版【期颐】条径释为"指人百岁的年纪"，犯了与【弱冠】条同样的毛病。新版【期颐】条引了出处，然后解释说："指百岁高龄的人需要颐养，后来用'期颐'指人一百岁。"这样把古今用法分得一清二楚，很有必要。

【铤而走险】(挺而走险)指因无路可走而采取冒险行动。

旧版《现汉》大多没有加括弧及异文，新版反而倒退了。因为这异文是不规范的。"铤而走险"语出《左传·文公十七年》："铤而走险，急何能择？"晋杜预注："铤，疾走貌。言急则欲荫庥(托庇，受庇护)于楚，如鹿赴险。"唐李华《吊古战场文》描写古战场："蓬断草枯，凛若霜晨，鸟飞不下，兽铤亡群。"谓野兽疾速奔跑而失群。铤与挺身而出的挺毫不相干。附带指出，铤而犹同铤然，和忽而犹同忽然一样。这个

"而"是一个相当于词缀的语助词。挺身而出的"而"则是连词。

【有口皆碑】形容人人称赞。

碑虽为古今常用的一个词,但其历史文化内容读者未必明了。从单字【碑】无从了解其何以有称赞之意。只有复词【口碑】解释道:"指群众口头上的称颂(称颂的文字有很多是刻在碑上的)。"考虑到读者未必会带着对碑的疑问去查"口碑",该词条应加"参见'口碑'"。

【尔虞我诈】彼此猜疑,互相欺骗。也说尔诈我虞。

该成语语出《左传·宣公十五年》:"我无尔诈,尔无我虞。"原意是我不要欺骗你,你也不要欺骗我。从中节取尔诈、我虞或尔虞、我诈两个动宾词组,才有互相欺骗之意。一般读者不明古汉语宾语前置现象,很可能会把尔虞、我诈当作两个主谓词组,这就不贴切了。类似的含代词宾语前置的成语如"时不我待""人莫予毒""何去何从"……词典释文如何表述值得研究。《汉语成语小词典》【何去何从】的释文为:"去:离开。从:跟从。离开哪儿,走向哪儿。多指在重大问题上选择什么方向。"《现汉》的释文为:"指在重大问题上采取什么态度,决定做不做或怎么做。"显然,后者的表述不及前者。前者能让读者明确"何"是前置宾语。

【求全责备】苛责别人,要求完美无缺……《汉语成语小词典》释文为:"责:要求。备:齐备。对人对事要求十全十美,毫无缺点。"《现汉》没有像《汉语成语小词典》那样指明责备的古义,在复词【责备】条也只释"批评指摘",由于责备的现代义放在这个成语中似乎也可讲通,不释古义,极易误导。所以指明其古义是完全必要的。

【再接再厉】(再接再砺)一次又一次地继续努力。

括弧内的异文是正确的。旧版没有注出异文。该成语语出韩愈、孟郊《斗鸡联句》:"一喷一醒然,再接再砺乃。"古语素接、厉指交战、磨砺。《现汉》未予指出。《汉语成语小词典》在释义前解释了接、厉的古义,并指明了出处,有助于读者透彻理解成语含义。

综上所述,《现汉》无论是单字、复词还是词组,都有可能涉及训诂问题,《现汉》的编纂、修订者在各条目有关字、词、语的释义中,有关沿用古词语结构、用法以及所蕴含的古代历史文化内容中需要接触并呼唤训诂学。训诂学研究成果有助于正确、准确、透彻、明确地释义,力求避免笼统、囫囵而更趋完善。实践证明,提高现代汉语语文辞书的质量,训诂学起着不可或缺、不可替代的重要作用。

(祝鸿熹:浙江大学,310028,杭州)

《说文解字》说解原则管窥

张 猛

提要：本文通过对《说文·玉部》诸字说解的考察和分类，抽绎出许慎说解用字的两条原则：(一)部首字优先；(二)已说解过的字优先。由这两条原则的应用情况，观察到许慎在说解《说文》正篆时，依赖的是字与字之间的语义关联。

同一部首中，字与字之间的语义关联是多重的，有直接关联，有间接关联。不同部首里，字与字之间的语义关联是多向的。本文认为：这种多重的、多向的语义关联的存在，是汉语语义系统的构造模式的反映。

因此，全面研究《说文解字》正篆说解的语义关联，是一条探索汉语语义系统的、充满希望的道路。沿着这条道路，有可能构建起符合汉语实际的、有中国特色的汉语语言学。

关键词：《说文解字》 说解原则 语义关联 汉语语义系统 汉语语言学

一 前言

汉语研究，乃至所有自然语言研究中，共同难题是如何描写词义。具体而言，就是如何定义一个词。在定义一个词的时候，难免会用到其自身也需要定义的字。面对这一难点，学界只有两条路：要么承认自己是在"用语言解释语言"[①]，随文而释，以经验的方式工作；要么借鉴其他学科的研究成果，努力建构符合科学原则的理论系统。前者是训诂学的路，解决了文献阅读和传承的问题。后者是现代汉语研究界正在探索中的路，至今尚未成功。[②]

提高语义解释的科学性，不能不考虑如何限制使用其自身尚需定义的字。欧氏几何提出了5条不证自明的公理和5个公设，从而建立起科学的平面几何体系。语义问题的研究，学界尚未构建起类似欧氏几何那样的公理系统。

[①] 黄侃语。见黄侃述、黄焯编《文字声韵训诂笔记》，第181页。又见于《制言》半月刊1928年第五期载潘重规之笔记《训诂述略》。二者字句稍有出入。

[②] 至今已借鉴了十三种以上的理论。参张猛《训诂和汉语体系的关系》第三节，第126—127页。

汉语研究史上，古往今来，很多学者解释字词时，自觉或不自觉地努力使用已经定义的字词，提高字词语义的说解质量。好的字典辞书，定义词语时，总是做得更谨慎、更周到、更简约、更明了，因而更经得起实践的检验。

《说文解字》就是一部经典。目前看来，许慎并没有为汉字的语义构建起一个欧氏几何类型的科学系统。在《说文解字》里，部首字的说解自由自在，定义方式犹如天马行空。这里为便于讨论，暂且将《说文》540部首的说解全部视为公设。以此为前提，将与之相关的问题统统切割出去，留待后学探讨求证；同时，以此为基础，开展有限而适度的研究。

《说文》部首字的定义问题姑且不论，但540个部首的排序，以及同一部首内各字的排序，都是有一定规律的。段玉裁在《说文·玉部》结尾处有一条按语，指出《说文》同一个部首里的字是按照语义关联来排列顺序的，有其"条理次第"。他说：

"自'璙'已下，皆玉名也。'瓒'者，用玉之等级也。'瑛'，玉光也。'璑'已下五文，记玉之恶与美也。'璧'至'瑞'，皆言玉之成瑞器者也。'璏、珩、玦、珥'至'瑱'，皆以玉为饰也。'玼'至'瑕'，皆言玉色也。'琢、琱、理'三文，言治玉也。'珍、玩'二文，言爱玉也。'玲'已下六文，玉声也。'瑎'至'玖'，石之次玉者也。'珢'至'㻞'，石之似玉者也。'琨、珉、瑶'，石之美者也。'玓'至'珋'，皆珠类也。'琀、𤫊'二文，送死玉也。'璗'，异类而同玉色者。'灵'，谓能用玉之巫也。通乎说文之条理次第，斯可以治小学。"①

在段玉裁的研究的基础上，本文拟以《玉部》诸字的说解为对象，从语义关联的"条理次第"入手，探寻许慎的说解原则。

《玉部》位于《说文解字》卷一上，在540部中，居"一、上、示、三、王"之后，排第六位。大徐本《说文·玉部》共收正篆126个，重文17个，新附字14个。②

观察许慎对《玉部》诸字的说解用字，不难发现以下两个常见现象：

1. 用部首字来说解。

2. 用已说解过的字来说解。

已说解过的字，往往是利用部首字来说解的。因此，第二个现象其实是以第一个现象为基础的。如此看来，部首字的说解，在一部之中至关重要。

《玉部》部首字"玉"的说解如下：

---

① 段玉裁：《说文解字注》，第19页下。
② 见《说文解字》，第10页上—14页上。

例1. 玉，石之美。有五德：润泽以温，仁之方也；䚡理自外，可以知中，义之方也；其声舒扬，尃以远闻，智之方也；不桡而折，勇之方也；锐廉而不技，絜之方也。象三玉之连。丨，其贯也。凡玉之属皆从玉。

显然，这条说解中除"玉"和"理"外，再没有一个字在《玉部》中定义过！

部首字的说解是同部诸字说解的前提，但部首字的说解使用的是未经定义的其他字。这两条，就是本文主张将部首字的说解作为公设的原因。

下文将以部首字"玉"的说解为前提，设"1.部首字优先"和"2.已说解过的字优先"为两条用字原则，分类阐述《玉部》诸字的说解，并且就研究过程中的发现和启示做出简要的说明。

在假设的两条用字原则之外，自然会有例外。在"用语言解释语言"的条件下，仅有个别例外不但不是遗憾，反而映证出了一个事实：许慎在不可能完成的前提下，完成了几臻极致的研究，最大限度地做到了定义系统化，最大限度地给出了科学的定义。

二 说解的用字原则一：部首字优先

部首字优先的用字原则，体现在两个方面：一是完全以部首字为说解，一是不完全以部首字为说解。

（一）完全以部首字为说解

部首字为"玉"。完全以部首字为说解，通常在部首字后面加一个语气词"也"，用"玉也"的形式进行说解。这样的正篆有10个：

例2. 璙，玉也。从玉尞声。

例3. 瓘，玉也。从玉雚声。《春秋传》曰："瓘斚。"

例4. 璥，玉也。从玉敬声。

例5. 琠，玉也。从玉典声。

例6. 瓔，玉也。从玉㷼声。读若柔。

例7. 璗，玉也。从玉毄声。读若鬲。

例8. 玒，玉也。从玉工声。

例9. 珦，玉也。从玉向声。

例10. 琍，玉也。从玉刺声。

例11. 璐，玉也。从玉路声。

完全以部首字为说解，难免会出现训诂学里所谓"同训"的现象。在现代词汇

学里,这种现象被称为"同义词"。字不同而说解相同,这样的说解显然是不充分的。解决这个问题,训诂学通常有两条途径可行:

1. 前人成说。即利用前人在专书或注书里的相关说法,进一步定义这个词。
2. 文例推求。即查找文献用例,通过上下文来推求这个词的具体用法。

如果前人无说,或者文献无例,这两条途径就行不通。按传统的做法,只能老老实实承认自己不知道,写上一个"阙"字。将来考古发掘出了新材料,或是寻觅到流失的文献,再重启研究。

上述同训字的辨析,不在本文要讨论的范围之内。不过有一个例外:

  例12. 瑓,奎瓆,玉也。从玉来声。

说解中用到的"瓆"字,在《说文》里没有正篆。也就是说,这个"瓆"字只出现在《说文》的说解里。经调查,它只出现了这一次。许慎以前的文献里,没有找到使用的文例;许慎以后的文献里,仅《广雅》有记载,但也没有实用文例。这样一条孤例,无法据以判定正篆"瓓"究竟是双音节词里的一个词素,还是双音节词组里的一个词;因而也就无法确定"玉也"是双音节词"奎瓆"的说解,还是词组中的单音节词"瓓"的说解。

(二) 不完全以部首字为说解

说解中除了部首字,还有其他字。说解并非完全用部首字承担。部首字在说解中的作用只有两种:一是界定,一是参照。

1. 利用部首字界定对象的材质

对爵、佩、饰物等器物界定材质。

  例13. 璬,玉佩。从玉敫声。

  例14. 玦,玉佩也。从玉夬声。

  例15. 璹,玉器也。从玉喜声。读若淑。

  例16. 瑂,玉器也。从玉眉声。

  例17. 璪,玉饰。如水藻之文。从玉喿声。《虞书》曰:"璪火黺米。"

  例18. 瑤,车盖玉瑤。从玉蚤声。

  例19. (新附)琖,玉爵也。夏曰琖,殷曰斝,周曰爵。从玉戔声。或从皿。

对不同形制、用途等的器物界定其性质。

  例20. 珇,琮玉之琢。从玉且声。

  例21. 璧,瑞玉圜也。从玉辟声。

  例22. 琥,发兵瑞玉,为虎文。从玉从虎,虎亦声。《春秋传》曰:"赐子家双琥。"

例23. 瑞，以玉为信也。从玉、耑。

例24. 珑，祷旱玉。龙文。从玉从龙，龙亦声。

例25. 璏，剑鼻玉也。从玉彘声。

例26. 珩，佩上玉也。所以节行止也。从玉行声。

例27. 琀，送死口中玉也。从玉从含，含亦声。

例28. 瑬，遗玉也。从玉欧声。

例29. 瑬，垂玉也。冕饰。从玉流声。

例30. 璪，弁饰，往往冒玉也。从玉㯱声。

例31. 琫，佩刀上饰。天子以玉，诸侯以金。从玉奉声。

例32. 珌，佩刀下饰。天子以玉。从玉必声。

新附字的说解一般遵循许慎正篆说解的用字原则。下面有两个新附字，说解中没有部首字，但用到"首饰"与"华饰"。已经有表示玉饰的"璪"，表示冕饰的"瑬"，表示弁饰的"璪"、表示佩刀饰的"琫、珌"。这两个字作为饰物，在功用上和上述五个字有语义关联，但就材质而言，没有明确交代。

例33.（新附）珈，妇人首饰。从玉加声。《诗》曰："副笄六珈。"

例34.（新附）珰，华饰也。从玉当声。

这两个新附字的说解，与部首字的语义关联是间接的。其说解遵循的是第二条用字原则。

2. 利用部首字界定事物的外在特征

对光泽、颜色、声音、状态等外在特征界定相关的事物。

例35. 瑛，玉光也。从玉英声。

例36. 璊，玉䞓色也。从玉㒼聲。禾之赤苗谓之虋，言璊，玉色如之。

例37. 莹，玉色。从玉，荧省声。一曰石之次玉者。《逸论语》曰："如玉之莹。"

例38. 瑳，玉色鲜白。从玉差声。

例39. 玼，玉色鲜也。从玉此声。《诗》曰："新台有玼。"

例40. 瑕，玉小赤也。从玉叚声。

例41. 璊，三采玉也。从玉无声。

例42. 玲，玉声。从玉令声。

例43. 玱，玉声也。从玉仓声。《诗》曰："鎗鎗有玱。"

例 44. 玎,玉声也。从玉丁声。齐太公子伋谥曰玎公。

例 45. 瑝,玉声也。从玉皇声。

例 46. 球,玉声也。从玉求声。

例 47. 瑣,玉声也。从玉贞声。

例 48. 琤,玉声也。从玉争声。

例 49. 瑮,玉英华罗列秩秩。从玉栗声。《逸论语》曰:"玉粲之璱兮。其瑮猛也。"

例 50. 瑟,玉英华相带如瑟弦。从玉瑟声。《诗》曰:"瑟彼玉瓒。"

例 51. 瓒,三玉二石也。从玉赞声。《礼》:"天子用全,纯玉也;上公用駹,四玉一石;侯用瓒;伯用埒,玉石半相埒也。"

3. 利用部首字界定事物的内在特性

对美丑、荣朽、吉凶祥瑞等内在特性界定相关的事物。

例 52. 瑶,玉之美者。从玉䍃声。《诗》曰:"报之以琼瑶。"

例 53. 瑾,瑾瑜,美玉也。从玉堇声。

例 54. 瑜,瑾瑜,美玉也。从玉俞声。

例 55. 琳,美玉也。从玉林声。

例 56. 璿,美玉也。从玉睿声。《春秋传》曰:"璿弁玉缨。"

例 57. 玗,朽玉也。从玉有声。读若畜牧之畜。

例 58. 琮,瑞玉。大八寸,似车釭。从玉宗声。

4. 利用部首字界定行为的对象或工具

玉石器皿的加工有专用的动词,如切磋琢磨等。这些动词的用字未必都在《玉部》。在《玉部》的动词用字都和玉的材质特点紧密相关,是本义和玉相关的专属用字。以玉为加工对象的时候,必须考虑原料的纹路,所以专用"理"字表达顺应玉石纹路进行加工的操作特点。玉石加工过程中,最常用的方式是一个小点一个小点地凿出一根线条来,像啄木鸟啄树缝树洞里的小虫一样,所以有"琢"。

例 59. 琢,治玉也。从玉豖声。

例 60. 理,治玉也。从玉里声。

例 61. 琱,治玉也。一曰石似玉。从玉周声。

巫师做法事的时候必须用玉,玉是行为的工具。

例 62. 靈,灵巫。以玉事神。从玉霝声。

5. 利用部首字提供比较的对象

部首字"玉"是通过与"石"的语义关联来定义的:"玉,石之美。"这是一种利用参照物、通过比较来定义的方法。在《玉部》中,共有 32 个字是以部首字为参照,通过其间的语义关联来定义的。

例 63. 珣,石之次玉者。从玉句声。读若苟。

例 64. 璅,石之次玉者。从玉巢声。

例 65. 璓,石之次玉者。从玉莠声。《诗》曰:"充耳璓莹。"

例 66. 玤,石之次玉者。以为系璧。从玉丰声。读若《诗》曰"瓜瓞菶菶"。一曰若盦蚌。

例 67. 玖,石之次玉黑色者。从玉久声。《诗》曰:"贻我佩玖。"读若芑。或曰若人句脊之句。

例 68. 㻽,黑石似玉者。从玉皆声。读若谐。

例 69. 璅,石之似玉者。从玉巢声。

例 70. 璁,石之似玉者。从玉悤声。读若蔥。

例 71. 璒,石之似玉者。从玉登声。

例 72. 㺧,石之似玉者。从玉艮声。

例 73. 璑,石之似玉者。从玉号声。读若镐。

例 74. 琎,石之似玉者。从玉进声。读若津。

例 75. 瑨,石之似玉者。从玉尽声。

例 76. 瑂,石之似玉者。从玉眉声。读若眉。

例 77. 璠,石之似玉者。从玉晳声。

例 78. 玆,石之似玉者。从玉厶声。读与私同。

例 79. 㻗,石之似玉者。从玉臤声。

例 80. 璢,石之似玉者。从玉乌声。

例 81. 瑋,石之似玉者。从玉羍声。读若曷。

例 82. 琂,石之似玉者。从玉言声。

例 83. 瓅,石之似玉者。从玉曳声。

例 84. 珿,石之似玉者。从玉臣声。读若贻。

例 85. 玗,石之似玉者。从玉于声。

例 86. 瑀,石之似玉者。从玉禹声。

例 87. 瓃,石之似玉者。从玉隹声。读若维。

例 88. 琨,石之美者。从玉昆声。《虞书》曰:"杨州贡瑶琨。"

例89. 珉,石之美者。从玉民声。

例90. 碧,石之青美者。从玉、石,白声。

三　说解的用字原则二:已说解过的字优先

说解中没有使用部首字,但使用了已经说解过的字。该已经说解过的字,一般为同部字,其说解与部首字有直接或间接的语义关联。例如:

例91. 瑱,以玉充耳也。从玉真声。《诗》曰:"玉之瑱兮。"

例92. 珥,瑱也。从玉、耳,耳亦声。

"珥"字说解没有使用部首字,但用了"瑱"。"瑱"的说解中有部首字:"以玉充耳也。"据此推理,"珥"也应当是"以玉充耳也"。又如:

例93. 琼,赤玉也。从玉夐声。臣铉等曰:今与璚同。

例94. 琚,琼琚。从玉居声。《诗》曰:"报之以琼琚。"

"琚"的说解是"琼琚",其中没有部首字。许慎引用了《诗经·卫风·木瓜》的诗句,其中"琚"与"琼"字连文。"琼"的说解是"赤玉也",所以,"琚"应该是和"琼"同类的事物。毛传:"琚,佩玉石也。"文献传注中多有解"琚"为佩玉的[①]。《说文》说解不用传注,只引《诗经》而解为"琼琚"。这种做法,在当今编写字典辞书者看来,恐怕属于不规范,但却正是前述"文例推求"法的应用。

下例"玙璠"二字,说解方式与"琼琚"类似。只是作为连文形式的词,"琼琚"是上字详解,下字略说;"玙璠"是上字略说,下字详解。

例95. 玙,玙璠也。从玉与声。

例96. 璠,玙璠。鲁之宝玉。从玉番声。孔子曰:"美哉玙璠。远而望之,奂若也;近而视之,瑟若也。一则理胜,二则孚胜。"

不过,说解连文形式的词,一般还是上字详解,下字略说。

例97. 玲,玲璌,石之次玉者。从玉今声。

例98. 璌,玲璌也。从玉勒声。

已说解过的字优先,相当于间接以部首字为说解。这一用字原则在实施过程中,难免会发生递相为训、多层关联的情况。从现代科学准则来看,这样不够严谨,却没有更好的办法;在训诂学里,这是常见常用的,原因在于方便交流和传承。

下面是 7 组特例,分别说明以"已说解过的字优先"为原则所发生的一些特殊

[①] 参段注,第16页下。

现象;以及通过对这些现象的分析,笔者所获得的认识和感悟。

1. 璧

"璧"字在《玉部》已有说解:"瑞玉圜也。从玉辟声。"

以下 6 字(正篆 5,新附 1)的说解不带"玉"字,但都用到了已经说解过的"璧"字。它们的说解和部首字"玉"间接地关联在了一起。

例 99. 璜,半璧也。从玉黄声。

例 100. 琰,璧上起美色也。从玉炎声。

例 101. 环,璧也。肉好若一谓之环。从玉睘声。

例 102. 瑗,大孔璧。人君上除陛以相引。从玉爰声。《尔雅》曰:"好倍肉谓之瑗,肉倍好谓之璧。"

例 103. 玪,石之有光,璧玪也。出西胡中。从玉那声。

例 104. (新附)瑄,璧六寸也。从玉宣声。

下面这个新附字的说解没有用"玉",也没有用"璧",所用的是"环"。由于"环"字的说解用了"璧",等于间接用到了"玉",所以下面这个字的说解和"玉"有语义关联,只是更为间接。

例 105. (新附)璖,环属。从玉豦声。见《山海经》。

汉字谐声偏旁的形体构造是有层次的。现在看来,汉字之间的语义关联也是有层次的。在"璧"组字中可以看到:"玉"在第一层,"璧"在第二层,"环"在第三层,"璖"在第四层。考虑到"玉"字说解为"石之美",则"玉"字之上当有"石";"石"字说解为"山石也",则"石"字之上当有"山";"山"字说解为"宣也。宣气散,生万物,有石而高","山"之上已无他物,是为关联事物中之顶层。因此,"璧"组字的语义关联一共有六个层次,如下:

山(宣也。宣气散,生万物,有石而高。)→石(山石也)→玉(石之美)→璧(瑞玉圜也)→环(璧也)→璖(环属)

相邻两字之间的语义是直接关联,隔字之间的语义是间接关联。

该例中,同一部首内,纵向的、间接的语义关联已经达到了三重的程度。考虑到"玉""石"之间跨部首的横向的语义关联,便隐然是显现出一个语义系统的模型了!探讨《说文》正篆说解用字所蕴涵的语义关联,可以作为汉语语义系统研究的一个方向,对此,笔者是毫不怀疑的。

2. 圭

"圭"字不在"玉"部而在"土"部,但其说解中有"玉"字:

例 106. 圭,瑞玉也。上圜下方。公执桓圭,九寸;侯执信圭,伯执躬圭,皆七寸；子执谷璧，男执蒲璧，皆五寸。以封诸侯。从重土。楚爵有执圭。

以下7个《玉部》字的说解中都出现了"圭"，它们全都间接地和"玉"有语义关联。

例107. 瑒，圭。尺二寸，有瓒，以祠宗庙者也。从玉昜声。

例108. 瑑，圭璧上起兆瑑也。从玉，篆省声。《周礼》曰："瑑圭璧。"

例109. 琬，圭有琬者。从玉宛声。

例110. 珽，大圭。长三尺，抒上，终葵首。从玉廷声。

例111. 玠，大圭也。从玉介声。《周书》曰："称奉介圭。"

例112. 瓛，桓圭。公所执。从玉献声。

例113. 璋，剡上为圭，半圭为璋。从玉章声。《礼》：六币：圭以马，璋以皮，璧以帛，琮以锦，琥以繡，璜以黼。

下例"瑁"的说解里，先出现"圭"字，后出现"玉"字，它究竟是在"圭"之下呢？还是在"玉"之下呢？

例114. 瑁，诸侯执圭朝天子，天子执玉以冒之，似犂冠。《周礼》曰："天子执瑁四寸。"从玉、冒，冒亦声。

根据说解的文例推求：执圭者为诸侯，他要朝见天子；执玉者为天子，他要用所执之玉去"冒"那位来朝见的诸侯。许慎特意引用《周礼》，以《周礼》的"天子执瑁"对应说解中的"天子执玉"，可见"瑁"是天子接见诸侯时所用的一种玉器的名称，应当位于"玉"之下，而不在"圭"之下。

3. 珠（蚌、蜃）

利用"珠"字进行说解的共有7个正篆和1个新附。

例115. 珠，蚌之阴精。从玉朱声。《春秋国语》曰"珠以御火灾"是也。

例116. 玑，珠不圆也。从玉几声。

例117. 玭，珠也。从玉比声。宋弘云："淮水中出玭珠。"玭，珠之有声。

例118. 玓，玓瓅，明珠色。从玉勺声。

例119. 瓅，玓瓅。从玉乐声。

例120. 琅，琅玕，似珠者。从玉良声。

例121. 玕，琅玕也。从玉干声。《禹贡》："雝州球琳琅玕。"

例122.（新附）琲，珠五百枚也。从玉非声。

珠和玉本非同种。"珠"字说解里有个"蚌"字。《说文·虫部》："蚌，蜃属。""蜃，雉入海，化为蜃。从虫辰声。""珠——蚌——蜃"三字之间是一个三重的语义关联体。"珠"字说解,没有脱离"已说解过的字优先"的用字原则。

由"蜃"而及的正篆有 2 个:

例 123. 玚,蜃属。从玉刕声。《礼》:"佩刀,士玚琫而珧珌。"

例 124. 珧,蜃甲也。所以饰物也。从玉兆声。《礼》云:"佩刀,天子玉琫而珧珌。"

"珧"是"蜃甲",用途是"所以饰物"。

珠与蚌、蜃等物都具有装饰作用,表面都有柔和的光泽和美丽的颜色。这些特点的典型代表,许慎认为是色泽温润的玉。所以,珠被归为玉的同类。字形构造上,"珠"字从"玉"而不是从"虫",强调的是矿物性而非动物性;语义方面,珠、玉也常常并提,如珠圆玉润、珠联璧合、隋珠和璧等。

"珊""瑚"二字也在"玉"部。

例 125. 珊,珊瑚,色赤,生于海,或生于山。从玉,删省声。

例 126. 瑚,珊瑚也。从玉胡声。

"珊""瑚"二字说解里既没有部首字,也没有已说解过的字;但其自身具备的特点中,至少有五个可以成为它们归入"玉"部的理由。这五个特点是:虽出于海但或出于山,有矿物性而类似于珠,表面有柔和光泽,颜色鲜艳美丽,不易获取。

下面是一个间接以部首字来进行界定的特殊例子:

例 127. 璗,金之美者。与玉同色。从玉汤声。《礼》:"佩刀,诸侯璗琫而璆珌。"

"璗"指金属,和珠、蜃、珊瑚等不是一类。但是,璗的外观美丽,和玉的颜色相同,古人用它和其他玉一起装饰佩刀。所谓"与玉同色",便是以玉为参照来定义"璗"。

仅仅一个特征,就决定了一种属性为金的专用汉字在构形上抛弃本当归属的部首(金),转而使用该特征的代表字所归属的部首——玉。

4. 珍和琛

《玉部》字中,说解完全用"宝"的有 1 个正篆和 1 个新附字。

例 128. 珍,宝也。从玉㐱声。

例 129. (新附)琛,宝也。从玉,深省声。

"宝"字不在《玉部》而在《宀部》:"宝,珍也。从宀从王从贝,缶声。"值得注意的是,《玉部》中有 1 个正篆的说解用到了"宝",而且是"宝玉"连文:"璠,玙璠。鲁之宝玉。从玉番声。孔子曰:'美哉玙璠。远而望之,奂若也;近而视之,瑟若也。一则理胜,二则乎胜。'"

由此推知,"宝"和"玉"有间接的语义关联。珍、琛二字的说解,由于揭示了这种语义关联,它们出现在《玉部》,便不难理解了。

5. 玩

"玩"字说解中没有用到部首字"玉":

  例130. 玩,弄也。从玉元声。

《说文·廾部》:"弄,玩也。从廾持玉。"说解中也没有直接用到部首字"玉"。不过,"弄"的字形结构中实实在在地有个"玉",并且以"会意"的形式出现。这意味着"弄"字的本义里离不开玉。

"弄"从双手"廾"。《说文·廾部》:"廾,竦手也。"玉石和双手,这两件事物关联在一起,不是举起放下,不是抛开拿来,而是"摆弄"。相传秦穆公有个女儿名字就叫"弄玉"(参《列仙传》),可见弄玉不是一件坏事。"玩"以"弄"为说解,在"摆弄"与"玩"之间,相对应的是"把玩"。由表示具体动作的"把玩",还可以引申出表示抽象动作的"玩味""玩赏"等。在古代汉语里,"玩弄"这个词可以表示反复钻研、勤奋学习的意思,如"玩弄典籍"。这种用法的"玩弄",是把典籍图书视为类同于宝玉的好东西,丝毫没有贬损的意味。到了现代汉语里,"玩弄"这个词带有了贬义,如玩弄权术、玩弄妇女等。这种贬义的用法,与具备美好五德的"玉"已经没有什么相似之处,但却仍然有语义关联。

所以,"玩"和"弄"的本义都和用双手拿着某一难得之物翻来覆去地审视摩挲、打量思索有关。后世将"玩弄"用于表示戏弄或不正当地使用,这实在是在玩弄"玩弄"啊!

6. 玫瑰

"玫""瑰"二字皆可独用。见段注所引《礼记·玉藻》"士佩瓀玫"和《诗经·秦风》毛传"瑰,石而次玉"。

此二字本义皆指宝石,因为许慎说解二字时,皆有"一曰":

  例131. 玫,火齐,玫瑰也。一曰石之美者。从玉文声。

  例132. 瑰,玫瑰。从玉鬼声。一曰圜好。

部首字"玉"的说解正是"石之美"。玫、玉二者属于同解字关系。使用部首字的说解来说解,与使用部首字本身来说解,这两种方式在逻辑上没有什么差异。因此,"玫"所指的"火齐",是一种类似玉的宝石。段注引《吴都赋》注曰:"火齐如云母,重沓而可开,色黄赤似金,出日南。"①可知玫的颜色在黄赤之间。

瑰,与"玫"连文,当为同类。而"一曰圜好",则指的是"玫"这一类宝石中形体浑圜、质地良好的那一类。查《诗经·秦风·渭阳》,有"我送舅氏,悠悠我思。何以赠之,琼瑰玉佩",毛传:"琼瑰,石而次玉。"唐代孔颖达认为毛氏是根据《诗经》上下文推求得知的②。则"瑰"与"琼"同类。《玉部》:"琼,赤玉也。"可知瑰和玫均属黄赤色系的宝石。

7. 珣

此字为《玉部》第十五篆,置于"瑂"和"璐"之间。"瑂"和"璐"的说解均为"玉也",段玉裁将它们归为"玉名"一类。

  例133. 珣,医无闾珣玗琪,《周书》所谓夷玉也。从玉旬声。一曰器,读若宣。

许慎对"珣"做了两个说解:其一,夷玉名。产于夷地一座名为"医无闾"的山中。说解中引了《周书》的"夷玉"。③ 其二,器名。大徐本作"一曰器",其中没有部首字。段注本在此处加了个"玉"字,修改为"一曰玉器"。

许慎的第一个说解,是一条不完全以部首字为说解的说解。许慎的第二个说解,是一条看不出语义关联的说解。

查《说文·品部》:"器,皿也。象器之口,犬所以守之。"器皿之材质,金石丝竹匏土革木皆可以用,不独用玉。按常理,器名"珣"字难以归入《玉部》。然而"珣"字部首是玉,所以许慎将外来语中表示玉名的那个用法作为"珣"字的正解,而将汉语典籍中见到的表示"器"的用法列为"一曰"。如果"珣"字在汉语中确实指玉器,许慎应该将"玉器"作为正解,而将外来语中的用法列为"一曰"。显然,在许慎那个时代,"珣"字并非表示"玉器"的正字。文献中也没有用"珣"字表示玉器的用例。字形虽属"玉",而文献无可征,材质无可定;由此推知:大徐本"一曰器"的说法符合许慎编撰《说文》的基本原则。

---

① 《文选》卷五左思《吴都赋》:"火齐之宝,骇鸡之珍。"李善注:"《异物志》曰:'火齐,如云母,重沓而可开,色黄赤,似金,出日南。'"(第86页下—87页上)

② 孔颖达:"琼者,玉之美名,非玉名也。瑰是美石之名也。以佩玉之制,唯天子用纯,诸侯以下则玉石杂用。此赠晋侯,故知琼瑰是美石次玉。"(第374页中)

③ 段注:"《尔雅》曰:东北之美者,有医无闾之珣玗琪焉。瑾、琪同。医无闾,山名,在今盛京锦州府广宁县西十里,屈原赋谓之於微闾。珣玗瑾合三字为玉名,玗瑾二字又各有本义,故不连举其篆也,盖医无闾,珣玗瑾皆东夷语。《周书》所谓夷玉也。夷玉,《顾命》文。郑注云:东北之珣玗琪也。"(第11页上)

段玉裁改为"一曰玉器",说:"此字义别说也。《周礼》'玉瑞玉器'注曰:'礼神曰器。'"①《尔雅》:璧大六寸谓之宣。《郊祀志》:有司奉瑄玉。《诅楚文》:殹用吉王宣璧。皆即珣字。读若宣。谓训器则读若宣也,音转入十四部,如《毛诗》'于嗟洵兮',《韩诗》'洵'作'夐'之比。"(段注,第11页上)这是将"珣"视为"瑄"的通假字。"瑄",《说文》正篆无而新附有,是一个后起字。许慎本是严格按照字形说字,讲本义不拘汉夷之别,但用"一曰"指出该字在汉语文献中的用法线索。段玉裁是贯通文献,究明通假而说字,径直添加"玉"字以便说解。然而,若据《尔雅》,则当说是"一曰璧大六寸";按段玉裁所言"条理次第",则"珣"字应当列在"璧"字之下,而不在"玉名"一类。

从大徐本,"珣"字可以位于原处;从段注改,则"珣"字不能位于原处。段氏可以改说解但却不能改变正篆的顺序,从而无法满足他自己所明知的"条理次第"。这样的状况,想必他也没有两全其美的办法。②

后人若批评段氏擅改《说文》,应当了解一点:要在文献用例、正字本义、许慎说解、《说文》条理之间面面顾及、尽善尽美,十分不容易。了解这份不易,在批评段玉裁的时候,予以体谅和说明,既与人为善,也有利后学。

四　结　语

通过对《说文·玉部》诸字说解的考察和分类,抽绎出许慎说解用字的两条原则。由这两条原则的应用,观察到许慎在说解《说文》正篆的时候,依赖的是字与字之间的语义关联。

同一部首里,字与字之间的语义关联是多重的。不同部首里,字与字之间的语义关联是多向的。这种多重的、多向的语义关联的存在,反映出汉语语义系统的构造模式。

因此,全面研究《说文解字》正篆说解的语义关联,是一条探索汉语语义系统的、充满希望的道路。沿着这条道路,有可能构建起符合汉语实际的、有中国特色的汉语语言学。

乙未中秋于蓝旗营

---

① 《周礼·春官·典瑞》:"典瑞,掌玉瑞玉器之藏,辨其名物与其用事,设其服饰。"郑玄注:"人执以见曰瑞,礼神曰器。瑞,符信也。服饰,服玉之饰,谓缫藉。"(《十三经注疏》,第776页下)

② 其实段玉裁在《说文解字注》中不仅有改变正篆位次之例,还有改变部首位次之例。段氏改《说文》,自然有其道理;许慎作《说文》,也有其道理。两个道理之间,如果原则标准一致,则改改无大碍;如果原则标准不一,后学不论从之驳之,皆当厘清本末,循理而行。

参考文献

[1] (汉)许慎:《说文解字》(大徐本),中华书局,1978年。
[2] (清)段玉裁:《说文解字注》,上海古籍出版社,1981年。
[3] 黄侃述、黄焯编:《文字声韵训诂笔记》,上海古籍出版社,1983年。
[4] 《十三经注疏》,中华书局,1980年。
[5] (梁)萧统编、(唐)李善注:《文选》,中华书局,1977年。
[6] 张猛:《训诂和汉语体系的关系》,《北京大学学报》(哲学社会科学版)第52卷第1期第125—135页,2015年。

(张猛:北京语言大学,100083,北京)